합격 너머를 꿈꾸는

국어 임용 준비 길잡이

합격 너머를 꿈꾸는

국어 임용 준비 길잡이

도착!

오민서 유다정 최어진 지음

출발!

예비 국어 교사 여러분을 응원합니다

임용 시험을 준비하는 수험생에게 가장 큰 적은 '불안'입니다. 내가 지금 잘하고 있는 것인지? 이렇게 하면 합격할 수 있을지? 불안한 마음이 꿈틀거리며 샘솟으면 집중은 깨져버리기 일쑤죠.

최근 1~2년 사이에 임용 시험에 합격한 새내기 국어 교사 세 명이 만났습니다. 서울 공립, 경기 공립, 서울 사립, 저마다 통과한 관문은 달랐지만 모두 몇 차례 탈락의 아픔을 맛보았다는 공통점이 있습니다. 힘들었던 수험 생활을 주제로 이야기꽃을 피우다가 문득 이런 생각이 들었습니다.

'지금 임용 시험 수험생들도 그때의 우리처럼 막막하고 힘들겠지?'

수험생들의 손을 따뜻하게 잡아주는 길잡이를 만들자고 뜻을 모았습니다. 이미 지나간 시험을 되돌아보는 일은 쉽지 않았습니다. 하지만 누군가에게 조금이라도 도움이 된다면 좋겠다는 소망을 품고 1월부터 8월까지 일요일 아침 8시에 화상으로 만나 책을 다듬었습니다.

이 책은 나만의 교직관을 세우는 철학적인 문제로부터 수험 생활과 연애를 병행할 수 있냐는 시시콜콜한 고민까지 폭넓게 담았습니다. 그리고 필요한 부분만 쏙쏙 빼서 볼 수 있도록 100문 100답 형식으로 정리했습니다. 각각의 문답은 세 부분으로 구성했습니다. 먼저, 수험생의 고민으로부터 시작합니다. 수험생들이 갈등하는 상황을 짧은 질문으로 보여줘서 그 주제가 어떤 의미인지를 제시했습니다. 그런 다음 본문에서는 그 주제에 대한 답변을 몇 개 항목으로 나눠서 정리했습니다. 마지막으로 상자 안에는 본문의 답변을 확장하는 내용을 덧붙였습니다.

초안을 작성한 뒤 선배 교사들로부터 자문을 받았습니다. 특히 임용 2차 수업 실연과 관련해서는 공식적으로 발표된 자료가 거의 없는 형편이라 그분들의 조언이 큰 도움이 됐습니다. 그러는 과정에서 수험생들이 오해하고 있는 부분이 정말 많다는 사실도 깨닫게 되었습니다. 선배 교사들의 반응은 한결같았습니다.

첫째. 복장, 순회 지도, 상호작용 등에 관해 수험생들 사이에 암묵적인 '규칙'이 떠돌고, 그로 인해 천편일률적인 수업 실연이 이뤄지고 있어서 안타깝다.
둘째. 수험생들이 하나도 중요하지 않은 세부적인 요소에 집착하느라 정작 자신의 수업을 보여주지 못해서 맥이 빠지는 때가 많다.

그런 말씀을 들으며 옛이야기가 떠올랐습니다.

어르신: 자네는 땀을 뻘뻘 흘리며 어디를 그렇게 열심히 걸어가나?

젊은이: 헉헉! 서울 가는 길입니다. 헉헉!

어르신: 서울이면 북쪽으로 가야지, 왜 자네는 남쪽으로 가고 있나?

젊은이: 헉헉! 어디든지 열심히만 가면 서울이 나오겠죠. 헉헉!

열심히 걷는다고 모두 서울에 도착하는 건 아닙니다. 서울로 가려면 먼저 방향을 제대로 잡아야 합니다. 열심히 공부하는 건 수험생 여러분의 몫입니다. 그걸 누가 대신해 줄 수는 없습니다. 다만, 수험생 여러분이 방향을 잡는 데 이 책이 작은 도움이라도 되면 좋겠습니다.

여러분의 어려움을 누구보다도 잘 알기에, 여러분을 누구보다도 뜨겁게 응원합니다!

4부 공립 면접, 준비된 교사

7부 사립 면접, 학교와 친해지려는 마음

합격!

1부

불끈!
임용을 준비하는
마음

임용 준비, 언제부터 시작하면 좋을까요?

↳ 학부 1~2학년 때는 좀 놀면서 대학 생활을 즐겨도 괜찮겠지?
↳ 학부 1~2학년 때부터 임용 준비를 시작하는 게 더 유리하겠지?

임용을 생각하는 대학생이라면 누구나 이걸 고민할 것이다. 이 질문에 대한 답을 얻으려면 먼저 '임용 준비'가 무엇인지 정확히 정리할 필요가 있다. '임용 준비'는 좁게 볼 것인지 넓게 볼 것인지에 따라서 의미가 달라진다.

» 좁은 의미의 임용 준비

하루 가운데 대부분의 시간을 공부에 투자하며 본격적으로 수험 생활을 하는 것은 좁은 의미의 임용 준비다. 학원에서 강의를 듣거나, 개론서를 읽으며 단권화하는 활동이 여기에 속한다. 이런 '고시생 모드'를 대학교 서학년 때부터 시작하는 건 좀 무모하다. 아직 학부 공부의 기초가 쌓이지 않은 상태에서 임용 준비를 시작하는 게 비효율적이기도 하고, 이때 공부한 지식이 망각의 강을 건너 몇 년 뒤까지 살아남을지도 확신할 수 없기 때문이다. 또 솔직히, 대학에 왔으니 즐기고 싶은 마음도 무시할 수 없다.

» 넓은 의미의 임용 준비

그렇다면 넓은 의미의 임용 준비는 무엇일까? 임용 시험에 도움이 되는 모든 활동이 여기에 해당한다. 학부에서 듣는 전공 수업을 생각해 보자. 문법 강의를 들으며 자신만의 단권화 공책을 만들 수도 있고, 문학 강의에서는 관련 작품을 읽고 그에 관한 내용을 기록해 두어도 좋다. 그런 티끌이 쌓이고 쌓이면 3~4학년에 올라가서 본격적으로 임용 시험을 준비할 때 태산처럼 큰 재산이 된다. 착실하게 최선을 다해서 학부 수업을 수강한 사람과 그렇지 않은 사람은 출발선부터 달라진다. 좋은 학점과 그로 인해 받게 될 장학금은 뒤따라 오는 선물이다.

» 더 중요한 것은 폭넓은 경험

이런 노력이 전공 수업을 열심히 듣는 데서 그쳐서는 안 된다. 임용 시험에서는 전공 지식만 묻는 게 아니기 때문이다. 특히 임용 2차 시험에서는 수업 실연 능력, 교육 현장에 대한 이해, 자신만의 분명한 교직관 등을 요구한다. 이런 역량은 독서실에서 혼자 책만 봐서는 갖추기 어렵다. 폭넓게 토론하고, 다양한 환경에 부딪히며 도전하는 과정에서 길러진다. 이런 경험을 쌓기에 대학교만큼 적합한 곳이 없다.

  토론 대회에 참가하여 자기 생각을 대중 앞에서 논리적으로 말하는 경험을 쌓는 것, 수업 경진대회에 도전하여 수업 기법을 고민해 보는 것, 교육 봉사 활동에 참여하여 교육 현장을 몸으로 직접 겪어 보는 것, 하나같이 소중한 경험이다.

» 임용 준비와 대학 입시

고등학교 3학년을 '수험생'이라고 부른다. 하지만 3학년 때만 준비
해서는 입시에서 좋은 결과를 기대할 수 없다. 임용 준비도 마찬가
지다. 대학교 3~4학년 때 본격적으로 시작하더라도, 1~2학년 때부
터 다양한 경험을 통해 기본기를 단단히 다지는 게 필요하다.

즐기는 네가 챔피언!

신입생 때부터 모든 활동을 임용과 연결해서 생각할 필요는 없다. 사실 대
학 생활의 어떤 경험이 실제로 임용 과정에 어떻게 도움이 될지는 예측하
기가 어렵다. 그러니 얌체같이 임용에 도움이 될 만한 활동만 골라서 참여
하는 것도 현명한 처신이 아니다. 더 중요한 건 '어떤 활동이냐?'가 아니라
'어떤 태도로 참여했느냐?'이다. 어떤 활동이든 즐기는 마음으로 열정적으
로 참여했던 경험이라면 알게 모르게 나를 성장시킨다. 즐기는 자를 당할
수는 없다.

002 임용 준비도 바쁜데 학점까지 신경 써야 하나요?

↳ 학부 공부에 쏟는 시간이 아까워. 대충 해도 괜찮겠지?
↳ 어차피 임용 시험만 합격하면 그만인데 학점이 뭐가 중요해?

임용 시험을 준비하는 것만으로도 머리가 터질 지경인데, 거기에 학부 공부까지 더해지면 괴로움은 곱절이 된다. 학부 공부에 쏟는 시간과 노력이 아깝다고 느껴지기도 한다.

» 연습은 연습일 뿐?

사범대 학점에서 가장 큰 비중을 차지하는 것은 전공과 교직이다. 이 과목들은 임용 시험에 직접적으로 출제된다. 그러므로 학부 공부를 제쳐두고 임용 준비에만 몰두한다는 것은 앞뒤가 맞지 않는 말이다.

생각을 이렇게 바꿔보자. 학부의 시험은 임용 시험을 대비하는 모의고사라고. 모의고사는 실전이 아니라 연습일 뿐이다. 하지만 우리는 매번 최선을 다해서 모의고사를 치른다. 모의고사를 통해서 내 위치를 가늠할 수 있고, 온 힘을 쏟아 모의고사를 치르는 과정에서 내 실력이 향상된다는 걸 알기 때문이다. 연습에 최선을 다하지 않으면 실전에서도 실력을 발휘할 수 없다.

» 정시 파이터?

고등학교에서 '정시 파이터'를 자처하는 학생을 종종 만날 수 있다. 이런 학생들은 수시 전형으로 원하는 대학에 가기 어렵다고 판단하여 수능 준비에 '올인'한다. 학교 수업을 듣지 않고 그 시간에 수능을 위한 공부를 하거나 극단적으로는 학교를 그만두고 검정고시를 거쳐서 수능에 응시하겠다는 전략을 세우기도 한다. 내신은 이미 망쳤다고 생각해서 아직 기회가 남은 수능에 기대를 걸어보려는 마음이 이해가 안 되는 건 아니다.

그런데 현실은 그렇지 않다. 학교 공부에서 손을 떼고 수능 공부에만 집중하는 학생들은 수능 결과도 좋지 않을 가능성이 높다. 중요한 건 학습 태도이기 때문이다. 내신이든 수능이든 주어진 공부에 최선을 다하는 학생이 최종 결과도 좋은 법이다.

물론 '수능 올인' 전략으로 성공한 사례가 없지는 않을 것이다. 하지만 그건 복권 당첨과 같다. 복권으로 '인생 역전'하는 사람이 없지는 않지만, 그렇다고 그걸 보고 복권에 인생을 걸어서는 안 된다는 말이다.

» 달걀을 한 바구니에 담지 마라!

임용 시험에 전념하려고 학부 생활을 소홀히 했는데 만약 임용 시험에도 합격하지 못한다면? 임용의 좁은 문을 통과하지 못해서 다른 길을 찾아야 할 때, 가슴을 뛰게 만드는 새로운 일을 만나서 진로를 바꾸려고 할 때, 망쳐버린 학점이 족쇄가 될 수 있다. 달걀을 한 바구니에만 담는 일이 그만큼 위험하다.

사립 임용에서는

사립학교 임용에서는 학점이 특히 유의미하다. 학점을 서류 점수에 큰 비중으로 반영하는 학교도 많고, 더러 면접에서 이런 질문으로 지원자를 당황하게 만들기도 한다.

"학부 때 공부 안 하셨나 봐요? 다른 데 관심이 있으셨나요?"
"다른 과목 성적은 괜찮은 편인데, 이 과목은 왜 이런가요?"

고등학교 생활기록부를 받아서 세부능력 및 특기사항 내용을 질문하는 학교도 있으니, 대학의 학점이야 말할 것도 없다. 최근에는 사립 임용을 교육청에 위탁하게 되면서 어느 길로 가게 될지 예단할 수 없게 되었다. 한쪽을 버리면 가능성은 절반으로 줄어든다.

조기 졸업이 유리할까요? 휴학이 유리할까요?

↳ 초수 합격을 하려면 조기 졸업이 필수일까?
↳ 휴학하고 돌아오면 공부에서 아예 멀어지는 게 아닐까?

학부에 재학 중인 예비 교사들은 각자의 상황에 맞게 수험 생활을 계획한다. 그 과정에서 많이 하는 고민이 조기 졸업과 휴학이다. 수험생에게는 어떤 게 유리할까?

» 조기 졸업의 매력

임용 시험은 일 년에 한 번뿐이기에 그 기회는 매우 소중하다. 초수 합격을 꿈꾸는 수험생에게 조기 졸업은 매력적인 카드다. 대학 생활과 임용 준비를 병행하는 게 쉽지 않기 때문이다. 더구나 4학년이라면 교생 실습, 졸업 논문, 크고 작은 과제부터 시험까지 해내야할 일이 많다. 이럴 때 조기 졸업에 마음이 갈 수밖에 없다. 조기 졸업의 장점은 무엇일까?

- **시간적 측면:** 임용 시험 직전 3~4개월 동안 오로지 시험 준비에만 매진할 수 있다.

- **경제적 측면:** 한 학기에 해당하는 등록금을 내지 않아도 되어 수험 생활에 더 투자할 수 있다.
- **학업적 측면:** 조기 졸업에는 높은 학점이 요구되는데, 이를 충족하기 위해 자연스럽게 학부 수업에 충실하게 된다.

» 조기 졸업은 초수 합격의 지름길?

세상일이 물 좋고 정자 좋기는 어렵다. 조기 졸업도 마찬가지라서 장점만 있는 건 아니다. 단점은 무엇일까?

- 높은 학점 등 조기 졸업 요건을 충족하려니, 대학 생활에서 다양한 활동(동아리, 학생회, 봉사, 취미 등)이 제한될 수 있다.
- 4학년 2학기까지의 과정을 1학기 안에 압축적으로 끝내야 해서 오히려 상반기에 임용 공부에 소홀할 수 있다.
- 4학년 1학기에 졸업을 위해 많은 에너지를 소모하여 정작 전력 질주해야 할 4학년 2학기에 정신적·체력적으로 고갈될 수 있다.
- 4학년 2학기에 소속이 없어서 주변의 도움을 받지 못하고 외롭게 시험을 준비해야 할 수도 있다.

어떤 병에나 두루 통하는 만병통치약은 없다. 내 병에 딱 맞는 약이 가장 좋은 약이다. 조기 졸업도 그런 기준에서 결정해야 한다.

» 그렇다면 휴학은?

휴학도 많은 수험생이 고민하는 문제다. 입대, 어학연수, 질병 등 휴학 사유는 다양하다. 휴학을 하면 자칫 임용 공부의 흐름이 끊어지지 않을까 걱정하는 수험생이 많다. 하지만 휴학 기간을 잘 활용해서 다양한 경험을 쌓거나 잠시 현실에서 벗어나 해방감을 누리고 돌아올 수도 있다. 달리던 속도에 가속도를 붙여 계속 달려나갈 것인가? 쉼표를 찍고 재정비해서 더 높이 도약할 것인가? 선택의 문제다.

인생에 정답은 없어

조기 졸업이나 휴학은 저마다 장단점이 있다. 초수 합격자라고 모두 조기 졸업을 한 것도 아니다. 각자의 상황에 맞게 선택하면 된다. 그 선택이 당락을 좌우하지는 않는다. '무엇을' 선택했느냐가 아니라, 내가 가기로 한 그 길을 '어떻게' 충실하게 걷느냐가 관건이다. 신중하게 선택하고 뚝심 있게 밀고 나가자. 돌아보고 후회하지 말자. 후회는 영혼을 갉아먹는다.

004 합격자 수기, 읽어보면 도움이 되나요?

↳ 임용 시험에 대해 아는 게 없어 막막한데 참고할 자료가 없을까?
↳ 나와 상황이 다른 합격자의 수기를 읽는 게 의미가 있을까?

임용 시험을 처음 준비하는 수험생들은 어떻게 해야 할지 막막하기만 하다. 마치 망망대해 한복판에 홀로 떨어진 기분이 든다. 이럴 때 참고하는 것이 합격자들의 수기다. 그렇다면 합격 수기를 어떻게 읽어야 할까?

》 합격 수기는 요리 레시피

자취를 처음 시작한다고 가정해 보자. 저녁으로 먹을 된장찌개를 끓여야 하는데, 요리는 처음이라 무엇을 어떻게 해야 할지 감이 잡히지 않는다. 그럴 때 사람들은 '레시피'를 찾아본다.

레시피는 이미 누군가의 수많은 시행착오를 거쳐 완성된 것이다. 뒤따르는 모든 사람이 이 시행착오를 똑같이 겪을 필요는 없다. 이미 완성된 레시피를 따르면 실패 확률을 줄일 수 있다. 무에서 유를 창조해야 하는 막막함에서 벗어날 수도 있다. 합격 수기의 의미가 여기에 있다.

» 정보의 홍수와 레시피 문해력

된장찌개 레시피를 검색해 보면 각양각색의 레시피가 우르르 쏟아져 나온다. 이때 필요한 것이 '레시피 문해력'이다. 내가 오늘 어떤 된장찌개를 먹고 싶은지 알아차리고 거기에 딱 맞는 레시피를 찾아낼 줄 알아야 한다. 수많은 레시피를 두루 살핀 다음 각각의 장점만 따서 나만의 요리 비법을 완성할 수 있다면 더욱 좋다.

합격자 수기도 그렇다. 같은 사안에 대해서 정반대로 얘기하는 수기를 발견하고 당황스러울 때가 있다. 합격자마다 의견이 다른 건 당연하다. 저마다 처한 상황이 다르기 때문이다. 만고불변의 정답이 있는 게 아니라 그 상황에 맞는 적절한 선택이 있을 뿐이다. '아! 이 사람은 이런 상황이라서 이렇게 했구나. 그럼 나는 이 방법을 내 상황에 맞게 어떻게 활용할 수 있을까?' 그게 바로 레시피 문해력의 핵심이다.

» 보물 같은 깨알 정보

요리 레시피를 보다가 무릎을 치며 고개를 끄덕인 경험이 있다. 요리 숟가락을 '가루 → 고체 → 액체' 순서로 쓰면 숟가락 하나만으로 요리를 끝낼 수 있다는 이야기였다. 먼저 숟가락으로 설탕을 퍼시 탁탁 털어 넣고, 다음으로 고추장을 뜨고, 마지막으로 참기름을 따라서 넣으면 된다. 이건 실제로 요리를 해보지 않은 사람은 알기 어려운 깨알 정보다. 그런 요령이 없으면 주방이 엉망이 된다. 합격자 수기에도 그런 정보가 많다.

레시피를 보면서 거시적인 전략을 세우는 것도 의미가 있지만, 미시적인 전술도 무척 소중하다. 실패한 경험에서 더 큰 깨달음을 얻을 때도 있다. 공부 모임 운영 방식, 강의 활용 방법, 기출 분석 요령, 생활 관리…… 누군가 몇 년 동안 직접 부딪히며 몸소 체득한 성공과 실패 경험담을 너무나 손쉽게 내 것으로 만들 수 있으니 고맙기 그지없는 일이다.

나만의 요리법을 찾아서

집에서 편하게 먹을 음식이라면 남의 레시피를 그대로 흉내 내면 된다. 혹여나 실패해도 괜찮다. 나중에 다른 레시피를 찾아서 따라 하면 되니까. 하지만 요리대회에 출품해야 한다면 그래서는 안 된다. 여러 레시피를 참고하되, 그걸 응용해서 나만의 요리법을 만들어야 한다. 임용 시험은 요리대회와 비슷하다. 누군가의 공부 방법이 좋다고 무조건 따르면 승산이 없다. 합격자 수기를 많이 보되, 그 가운데서 자신만의 길을 찾아야 한다.

4학년 초수 합격, 도대체 어떤 사람들이 하나요?

↳ 남들은 몇 년씩 공부해도 안 되는데, 초수에 합격했다고?
↳ 아! 역시 임용 시험은 실력보다는 운인 것 같아!

임용 시험을 준비하다 보면 가물에 콩 나듯이 초수 합격 소식을 듣곤 한다. 이런 소식은 언제나 화젯거리다. 왜냐하면 수험생이라면 누구나 학부 생활과 임용 준비를 병행하는 게 쉽지 않다는 걸 알기 때문이다.

초수 합격에 성공한 몇 명에게 비결이 뭔지 물었다. 그들이 밝힌 비결을 정리해 보면 다음과 같다.

》 기본기 탄탄하게 다지기

초수 합격의 비결은 무엇보다 기본기에 있다. 첫 시험임에도 불구하고 이미 국어 교사로서 갖추어야 할 역량을 탄탄히 갖췄다는 뜻이다. 이런 역량은 어디에서 비롯될까?

그것은 아마도 대학 생활을 충실하게 했다는 방증이 아닐까 싶다. 전공 공부를 꼼꼼히 한다면 1차 시험 준비에 도움이 된다. 그리고 다양한 교내 활동이나 사회 활동에 참여해서 경험을 쌓으면 2차 시험을 통과하는 힘이 된다. 어떤 시험이든 본질을 알고 기본기를 다지는 데 충실해야 한다.

» 정직하고 성실하게 공부하기

물에 열을 가하면 에너지가 서서히 쌓이다가 어느 순간 끓는다. 에너지가 축적되지 않는데도 끓는 물은 없다. 공부도 마찬가지다. 초수 합격자들을 만나보니 어떤 상황에서도 하루에 일정 시간 이상을 공부에 투자했다. 요령 피우지 않고 정직하고 성실하게 시간을 쌓았다. 다른 사람은 몰라도 자기 자신은 속일 수 없다. 자신에게 부끄럽지 않게 최선을 다해서 수험 생활을 한 뒤에 초수 합격을 입에 올리자.

» 똑똑하고 정확하게 공부하기

임용 시험은 참 불친절하다. 정답이나 채점 기준을 공개하지 않기 때문이다. 그러니 수험생들은 자신이 왜 붙고 떨어졌는지 알 수가 없다. 그래서 합격을 위해 어떤 점을 더 노력해야 하는지 파악하기 어렵다. 수험생으로서는 마치 눈을 감고 활을 쏴서 과녁 중앙에 명중시켜야 하는 셈이다.

우리가 열심히 공부하는 목적은 임용 시험에 '합격'하는 것이다. 그러니 합격할 수 있게 공부해야 한다. 무턱대고 공부 시간만 채운다고 되는 일이 아니다. 달리는 속력 못지않게 방향도 중요하다. 정직하고 성실하게 공부 시간을 채우라고 했다고, 미련하게 공부하라는 뜻은 아니다. 주변을 둘러보고 요령껏 정보를 찾아서 합격에 가까워져야 한다. 어쩌면 누군가는 이 책에서 그런 방향을 찾게 되지 않을까 기대해 본다.

임용 합격은 운인가?

운이 작용하지 않는 건 아니다. 먼저, 해마다 각 지역의 선발 인원과 경쟁률이 들쑥날쑥하다. 시험 난이도 역시 고르지 않다. 더구나 내가 어려워하는 분야에서 많이 출제되면 속수무책이다. 당일의 컨디션도 무시할 수 없다. 그 밖에도 경제 사정, 복잡한 가정사, 인간관계 등 통제할 수 없는 요소가 너무나 많다. 그러다 보니 임용 합격은 운이라는 믿음이 의외로 지배적이다. 그러나 변수를 상수로 만드는 건 노력이다. 예기치 못한 변수가 생기더라도 흔들리지 않을 힘, 그것은 노력이다.

006 초수 합격에 실패했어요. 좌절감을 어떻게 이겨낼까요?

↳ 최선을 다했다고 생각했는데 떨어지다니, 너무 슬프고 막막해.

↳ 이 우울한 기분을 어떻게 떨쳐낼 수 있을까?

1차 시험에 떨어진 걸 확인하고 집으로 돌아오는 버스에서 눈물을 펑펑 쏟으며 오열했다는 수험생도 있다. 다른 승객들이 의아하게 쳐다봤을 텐데, 그때는 그게 눈에 들어오지 않았다고 한다. 좌절감, 패배 의식, 불안함, 서러움, 분노…… 어떻게 하면 이런 감정을 털어버릴 수 있을까?

» 쓰라리지 않은 실패가 있을까?

그게 몇 번째 시험이든 '불합격'은 쓰라리다. 특히 실패를 처음 경험한다면 그때 느끼는 감정이 무척 낯설 수 있다. 기약도 없이 1년을 더, 어쩌면 그것보다도 더 오래 수험생으로 살아야 할지 모른다는 불안감이 몰려와 막막하다.

회의적인 생각에 빠져 좌절하기도 하고, 주변과 자신을 비교하며 자책하기도 한다. 낮아진 자존감으로 인해 인간관계에서 방어적으로 행동하는 사람도 있다.

» 자연스럽게 받아들이기

간절하게 꿈꾼 목표를 달성하지 못했을 때 좌절감을 느끼는 건 당연하다. 인간이라서 그렇다. 실패했는데도 아무렇지도 않다면 오히려 그게 문제다. 그런 감정을 충분히 느끼고 자연스러운 것으로 받아들여야 한다. 그래야 그런 감정에서 벗어날 수도 있다. 현실을 부정하거나 자신의 감정을 속이지 말고 있는 그대로 받아들이자. 슬퍼해도 괜찮다.

» 반환점 만들기

하지만 그런 감정에 오래 머무르는 건 좋지 않다. 의지만으로는 쉽게 벗어나기 힘들 수도 있기 때문에 자연스럽게 벗어날 수 있도록 계기를 만드는 게 좋다. 여행을 가는 것도 괜찮고, 공부하느라 미뤄뒀던 취미에 며칠 동안 빠져볼 수도 있다. 땀에 흠뻑 젖을 정도로 운동에 몰입하거나, 친구를 만나 신나게 수다를 떨어도 마음은 한결 가벼워진다.

중국의 학자 매헌이 조선의 학자 홍대용에게 편지를 보내 "잡념을 떨치려면 어떻게 해야 합니까?"라고 물었다고 한다. 홍대용은 잡념을 떨쳐야 한다는 생각 자체가 잡념이라고 답했다. 한 글자 한 글자, 한 구절 한 구절에 오로지 마음을 집중하면 잡념은 저절로 사라진다는 말이다.

우울한 감정은 "떨치겠어!"라고 결심한다고 떨칠 수 있는 게 아니다. 몸을 움직여서 그곳을 벗어나야 한다. 다른 무엇인가에 집중할 때 그런 감정은 자연스럽게 떨어져 나간다.

감정을 다스렸으면 이제 이성적으로 상황을 돌아볼 시간이다. 우리의 목표는 최종 합격이다. 지금의 상황과 감정을 어떻게 하면 최종 합격에 도달하는 에너지로 활용할 수 있을까? 마음을 다잡고 냉정하게 패인을 분석해서 같은 실수를 되풀이하지 않아야 한다.

내게 쓰는 편지

버스에서 펑펑 울었던 그 수험생은 이렇게 덧붙였다.

펑펑 울다가 문득 '올해도 불합격하면 이런 감정을 또 느껴야 하겠구나!'라는 생각이 들었어요. 이 감정을 잊지 않는다면 수험 생활에서 방황하다가도 다시 일어설 수 있겠다는 생각이 들었죠. 집에 도착하자마자 종이와 펜을 꺼내 들고 내게 편지를 썼어요. 지치거나 나태해질 때 꺼내서 보리라 다짐했죠. 그러고 났더니 한결 마음이 풀렸어요. 수험 생활 동안 그 편지를 세 번 꺼내 봤어요. 도저히 이대로는 안 되겠다 싶을 때, 그 덕분에 다시 달릴 수 있었다고 생각해요.

실패하지 않는다면 가장 좋겠지만, 실패하더라도 그때의 감정을 잘 다스리면 오히려 약이 될 수 있다.

↳ 작년에 아깝게 떨어졌는데, 올해까지만 공부에 전념해 볼까?
↳ 사회 활동을 하지 않고 공부만 하니 우울하네. 일과 병행할까?

많은 수험생이 초수 합격이라는 희망을 품고 공부를 시작한다. 그러나 인생은 계획한 대로 되지 않는다. 공부량이 부족했을 수도 있고 운이 나빴을 수도 있다. 어쨌든 초수 합격에 실패했다고 좌절하고 있을 수만은 없다. 빠르게 털고 일어나서 새로운 계획을 세워야 한다.

이때 여러 가지 고민이 들 수 있다. 이대로 한 번 더 공부에만 전념할지, 일을 구해서 공부와 병행해야 할지가 대표적이다. 이 고민에 대한 답을 내리려면 다음의 항목들을 고려해야 한다.

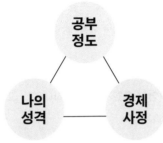

» 쌓아놓은 공부가 이미 넉넉한가?

같은 초수라도 사람마다 공부의 정도가 천양지차다. 졸업 후 몇 달 동안 공부에 매진했을 수도 있고, 학교에 다니고 졸업하느라 임용 시험에는 거의 신경을 쓰지 못했을 수도 있다. 스스로 생각하는 공부의 정도와 1차 시험 점수를 보고 현재 나의 실력을 파악하는 게 우선이다. 아직 전체적인 공부의 체계와 흐름도 잡지 못한 상태라면 공부에만 전념하는 시간이 필요하다. 반면에 체계와 흐름을 잡은 상태에서 부분적으로 특정 영역에 대한 준비가 미흡하거나 1차 시험 점수가 높다면 일과 병행하는 것도 좋은 선택이다.

» 나는 어떤 유형인가?

하루 종일 혼자 있어도 규칙적으로 생활할 수 있고, 사회 활동을 하지 않아도 몇 년 정도는 우울해지지 않을 수 있고, 외부 환경으로부터 오는 변수가 최대한 적어야 공부에 집중할 수 있는 성격이라면 1차 점수가 높더라도 한 번 더 공부에만 전념해 봐도 된다. 그러나 사람을 만나야 스트레스가 풀리고, 생산적인 일을 해야 우울해지지 않고, 시간이 많을수록 오히려 시간을 비효율적으로 쓰게 되는 사람이라면 1차 점수가 조금 낮더라도 오히려 일과 병행하는 것이 현명한 선택일 수 있다.

» 주머니 사정은 넉넉한가?

경제 사정도 중요한 요인이다. 미래에 있을 임용 합격만큼이나 현재의 행복도 중요하기 때문이다. 경제 사정이 좋지 않은 상황에서 공부에만 전념하는 것은 임용 결과에도 좋지 않은 영향을 미칠 수 있다. 적절한 경제적 여유가 뒷받침되어야 마음이 편하고, 몸이 건강하고, 그래야 공부도 잘할 수 있다.

성급하게 결정하지 말자

앞에서 말한 세 가지 기준은 1차 시험 준비를 고려하여 설정한 것이다. 2차 시험까지 염두에 둔다면 판단은 달라질 수 있다. 이 책에 2차 시험 준비에 관한 이야기도 있으니, 다 읽고 종합적으로 판단하는 것이 좋겠다. 정답은 없다. 나와 맞는 게 있고 그렇지 않은 게 있을 뿐이다. 내가 나를 잘 모를 수 있으니, 주변 사람들에게 조언을 구해도 좋다.

008

일과 병행한다면, 중학교가 좋을까요? 고등학교가 좋을까요?

↳ 퇴근 후 공부 시간을 확보하기 유리한 중학교에 지원할까?
↳ 수업 준비가 임용 공부에 도움이 되려면 고등학교가 좋을까?

다음 임용 시험 준비를 일과 병행하는 것으로 계획했다면 학교를 선택하는 문제도 중요하다. 중학교와 고등학교 가운데 어디가 더 좋은지 칼로 무 자르듯 말할 수는 없다. 여러 상황을 고려하여 자신과 잘 맞는 학교급을 골라야 한다.

» 시간을 활용하기 좋은 중학교

일반적으로 중학교에서는 퇴근 후에 공부 시간을 확보하기가 쉽다. 수업 준비와 출제 부담이 덜하고, 방과후 수업이나 자율학습 감독 등의 추가 업무도 거의 없다. 하지만 수업 내용이 1차 시험과 큰 관련이 없어서 수업 준비와 임용 공부를 따로 해야 한다. 반면에 2차 수업 실연에서는 중학교에서의 수업 경험이 도움이 될 수 있다. 수업 실연에서는 학생 참여형 수업과 활발한 상호작용이 중시되기 때문이다.

» 수업 준비가 곧 임용 공부인 고등학교

고등학교에서는 퇴근 후 공부 시간을 확보하는 게 어려울 수 있다. 그렇지 않아도 수업 준비에 시간이 많이 드는데, 요즘에는 고교학점제 때문에 가르쳐야 할 과목이 많아서 수업 부담이 훨씬 더 커졌기 때문이다. 하지만 수업 준비를 열심히 하면 그게 바로 전공 시험에 대한 준비가 된다. 문학과 문법 수업에서 임용 시험 수준의 내용을 다루고, 임용 공부에 도움이 되는 수능과 모의고사 기출 문제를 거의 날마다 접하기 때문이다.

» 중학교의 생활 지도, 고등학교의 교과 지도

단위 학교의 분위기에 따라 다르겠지만 일반적인 경향은 이렇다. 중학교는 생활 지도에 힘과 시간을 많이 뺏긴다. 학생들이 자주 싸우고, 별것도 아닌 일을 이르러 오고, 학교 폭력도 자주 일어나고, 이런 껄끄러운 일로 학부모와 대면하며 감정 소모를 해야 한다. 하지만 교과 지도에는 힘이 덜 든다. 교과 내용이 쉽고, 평가에 덜 예민하고, 입시 부담도 거의 없다.

고등학교는 교과 지도에 힘이 많이 든다. 매년 네 번의 시험 출제를 해야 하는데, 그야말로 피를 말리는 일이다. 오류가 생기면 심각한 과장이 일어나기 때문이다. 학생과 학부모는 수입 내용과 평가에 굉장히 예민하다. 어마어마한 양의 생활기록부를 작성해야 하는 부담도 있다. 하지만 생활 지도에는 힘이 덜 든다. 아무래도 중학생보다 성숙해졌고, 친구 관계보다는 자신의 미래를 위한 준비에 더 힘쓰기 때문이다.

» 학교급보다 더 중요한 문제

이처럼 중학교든 고등학교든 장단점이 있기에 어떤 환경이 자신의 성격이나 상황에 더 맞는지를 고민해서 선택해야 한다. 사실 중학교냐 고등학교냐의 문제보다는 그 학교가 자신에게 맞는지를 더 중요하게 고려해야 한다. 예를 들어, 출퇴근 시간은 생각보다 영향력이 크다. 복잡한 대중교통에서 두어 시간 진을 빼고 나면 공부는 저 멀리 달아나 버리기 때문이다. 그 밖에도 업무가 과중하지 않은지, 학생이나 학부모가 드세지 않은지 등의 문제도 고려 대상이다.

임용 준비에 유리한 학교?

조금 다른 관점으로 생각해 보자. 임용 합격을 목표로 하는 수험생에게 기간제 교사는 잠시 스쳐 지나는 과정일 수 있다. 하지만 이것도 엄연히 교직이고, 학생을 만나 서로의 인생에 영향을 주고받는 일이다. 단순히 공부하기에 더 유리한 직장을 찾으려고 하기보다는, 나의 첫 교직 생활을 시작할 학교를 찾는다는 마음을 가지면 어떨까? 그 학교에서 멋지게 교직을 시작한다면 교사로서 보람도 느낄 수 있고, 이런 긍정적인 교육 경험은 추후 임용을 준비하는 과정에서도 알게 모르게 영향을 미칠 것이다. 학생들 인생에 끼치는 선한 영향력은 말할 것도 없다.

009

**일과 병행한다면,
공부 시간을 어떻게 확보할 수 있을까요?**

↳ 퇴근 후에는 지쳐서 잠자기 바쁜데 대체 공부는 언제 하지?
↳ 공부량이 작년의 절반도 안 되는 것 같은데 괜찮을까?

대학 생활과 임용 시험 준비를 병행하는 게 쉽지 않다는 건 경험을 통해서 이미 알고 있다. 그럼, 교직과 병행하는 건 할 만할까? 교단에 서기 전에는 '교사는 네다섯 시에 퇴근하니까 자기 전까지 공부할 시간이 충분하네!'라고 생각할 수 있다. 과연 그럴까?

≫ 만만치 않은 학교

학교에서 일을 해보면 교사는 사무직보다는 현장직에 가깝다는 생각이 강하게 든다. 몇 시간을 서서 말하는 것도 힘들지만, 그러면서도 수많은 아이들의 에너지를 온몸으로 받아내야 한다. 공강 시간에도 쉬지 못하고 행성 업무에 파묻힌다. 담임을 맡으면 하루에도 몇 번씩 교실로 뛰어가야 한다. 하루 종일 이렇게 일에 쫓기고 나면 체력은 바닥을 드러낸다.

특히 처음 교단에 서는 교사는 더 큰 어려움을 겪는다. 사실 이건 생활 습관과도 관련이 있다. 대학생들은 대체로 아침에 늦게 일어난다. 고학년이 되어 학점에 여유가 있으면 오전 수업을 아예 빼기도 한다. 그런데 중고등학교의 하루는 너무 일찍 시작된다. 대학생 때와 비교도 할 수 없을 정도로 일찍 일어나야 하고, 그러다 보면 퇴근 무렵에는 파김치가 된다. 집에 도착해서 쓰러져 자다가, 7~8시쯤 일어나서 저녁을 먹고 겨우 수업 준비를 한 뒤 다시 쓰러져서 잠들곤 한다.

» 물리적 공부 시간에 대한 욕심

이런 상황에서 공부할 시간을 어떻게 확보해야 할까? 결론부터 말하자면 물리적인 공부 시간에 대한 욕심을 내려놓아야 한다. 교단에 발을 디딘 이상 학교와 학생들에 대한 책임을 충실히 다해야 한다. 수험생이기도 하지만, 동시에 교사이기도 하다는 사실을 잊어서는 안 된다. 교사로서 충실하면서도 이전과 비슷한 시간을 쏟아서 공부하겠다는 건 지나친 욕심이다.

이미 몇 년 동안의 공부를 통해 실력을 쌓아놓은 수험생에게는 물리적인 공부 시간이 임용 합격에 결정적인 요인이 아니다. 기존에 쌓아온 자신의 실력을 믿고 부족한 부분만 채워간다는 마음으로 효율적으로 공부하는 전략이 필요하다.

» 불안 떨치기

남들은 하루에 10시간씩 공부할 때 나만 1~2시간 공부하고, 그마저도 못 하는 날이 많을 때는 불안할 수도 있다. 그러나 물리적인 공부 시간에 의해 당락이 결정되는 시험이었다면 일과 공부를 병행한

합격자들이 이렇게 많지도 않았을 것이다. 충분한 고민 끝에 일과 공부를 병행하겠다고 결정했다면, 공부 시간에 연연하지 말고 최대한 효율적으로 공부할 수 있는 길을 찾는 게 좋다.

참고로, 1차 시험 전날까지 학급의 말썽꾸러기들 뒤치다꺼리하다가 '당연히 떨어지겠지!' 하는 마음으로 시험장에 갔는데 그해에 최종 합격한 사례도 있다.

믿음, 소망, 사랑

일 병행이 체력적으로나 심리적으로 힘들다는 것을 분명히 알고 선택해야 한다. 작년의 불합격이 실력이 아니라 운 때문이었다는 생각이 들 때, 공부 시간이 적어도 스트레스를 받지 않을 자신이 있을 때, 임용 공부가 어느 정도 체계가 잡혔다는 확신이 생길 때, 그때 일 병행을 선택해야 한다.

일 병행을 선택했으면 좋은 교사가 되겠다는 '소망'을 품어야 한다. 임용 합격을 위해서 학교와 학생을 이용해서는 안 된다. 내가 선택한 일을 열심히 하는 게 궁극적으로는 임용 합격에도 도움이 된다는 '믿음'을 가지고, 올해 내가 맡은 학생들을 '사랑'으로 가르치겠다고 다짐해야 한다. 불안해하지 말고, 뚜벅뚜벅 앞으로 걸어가야 한다.

010 공부 시간, 하루에 어느 정도가 적당할까요?

↳ 하루에 공부는 몇 시간 정도 해야 할까?
↳ 10시간 공부하고 불합격, 2시간 공부하고 합격, 무슨 차이일까?

합격자들이 수험생들에게 가장 많이 듣는 질문이다. 물론 공부 시간이야 많으면 많을수록 좋겠지만, 그게 마음처럼 쉽지 않다는 게 문제다.

» 공부는 스펀지에 물방울 떨어뜨리기

마른 스펀지에 물방울을 떨어뜨려 보자. 처음 한두 방울 떨어졌을 때는 흔적도 없이 스펀지 속으로 스며든다. 더 떨어뜨려 본다. 제법 많이 떨어뜨렸다고 생각하지만 큰 변화가 없다. 그러다 스펀지에 물이 흥건히 모인다. 그때 '톡' 하고 한 방울 더 떨어뜨리면 어떤 일이 벌어질까? 스펀지가 머금고 있던 물이 한꺼번에 '쫙' 하고 쏟아져 내린다.

공부도 그렇다. 처음에는 많은 시간을 투자해서 공부해도 티가 나지 않는다. 그 시간을 견디며 계속 물방울을 떨어뜨려야 한다. 그게 쌓여야 언젠가 시원하게 쏟아져 내리기 때문이다.

하루에 몇 시간 정도 공부하는 게 적당한지는 수험생이 처한 상황에 따라 다르다.

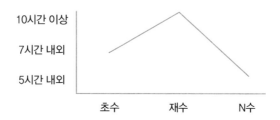

공부 기간이 짧은 초수나 재수 시절에는 절대적인 공부량을 최대한 늘려야 한다. 이때는 스펀지에 물을 붓는다는 마음으로 지루함을 견디며 공부량을 쌓아나가야 한다. 대학 생활과 병행해야 하는 초수 때보다는 재수 때 시간 확보가 더 유리할 수도 있지만, 일과 병행한다면 상황이 달라진다. 졸업과 동시에 일을 시작해야 한다면 임용 공부를 남들보다 조금 더 일찍 시작해서 학부 때 공부량을 미리 쌓아두는 게 좋다.

≫ 장수생이라면

내공이 어느 정도 쌓인 N수생이라면 다른 전략이 필요하다. 이때도 하루에 10시간 이상씩 공격적으로 공부를 이어가면 오히려 독이 될 수 있다. 몇 년 동안 수험 생활을 이어오며 몸과 마음이 지쳐 있을 가능성이 크기 때문이다.

운동이나 일을 함께하며 자기 관리를 하는 게 더 중요하다. 장수생들 가운데는 일과 병행하느라 공부에 그리 많은 시간을 쏟지 못했음에도 합격의 기쁨을 맛보는 사례가 많다. 머릿속에 저장해 놓은 지식이 사라지지 않도록 활성화하면서, 몸과 마음을 건강하게 관리하는 지혜가 필요하다.

공부하고 있다는 착각

하루에 10시간 공부한다는 건 어떤 의미일까?

철수: 아침 8시에 시작해서 저녁 6시까지, 10시간 공부했어요.
영수: 식사 시간, 쉬는 시간, 이동 시간 빼고 10시간 공부했어요.

영수가 말하는 10시간을 흔히 '순공 시간'이라고 부른다. 그렇다면 철수의 공부 시간은 '허공 시간'이 아닐까? 10시간 도서관에 머물렀다고 10시간 공부했다고 착각하지 말아야 한다.

011

공부 장소,
어디가 좋을까요?

> ↳ 어디서 공부해야 집중이 가장 잘 될까?
> ↳ 공부에 집중하려면 물리적 환경을 어떻게 개선해야 할까?

사람은 환경에 영향을 받는다. 공간이 공부 효율에 미치는 영향도 무시할 수 없다. '근손실'에 빗대서 '공손실'이라는 표현을 쓰기도 한다. 여러 요인으로 인해 공부의 효율이 떨어지는 상황을 일컫는 말이다. '공손실'을 줄이려면 어디서 공부하는 게 좋을까?

» 어디서? 어떤 곳에서?
수험생들이 공부 장소를 선택할 때 주로 이런 문제를 고민한다.

- 여러 사람이 함께 쓰는 곳인가, 혼자만 쓰는 곳인가?
- 적당한 소음이 있는 곳인가, 쥐 죽은 듯 조용한 곳인가?
- 살짝 어두운 곳인가, 쨍하게 밝은 곳인가?
- 집과 가까운 곳인가, 멀리 떨어진 곳인가?

이 질문을 가만히 들여다보면 '어디서?'가 아니라 '어떤 곳?'에 대한 고민이라는 걸 깨닫게 된다. 다시 말하면 '장소'가 아니라 '환경'에 대한 고민이라는 의미다. 그렇다면 어떤 환경에서 공부하는 게 좋을까? 세 가지 기준으로 생각해 볼 수 있겠다.

- 나는 어떤 공간에서 집중이 잘 되나?
- 나의 공부를 방해하는 요인은 무엇인가?
- 그 장소를 이용하기 위해 투자하는 시간과 비용은?

» 내가 집중할 수 있는 공간 찾기

당연한 말이지만 내가 가장 집중할 수 있는 공간을 찾아야 한다. 약간의 백색 소음이 있는 카페에서 집중이 잘되는 사람도 있고, 책장 넘어가는 소리에도 집중이 깨지는 사람도 있다. 나를 지켜보는 시선이 집중의 원동력이 되기도 하고, 거슬리는 방해 요인이 되기도 한다. 내게 어떤 공간이 적합한지 잘 모르겠으면 여기저기 다녀보면 된다. 학부 때 미리 그런 공간을 탐색해 두면 본격적으로 공부를 시작했을 때 '공손실'을 줄일 수 있다.

» 유혹으로부터 도망치기

침대에 눕고 싶은 유혹이 큰 사람이라면 침대가 없는 공간으로 가야 한다. 대학 도서관에서 공부하는데 친구들이 찾아와서 술자리가 잦아진다면 학교를 벗어나야 한다. 공부 장소를 정하기 전에, 먼저 나를 방해하는 요인을 찾아야 한다.

교실에 '키높이책상'을 두는 학교가 많다. 졸린 학생들은 그 책상

앞에 서서 공부한다. 의지만으로 졸음을 쫓는 건 정말 힘들다. 그런데 몸을 움직여서 공간을 바꾸면 조금 더 쉽게 해결할 수 있다.

» 가성비 고려하기

그 공간을 이용하는 데에 돈이 많이 들지는 않는지, 집이랑 멀어서 시간이 너무 허비되지 않는지도 따져야 한다. 돈보다 더 아까운 건 시간이다. 여기저기 공간을 이동하느리 길에서 허비하는 시간을 최소화할 수 있도록 공부 동선을 효율적으로 짜야 한다.

권태로움에서 벗어나기

본격적인 수험 생활에 돌입하면 보통 하루에 10시간 내외를 공부에 투자한다. 몇 달씩 같은 공간에서 지내다 보면 권태를 느낄 수도 있고, 이게 슬럼프로 이어지기도 한다. 공부 장소를 주기적으로 바꾸는 것도 좋다.

하루 공부 계획을 세울 때도 시간과 더불어 공간까지 고려하면 좋다. 아침에 정신이 맑을 때는 방에서 전공을 공부하고, 점심을 먹고 나른할 때는 집 근처 도서관에서 교육학을 정리하고, 저녁에는 카페에서 공부 모임에 참여하는 방식이다. 이렇게 하면 새로운 기분으로 집중을 이어갈 수 있다. 공간이 바뀌면서 공부의 흐름이 환기되는 셈이다.

012

일주일 내내 달릴까요?
하루 이틀 쉴까요?

↳ 이렇게 쉬지 않고 공부하다가 지쳐서 나가떨어지지 않을까?
↳ 그렇다고 쉬자니 죄책감이 드는데, 쉬지 않고 달려야 하나?

수험 생활은 여러모로 힘들다. 하루 종일 자리에 앉아서 공부하는
것도 고역이지만 좋아하는 걸 마음껏 하지 못하니 더 괴롭다. 가끔
은 친구도 만나고 싶고, 취미 생활도 즐기고 싶다. 봄에는 벚꽃을,
여름에는 푸른 바다를, 가을에는 단풍을 보러 떠나고 싶다. 그렇지
만 이 모든 게 수험생에게는 사치인 것만 같다. 일주일 내내 달려야
할까? 하루 이틀 쉬면 안 될까?

》 수험 생활은 마라톤

앞서 일주일 내내 '달린다'라고 표현했다. 흔히 수험 생활을 달리
기 경주에 빗대곤 한다. 그렇다면 어떤 종류의 경주일까? 단거리 달
리기가 아니라 마라톤이다. 일 년 동안 달려야 하기 때문이다. 이런
까닭에 긴 호흡으로 멀리 내다보고 수험 생활을 설계해야 한다.

마라톤 선수가 단거리 달리기를 하듯이 처음부터 전력으로 질주
하면 금세 지친다. 마라톤을 완주하려면 중간에 숨도 고르고 물도

마시면서 속도를 조절해야 한다. 수험 생활에서도 속도 조절은 중요하다. 가끔은 나만의 방식으로 재충전도 해야 한다. 운동도 좋고, 친구나 애인을 만나도 좋다. 아무것도 하지 않고 집에서 TV를 보면서 명하게 머리를 비워도 좋다. 다양한 방법으로 신체와 정신을 잠시 쉬게 하자.

» 쉬는 것까지가 공부

근력 운동을 하는 사람이라면 다 아는 말이 있다. "먹는 것까지가 운동이다!" 운동만 한다고 근육이 붙는 게 아니라 운동 뒤에 적당한 영양소를 섭취해야 비로소 근육이 성장한다는 뜻이다. 공부도 그렇다. 주야장천 머리에 지식을 집어넣기만 한다고 실력이 느는 게 아니다. 우리는 로봇이 아니기 때문이다. 공부를 충분히 했다면 적당히 쉬어야 한다. 그러니 쉰다고 죄책감 느끼지 말아야 한다.

4당5락(4當5落)! 네 시간 자면 붙고 다섯 시간 자면 떨어진다는 무시무시한 말이다. 하지만 이건 뇌과학을 거스르는 공부법이다. 요즘에는 수면이 기억과 학습을 강화한다는 게 정설이 되었다. 잠을 줄여서 공부 시간을 늘리려는 수험생도 많은데, 단거리 달리기라면 몰라도 마라톤에서는 절대로 그렇게 하면 안 된다. 잠을 줄이는 게 아니라 깨어 있는 동안 집중할 수 있는 방법을 찾아야 한다.

» 토끼와 거북이의 교훈

그렇게 잘 달리는 토끼가 느림보 거북이에게 진 이유는? 너무 오래 쉬었기 때문이다. 속도 조절이 중요하지만, 그렇다고 토끼처럼 아예 주저앉으면 안 된다. 너무 오래 쉬느라 시간이 날아가 버리는 것도 문제지만, 공부의 흐름이 끊어져서 다시 책상에 앉기가 싫어지는 것이 더 큰 문제다. 이렇게 되면 슬럼프가 찾아오기 쉽다. 계획한 속도로 잘 달릴 때는 슬럼프에 빠지는 일이 거의 없다. 너무 긴 휴식은 독이다.

» 달리기와 쉼의 적절한 균형점

등산할 때는 목마르기 전에 마시고, 배고프기 전에 먹고, 힘들기 전에 쉬어야 한다. 공부에서도 그런 전략이 필요하다. 일단 지치면 그걸 회복하는 데 오랜 시간이 소요된다. 지치기 전에 짧게 짧게 쉬는 게 좋다. 그러기 위해서는 나의 정신적·육체적 상황에 맞게 공부 계획을 세우고, 그걸 꾸준히 실천해야 한다. 공부가 잘된다고 무리하면 안 된다.

먹는 것까지가 공부!

먹는 것까지 운동이라고 했는데 '먹는 것까지 공부'이기도 하다. 공부에 지치면 입안이 까끌까끌하고 밥 먹기가 귀찮을 때도 있다. 그래도 잘 먹어야 한다. 이것까지가 공부라고 생각하고 최선을 다해서 잘 챙겨 먹자.

↳ 수험 생활도 힘든데 연애까지 신경을 써야 할까?

↳ 연애와 합격, 두 마리 토끼를 잡는 건 어려울까?

수험 생활을 하다 보면 인간관계에 시간과 노력을 쏟기 어렵다. 게다가 마음의 여유도 없다. 예민하다 보니 평소에는 이해하고 넘어갈 법한 일이 감정싸움으로 번지기도 한다. 그래서 지인들과 멀어지는 경우도 더러 있다. 수험 생활을 하면서 겪게 되는 인간관계 고민 가운데 단연 최고는 연애다.

» 수험생이 연애라니?

수험생에게 연애는 바람직하지 않을 수 있다. 시간을 많이 빼앗기고, 감정 소모가 크기 때문이다. 상대가 같은 수험생이라면 서로 비슷한 시기에 비슷한 이유로 예민해서나 보니 부딪힐 일이 많고, 수험생이 아니라면 내 힘든 사정을 제대로 알아주지 않고 배려해 주지 않는다는 생각이 들어 속상할 때가 많다.

» 연애가 뭐가 나빠?

반면 수험 생활에서 연애의 순기능도 많다. 평소에 늘 의지가 되고, 힘이 들 때 위로를 받을 수 있다. 달콤한 데이트가 재충전의 원천이 되기도 한다. 내 마음을 알아주고 응원해 주는 내 편이 있다는 생각이 들면 불끈 힘이 솟기도 한다. 존재 자체만으로도 힘이 되고 위로가 되는 것, 그게 바로 연애다.

» 중요한 건 나 자신

수험생이 연애해도 되는지를 고민할 때 가장 중요한 판단 기준은 나 자신이다. 내가 하기 나름이라는 의미다. 세 가지 측면으로 생각해 볼 수 있다.

첫째, 내가 상황을 잘 통제해야 한다. 위에서 말한 것처럼 수험 생활 중 연애에는 순기능과 역기능이 있다. 역기능을 조심하면서 순기능을 잘 살려야 하는데, 그러기 위해서는 공부와 연애의 경계를 분명히 해야 한다. 연애가 공부를 방해하지 않도록 선을 잘 그어야 한다는 뜻이다.

둘째, 내가 먼저 배려해야 한다. 어떤 연애라도 마찬가지겠지만 수험생의 연애에서는 더 그렇다. 수험 생활에 지치다 보면 내가 힘든 걸 먼저 생각해서 상대의 배려를 바라는 마음이 생길 때도 있다. 하지만 누군가의 일방적인 희생은 바람직한 관계가 아니다.

셋째, 내가 바로 서야 한다. '사랑은 둘이 만나서 하나가 되는 게 아니라, 홀로 선 둘이 만나는 것'이라고 했다. 반쪽짜리 둘이 만나서 하나가 되는 게 아니라, 온전한 둘이 만나야 한다는 뜻이다. 내 수험

생활이 힘들다고 상대에게 지나치게 의존하지는 말아야 한다. 내 수험 생활의 힘듦은 내가 스스로 해결할 몫이다.

» 두 마리의 토끼

연애와 합격이라는 두 마리 토끼를 잡는 건 생각보다 어렵다. 그게 쉬웠으면 그 많은 수험생이 이렇게 고민하지도 않았을 것이다. 분명히 어려운 일이지만, 그만큼 보람과 행복도 크다.

어른스러운 어른

어른스러운 어른은 이성을 앞세워 충동을 조절할 수 있다. 어른스럽게 연애하고, 어른스럽게 수험 생활을 이어가길 바란다. 그러기 위해서는 먼저 내가 어떤 사람인지 판단해야 한다. 사랑에 빠졌을 때 다른 일에 집중하지 못하는 성향이라면, 또는 모든 걸 쏟아붓는 불같은 사랑을 꿈꾼다면 연애를 합격 이후로 미루는 것도 나쁘지 않다. 그리고 앞서 했던 말들은 소중하게 이어온 인연을 임용 시험 때문에 저버리지 말라는 의미이지, 능동적이고 적극적으로 새로운 사랑을 찾아 나서라는 말은 아니다.

014

수험 생활,
좋아하는 취미는 내려놓아야겠죠?

↳ 아무리 수험생이라도 운동만큼은 포기하지 못하겠어.
↳ 새롭게 해보고 싶은 취미가 생겼는데, 합격이 먼저겠지?

수험생은 쉬더라도 그 순간을 온전히 즐기기 어렵다. 친구들을 만나 웃고 떠들거나 여행을 떠나는 순간에도 마음 저 깊은 곳에서는 '내가 지금 이러고 있어도 되나?'라는 생각이 들기 때문이다. 취미생활 앞에서도 그렇게 갈등하는 수험생이 많다.

≫ 유기견 봉사 활동에서 받은 힘

아래의 글은 어떤 합격자가 수험 생활을 회고하며 쓴 것인데, 취미생활과 수험 생활의 건강한 균형을 잘 보여주고 있다.

첫해 임용 시험에서 떨어졌습니다. 미래에 대한 불안과 걱정, 기고만장했던 스스로에 대한 창피함 등으로 한동안 힘들었습니다.

그 가운데서도 저를 특히 힘들게 했던 건 사람들이었습니다. 주변사람들과의 관계에서 저도 모르게 상처를 받고 있었던 거죠. 불합격소식을 주변에 전하고 위로받는 상황조차도 괴로웠습니다. 제 시험 결과에 관심을 보이는 이들이 원망스럽기도 했습니다. 그들에게는 한 번이지만 저는 그렇지 않았던 거죠. 가족의 사소한 말조차도 상처로 다가왔고, 주변 사람을 대하는 게 버거웠습니다.

그래서 강아지에게 갔습니다. 평소 동물을 매우 좋아했기에 유기견 봉사 활동에 참여하기로 한 겁니다. 처음에는 사람들에게서 벗어나려고 강아지들을 찾아갔는데, 한 달에 한두 번씩 꾸준히 봉사 활동에 참여하면서 강아지들과 정이 들었습니다. 강아지들은 언제나 해맑게 꼬리를 흔들면서 제게 다가왔습니다. 제가 처한 현실에 관심도 없었습니다. 의도치 않은 말과 행동으로 제게 상처를 주지도 않았습니다. 조건 없이 꼬리를 치며 다가오는 강아지들을 물끄러미 바라보며 가만히 머리를 쓰다듬어 주면, 마음이 평화로웠습니다.

그렇게 유기견 봉사 활동은 제 수험 생활에서 멋진 취미가 되었습니다. 꾸준히 봉사 활동을 하면서 마음이 점차 안정되었고, 다시 건강한 마음으로 공부할 힘을 얻었습니다. 유기견들을 도우러 간 곳에서 오히려 제가 큰 도움을 받았던 셈이죠. 그래서 저는 교사가 된 요즘도 시간을 내서 강아지들을 만나러 갑니다.

» 수험생도 행복할 권리가 있다

임용 합격이라는 목표에 도달하기 위해서 취미 생활을 접어야 하는가? 아니면 생활의 활력소가 될 수 있도록 적절히 활용할 것인가? 당장 눈앞의 목표에 매몰되지 말고 조금 더 멀리 내다볼 수는 없을까? 임용 시험 합격이 아니라 '행복한 교사'를 목표로 삼으면 어떨까? 몸과 마음이 피폐해진 채 임용 시험에 합격한다면 결코 행복한 교사가 될 수 없다. 교사가 행복하지 않다면 그 영향은 학생들에게도 미친다.

임용 시험을 위해서 삶을 갈아 넣어서는 안 된다. 많은 합격자가 얘기하듯이, 그렇게 한다고 합격이 더 수월한 것도 아니다. 조급해하지 말고, 조금 더 넓고 멀리 보자. 적절한 취미는 건강한 수험 생활은 물론 행복한 교직 생활을 위해서도 약이 된다.

취미? 노동?

취미 생활이 오히려 삶을 지치고 힘들게 만든다면 그것은 취미가 아니라 노동이다. 자신의 취미 활동이 정말 취미가 맞는지, 아니면 내 에너지를 갉아먹는 노동인지 잘 구분해야 한다. 삶의 활력을 얻는 데 도움이 되는 수준, 거기까지가 취미다.

015

수시로 무너지는 멘탈,
어떻게 잡아야 할까요?

↳ 수험 생활 오래 하다가는 성격 다 버리겠어.

↳ 이렇게 숨 막히는 수험 생활을 다시 할 수 있을까?

수험생들은 공부 방법에 대한 고민과 걱정만큼이나 수험 생활 자체에 대해서도 큰 압박을 느낀다. 수험생들이 힘들어하는 것 가운데 하나가 멘탈 관리다.

» 마음이 불안한 이유

임용 시험은 불확실성이 크다. 범위, 문제 유형, 정답과 채점 기준이 공개되지 않는 데다가 선발 인원과 경쟁률까지 시험이 임박한 시점이 되어서야 발표한다. 게다가 시험에 떨어지면 한 해를 더 기다려야 한다. 매년 독립 시행이라 작년에 1차 시험에 합격했다고 그걸 올해 인정해 주는 것도 아니다. 처음부터 새로 시작해야 한다. 한 치 앞도 알 수 없는 미래를 걱정하다 보면 희망보다는 비관으로 흐르기 쉽다.

» 불안 다스리기

임용 시험의 불확실성은 쉽사리 개선되지 않을 것이다. 그렇다고 그걸 탓하며 스스로 절망의 늪으로 걸어 들어가서는 안 된다. 자신을 다독이고 응원하면서 정신 건강을 챙겨야 한다.

불교에 '내관법(內觀法)'이라는 게 있다. 명상을 통해 자기 내면을 들여다보는 방법이다. 내면을 보려면 안으로 깊이 들어가야 할 것 같은데, 실상은 반대다. 명상을 통해 몸 밖으로 빠져나간 의식이 나를 객관화해서 바라봄으로써 내 마음속에서 무슨 일이 일어나고 있는지 이성적으로 살필 수 있다고 한다. 요즘 말하는 '메타 인지'와도 비슷하다.

불안을 다스린다는 것은 자기 내면을 들여다보고, 자신의 상태를 진단한 후, 적절한 처방을 내리는 일이다. 그렇게 하려면 이런 질문을 던져볼 수 있다.

- 나는 어떤 성격의 사람인가?
- 나는 지금 어떤 상황에 놓여 있는가?
- 지금 나를 괴롭히는 것은 무엇인가?
- 내가 진정으로 원하는 것은 무엇인가?
- 나는 무엇을 할 수 있고, 무엇을 할 수 없나?

» 멀리 뛰려는 개구리는

불안을 다스리려면 때로는 휴식이 필요하다. 공부에서 잠시 손을 떼야 한다. 운동, 여행, 취미 생활, 데이트……. 이때 죄책감을 느끼지 말아야 한다. 지속 가능한 수험 생활을 위한 투자라고 생각해야한다. 개구리가 멀리 뛰기 전에 몸을 잔뜩 움츠리는 것처럼.

» 최선의 치료는 예방

몸에 병이 생기면 치료에 많은 시간과 노력이 든다. 그렇게 되기 전에 예방하는 게 최선이다. 마음도 그렇다. 너무 욕심을 내서 공부에만 매진하면 오히려 탈이 날 수 있다. 무너지기 전에 미리 관리하는게 좋다.

건강한 수험생에서 건강한 교사로

수험생의 목표는 당연히 교사가 되는 것이다. 그런데 만약 힘든 수험 생활로 정신이 망가진 채 교사가 된다면 교사가 되어서도 행복하기 힘들다. 더 나아가 학생들에게도 안 좋은 영향을 미친다. 교사의 사소한 말과 행동, 알게 모르게 드러나는 교육관이나 가치관을 학생들은 놀랍도록 빠르게 흡수하기 때문이다. 건강한 수험생이 건강한 교사가 되어, 학생들과 행복하게 만날 수 있다. 앞으로 만날 학생들을 위해서라도 내 삶을 가꾸고 챙기는 일에 소홀함이 없어야겠다.

합격!

2부

1차 필기,
나와의 기나긴
싸움

016

교육학,
이 많은 걸 어떻게 다 외우죠?

↳ 이걸 다 외운다는 게 가능한 일일까?
↳ 많아도 너무 많아! 이걸 무슨 방법으로 외우지?

많은 수험생이 유독 '교육학'을 힘들어한다. 전공만큼 애정도 없는 데다가 온통 암기투성이라서 부담스럽다. 분량은 왜 그렇게 많은지……. 학부에도 교직 과목이 개설돼 있기는 하지만 그걸로는 임용 시험을 대비하기에 역부족이다. 대부분 임용 시험에 초점을 맞춘 강의가 아니기 때문이다.

》 교육학 공부에서 흔한 실수

한 영역을 완벽하게 섭렵하고 다음 영역으로 넘어가려는 수험생들도 있다. 하지만 이런 방법은 효율적이지 않다. 처음부터 사소한 내용까지 모두 외우려고 하면 시간, 체력, 인지 면에서 엄청난 부담이다. 설령 한 영역을 모두 암기했다 하더라도 다음 영역을 공부하는 사이에 금방 잊어버리게 된다. 그야말로 최악의 공부법이다.

다음은 의욕이 앞서서 '누적 복습'으로 교육학 공부를 시도한 수험생의 실패담이다.

교육학을 공부할 때, 그날 공부한 내용뿐 아니라 이전에 암기한 것까지 누적해서 복습하겠다고 계획을 세웠어요. 그런데 진도를 나갈수록 복습할 내용이 점점 누적되니 정작 그날 공부 분량을 소화하지 못하게 되더라고요. 교육학 공부가 시간을 지나치게 잡아먹었고, 그러고도 진도에 허덕이게 되고, 나중에는 그날 강의도 제대로 듣지 못할 정도였어요. 효능감이 떨어져서 공부 의욕도 사그라지는 느낌이었습니다.

» 처음에는 빠르게 반복

교육학은 빠르게 여러 번 반복해야 한다. 그걸 '눈에 바른다'라고 표현한다. 처음에는 공부할 내용을 빠르게 읽으며 큰 뼈대 위주로 공부하고, 이후 그걸 여러 차례 반복하면서 세부 내용을 암기하는 방식이다. 페인트를 칠할 때도 한 번에 두껍게 바르면 마르는 과정에서 페인트가 들떠서 일어난다. 얇게 여러 번 발라야 잘 밀착되어 떨어지지 않는다.

» 뿌리를 읽어 단단히 붙들기

여러 번 반복하며 읽는 공부 방식이 효율적인 이유가 있다. 교육학은 여러 영역으로 나뉘지만, 각 영역이 단절되는 게 아니다. 예를 들어 교육사에서 배웠던 교육 사조의 흐름이 교육과정, 교육심리, 교육평가, 교육행정 등에도 다시 등장한다. 따라서 한 영역에서 배운 내용은 다른 영역 공부에도 도움이 된다.

산사태가 자주 일어나는 땅에는 뿌리가 깊은 나무를 심는다. 뿌리가 서로 얽히면 어지간한 비에도 흙이 흘러내리지 않는다. '눈에 바르듯이' 여러 번 반복하면 각 영역의 내용이 나무뿌리처럼 얽히면서 단단하게 체계가 잡힌다.

» 나선형으로 깊어지기

눈에 바르라고 했다고 계속 얕게만 공부하면 안 된다. 나사를 생각해 보자. 평면으로 보면 같은 원을 그리면서 도는 것 같지만, 입체로 보면 점점 깊어진다. 교육학 공부도 그래야 한다. 이해와 암기가 나선형으로 점점 깊어져야 한다. 그렇지 않으면 밑 빠진 독에 물을 붓는 것처럼 남는 게 없다. 반복할 때마다 세부 내용을 조금씩 채워 나가야 한다.

불안한 마음 견디기

처음에는 중요한 뼈대만 공부하기에도 벅차지만, 여러 번 거듭하다 보면 내용을 점점 깊이 이해할 수 있다. 그러다 보면 세부 내용까지 암기할 여력도 생긴다. 우직하게 이 과정을 반복하다 보면, 처음에 '이게 될까?' 하던 마음이 시험을 앞두고는 '이게 되네!'로 바뀐다. 그 불안한 마음을 참고 견뎌야 한다. 우직한 노인이 산을 옮긴다.

017

교육학, 현장 활용 문제는
어떻게 접근해야 하나요?

↳ 현장 활용 문제는 암기만으로는 안 되겠지? 어떻게 대비할까?
↳ 현장에 적용해서 얘기해야 하니까 암기한 건 써먹지도 못하겠지?

최근 교육학 문제를 보면 이전과는 출제 경향이 많이 달라졌다. 어떻게 바뀌었으며, 어떻게 대비해야 할까?

» 출제 경향의 변화

몇 년 전까지만 해도 이론과 개념을 조건에 맞게 정확히 적으면 좋은 점수를 받을 수 있었다. 그래서 암기가 교육학 대비의 핵심이었다. 그러다가 몇 년 전부터 출제 경향이 달라졌다. 교육학 지식을 현장에서 어떻게 활용할 수 있을지 물어보는 문형이 등장했다. 다음은 2024학년도 기출 문제 가운데 일부다.

> **전문가 C:** 네. 온라인 수업은 대면 수업보다 학습자가 상호작용을 하는 데 어려움이 많이 있지요. 따라서 온라인 수업에서 학습자가 할 수 있는 다양한 유형의 상호작용을 고려하여 콘텐츠를 개발하고 온

라인 수업을 운영해야 학습 목표를 효과적으로 달성할 수 있을 것입니다. (중략)

교사 F: 그렇다면, 학습자 맞춤형 교육의 구체적 내용을 학교 교육과정에 반영하려면 학교 내에서 어떠한 논의 과정을 거쳐야 하나요?

전문가 G: 여러 과정이 있습니다만, 학교 교육과정 운영 방법에 대해 법에서 규정한 대로 학교운영위원회의 심의나 자문을 거쳐야 합니다. 이를 위해서는 먼저 학생과 교사의 의견 수렴 과정을 거치는 것이 좋겠습니다.

〈배점-논술의 내용〉

- 전문가 C가 언급한 온라인 수업에서 학습자 상호작용의 어려운 점 1가지, 온라인 수업에서 학습자 상호작용의 유형 3가지와 유형별 서로 다른 기능 각 1가지 [4점]
- 전문가 G가 언급한 학교운영위원회의 법적 구성 위원 3주체, 이러한 3주체 위원 구성의 의의 1가지, 위원으로 학생 참여의 순기능과 역기능 각 1가지 [4점]

이런 문제는 교사의 눈으로 학교 현장을 바라보고 고민해야만 답을 떠올릴 수 있다. 어떻게 하면 이런 문제에 대비할 수 있을까?

» 현장을 바라보는 눈

활용형 문제를 보면 수험생의 머리는 하얘진다. 외운 지식을 그대로 쓰는 게 아니라 특정한 상황에 적용해야 하기 때문이다. 평소에 교육학 개념과 이론을 공부할 때부터 그걸 현장에서 어떻게 적용할지 고민해 보면 좋다.

이때 교직 경험은 큰 재산이 된다. 교육학 지식과 현장 경험을 엮어서 쓰면 되기 때문이다. 예를 들어, 앞의 기출 문제에서 물어본 '학교운영위원회의 3주체로 학생이 참여할 때의 순기능과 역기능'은 현장 경험이 있는 수험생이라면 쉽게 답을 떠올릴 수 있었을 것이다. 반면, 현장 경험이 없는 수험생은 답을 쓰기가 쉽지 않았을 수있다. 수험서를 뒤지며 이런 내용까지 공부하지는 않았을 테니까.

따라서 기간제 교사와 수험 생활을 병행하는 게 좋은 대안이 될수 있다. 교육 현장 경험이 없는 수험생이라면 간접 경험이라도 넓혀야 한다. 교육 블로그나 잡지, 지인들의 이야기 등을 통해 현장을 상상해 보자.

경향은 경향일 뿐

'경향'은 말 그대로 '경향'일 뿐이다. 현장 활용형 문제가 많이 출제되는 경향이라고 해도, 어느 해에는 명확한 지식을 묻는 유형이 많이 출제될 수도 있다. 그러니 현장 활용형 문제가 강조되는 추세라고 해서 암기를 게을리하면 안 된다. 현장 활용형 문제도 정확한 암기가 바탕이 돼야 제대로 쓸수 있다.

↳ 국어교육론은 교육과정을 보라는데 뭘 어떻게 보라는 거죠?
↳ 교육과정을 하나부터 열까지 그냥 다 암기하면 될까요?

합격자들에게 국어교육론 공부 방법을 물으면 교육과정을 강조
한다. 문학이나 문법에서는 교육과정을 보지 않았다는 합격자도 국
어교육론만큼은 교육과정을 열심히 공부했다고 말한다. 왜 그럴
까? 개론서로는 충분하지 않은 걸까?

» 교육과정, 왜 볼까?

국어교육론은 다른 과목에 비해 체계를 잡기가 어렵다. 문법이나
문학은 범주가 비교적 뚜렷한데, 국어교육론은 그렇지 않기 때문
이다. 그러다 보니 개론서의 목차도 천차만별이다. 이때 체계를 잡
는 데 도움을 주는 게 교육과정이다. 교육과정의 '핵심 개념'을 중
심으로 큰 목차를 잡고 세부적인 내용은 개론서로 공부하는 것이
좋다.

» 1차 시험에 출제되는 교육과정

1차 시험에 교육과정의 내용이 출제되기 때문에 교육과정의 키워드를 정확하게 이해하고 암기해야 한다. 다음은 2017학년도 기출문제의 한 부분이다.

1. 다음은 '의사소통과 대인 관계'를 주제로 한 수업 장면이다. 괄호 안의 ㉠, ㉡에 해당하는 말을 순서대로 쓰시오. [2점]

> 대인 관계를 긍정적으로 형성하고 발전시키기 위해서는 자기를 적절하게 표현할 수 있어야 합니다. 먼저, 화면에 준비한 학생의 대화를 같이 봅시다.
> (중략) 성현이는 인우에게 집안 사정과 고민까지 서슴없이 밝힌 데 비해, 인우는 성현이가 개인 사정과 고민을 말해 준 것에 대해 오히려 부담스러워합니다.
> 대인 관계 의사소통에서는 이러한 차이를 (㉠)(으)로 설명합니다. (중략) 성현이와 인우는 자아에 대한 정보의 양과 수준 그리고 그 정보를 드러내는 (㉡)이/가 상호 균형을 이루지 못하고 있습니다. 그래서 친밀한 관계를 형성하는 데 어려움을 겪을 수도 있습니다.

㉠에는 '자기표현', ㉡에는 '속도'가 들어가야 하는데, 이는 2015 국어과 교육과정의 [12화작02-01] 성취기준 해설에 있는 용어다.

이 성취기준은 자아 개념과 **'자기표현'**이 대인 관계에 미치는 영향을 이해하고 대화를 통해 타인과의 관계를 원만히 형성하는 능력을 기르기 위해 설정하였다. 자아 개념은 의사소통의 과정에서 타인이 주는 메시지에 의해 형성된다. 긍정적 자아 개념을 가진 사람과 그렇지 못한 자아 개념을 가진 사람의 대화 방식에는 차이가 있다. 자기표현은 타인에게 자신에 대한 정보를 알리는 것이다. 관계에 따라 표현의 수위도 적절해야 하며 관계가 진행되는 **'속도'**도 서로가 받아들이기에 적절해야 건강한 관계로 발전할 수 있다. 타인과 교류하는 일상적 소통 방식으로서 대화의 가치를 이해하여 자신의 대화 습관을 반성해 보는 것과 자아 개념·자기표현이 대화와 대인 관계에 미치는 영향을 생각하여 개선을 모색해 보는 것에 중점을 둔다.

물론 개론서에도 이와 유사한 내용이 나오기는 한다. 하지만 교육과정에 나온 용어가 그대로 정답으로 인정될 가능성이 크기 때문에 교육과정은 용어 그대로 정확히 기억하는 게 안전하다. 특히 성취기준과 해설을 꼼꼼히 공부하고, 교수-학습 방법 및 유의 사항, 평가 방법 및 유의 사항도 더불어 공부하면 좋다.

다만 교육과정이 국어교육론 공부의 전부는 아니다. 교육과정만 보면 구멍이 생길 수 있으니 세부적인 내용은 개론서를 보며 꼼꼼히 채워야 한다.

» 2차에서도 중요한 교육과정

2차 수업 실연 준비에도 교육과정은 중요하다. 수업 실연 문제가 교육과정을 바탕으로 출제되고, 수험생은 성취기준에 도달하는 수업을 해야 좋은 점수를 받기 때문이다. 1차에 비해 2차 시험 준비 기간은 무척 짧기에, 1차를 공부할 때부터 교육과정을 꼼꼼히 공부해 두면 좋다.

수업 설계의 출발점, 교육과정

학교 현장에서 수업 준비는 교육과정으로부터 출발한다. 교육과정의 성취 기준을 보고 도달해야 하는 목표와 가르쳐야 하는 학습 요소를 파악하고, 교수-학습 방법 및 유의 사항을 통해 지도상의 유의할 점을 확인하며, 평가 방법 및 유의 사항을 고려하여 평가를 설계한다. 임용 시험을 준비하면서 교육과정을 공부했던 노력은 단지 임용 합격에서 그치지 않는다. 학교 현장에서 학습 목표에 도달하는 수업을 설계하기 위한 기본기가 된다. 교사가 되어서 더 멋진 수업을 할 수 있다는 기대감으로 교육과정을 꼼꼼히 보자.

국어교육론, 개론서는 반드시 봐야 하나요?

↳ 여러 개론서를 요약한 강사 교재만으로도 충분하지 않나?
↳ 국어교육론은 영역도 많은데 이 많은 개론서를 다 봐야 할까?

국어교육론을 학원 강의로 입문하는 수험생이 많다. 화법, 독서, 작문 세 영역의 유명 개론서를 합치면 7권 남짓인데, 이 책들을 따로 보는 것보다 교재 한 권을 보며 강의를 듣는 게 더 효율적이라고 느끼기 때문이다.

하지만 강의를 들었다고 해서 끝이 아니다. 수험생들은 강의를 다 듣고 나면 이제 개론서를 봐야 할지 말아야 할지 고민이다. 다 보기에는 시간이 없고, 모른 척하기엔 찜찜하다.

» 믿었던 강의에 발등 찍히기

강의 교재는 잘만 활용하면 좋은 효율을 낼 수 있다. 여러 개론서를 들춰보는 수고를 덜어주기 때문이다. 하지만 전체적인 맥락을 파악하기엔 한계가 있다. 강의 교재는 강사가 자기 관점에 따라 편집한 것이다. 개론서에는 있지만 교재에는 빠진 부분도 있고, 앞뒤 맥락 없이 핵심 내용만 싣다 보니 본래의 의미와는 다르게 해석될 여지도 있다.

강의 교재에만 의존해 공부한 수험생이라면 시험을 치고 나서 '믿
는 도끼에 발등 찍혔다.'라며 후회할 수도 있다. 남이 정리한 공책을
보고 공부하면 온전히 내 머리에 들어오지 않는다. 강의 교재도 그
렇다. 그래서 교재에만 의존하기보다는 내가 직접 개론서를 보고 머
릿속에 정리해야 한다.

» 공부의 깊이를 더해주는 개론서

개론서는 정말 방대한 내용을 담고 있다. 분량이 너무 많아서 당장
은 부담스러울 수도 있다. 하지만 바꿔 말하면 그만큼 확실하게 공
부할 수 있다. 개론서를 읽으면 특정 개념이 어떤 흐름에서 나오게
됐는지, 장단점은 무엇인지, 어떤 점에서 의의가 있는지 등을 폭넓
게 이해할 수 있다.

이런 내용들을 체계적으로 이해하고 있어야 문제를 풀어내기가
수월해진다. 가끔은 개론서 날개 부분에서 문제가 출제되기도 한다.
개론서를 얼마나 꼼꼼하게 보면서 공부했는지 확인하고 싶은 출제
자의 의도가 엿보인다.

» 강의 교재와 개론서의 균형 맞추기

낯선 길을 찾아갈 때는 먼저 작은 축척의 지도로 전체 경로를 파악
하고, 그런 다음 상세 지도에서 세세한 갈림길을 확인한다. 강의 교
재와 개론서의 관계가 그렇다. 교재를 통해 전체 영역을 짧은 시간
안에 훑으며 대강의 얼개를 파악하고, 이후 개론서를 읽으며 전체

맥락을 파악하고 세부 내용을 채워야 한다. 그래야 믿는 도끼에 발등 찍히는 억울함을 막을 수 있다.

개론서? 괴롬서? 완독하기

개론서 읽기는 괴롭다. 방대한 양의 전문 지식이 딱딱한 문어체로 기술된 개론서를 술술 읽을 수 있는 사람은 많지 않다. 괴로움을 더하는 건 완벽하게 이해하고 암기해야 한다는 부담감이다.

작전이 필요하다. 개론서를 첫 장부터 암기하면서 읽으려고 하면 지친다. 처음에는 빠르게 여러 번 읽는 게 좋다. 내용을 다 이해하거나 암기하지 않아도 된다. 우선 두세 번 빠르게 읽어서 전체 얼개를 머리에 그리고, 그런 다음 꼼꼼히 확인하며 읽는 게 효율적이다. 처음에는 무슨 말인지 몰라도 여러 번 읽다 보면 어느새 머리에 들어온다. 개론서 읽기의 괴로움을 함께 견딜 공부 모임을 꾸리는 것도 좋다. 힘든 길도 함께 걸으면 훨씬 낫다.

020 문학, 이 방대한 작품들을 어떻게 읽어야 하나요?

↳ 문학 작품이 너무 많은데 이걸 다 읽을 수 있을까?
↳ 작품 핵심을 정리한 교재로만 공부하면 안 될까?

다른 영역은 개론서 몇 권 공부하면 되지만 문학에는 정해진 범위가 없다. 시간은 제한되어 있는데 작품은 차고 넘친다. 그래서 핵심을 정리한 교재에 마음이 끌린다. 그러면서도 한편으로 '이래도 되나?'라는 불안한 마음에 갈팡질팡하게 된다.

» 거짓말로 가르치지 않는 교사

국어 교사가 어떤 작품을 일부만 읽고서 학생들을 가르친다면 어떨까? 깊이 있는 수업을 할 수 없다. 학생들에게 거짓말을 하는 셈이다. 교사는 일부를 가르치더라도 전체 내용을 조망하고 있어야 한다.

시간이 없다고 요약본만 읽으면 세부 내용은 금방 기억에서 사라지고, 작품의 제목과 핵심 줄거리 정도만 겨우 남는다. 우리에게 필요한 건 고등학생 수준의 공부가 아니라 고등학생을 가르칠 수 있는 수준의 공부다. 작품을 읽으면서 줄거리는 물론이고 그 장면이 어떤 의미인지, 이 작품에 문학사가 어떻게 반영되어 있는지 파악해야 한다.

» 스스로 작품을 분석할 수 있는 힘

작품을 많이 읽다 보면 작품을 이해하고 감상하는 힘이 자란다. 시간이 많이 흘러 세부적인 내용이 기억나지 않더라도 작품을 읽어내는 힘은 남는다. 그 힘이 있다면 시험에서도 주어진 작품을 정확하게 해석해서 답안을 작성할 수 있다. 설령 한 번도 보지 못한 낯선 작품이 출제되더라도 대처할 수 있다.

이런 힘은 시험 합격을 넘어서, 멋진 국어 수업을 꾸려나가는 데도 밑거름이 된다. 날치기로 공부하면 쉽게 무너진다. 힘들여 쌓은 탑은 쉽게 무너지지 않는다.

» 티끌 모아 태산

하루 이틀 운동한다고 살이 빠지거나 근육이 붙지 않는다. 꾸준히 몇 개월을 해야 운동 효과를 볼 수 있다. 문학 공부도 그렇다. 문학 공부에서 가장 중요한 것은 꾸준함이다. 하루아침에 그 많은 작품을 다 읽을 수는 없다. 그래서 지레 포기하고 요약본으로 눈을 돌리는 수험생이 많다. 길게 생각해야 한다.

하루에 시 두 편을 읽지 못할 사람은 없다. 일주일에 소설 두 편도 그리 버겁지 않다. 이렇게 해서 일 년 동안 쌓이면 얼마가 될까? 시는 무려 730편이고, 소설은 100편이 넘는다. 문학사에서 중요한 작품, 출제 가능성이 높은 작품은 어지간히 망라하게 된다.

» 공부는 시간이 아니라 버릇

날마다 따로 시간을 내서 작품을 읽으려면 버겁다. 억지로 시간을 내지 말고 버릇을 들이면 어떨까? 예를 들어 화장실에 앉아 있을 때, 점심 먹을 때, 버스 타고 오갈 때, 잠자리에 들 때……. 늘 습관처럼 작품을 읽으면 따로 시간을 들이지 않고도 많은 작품을 읽을 수 있다. 공부 모임을 꾸려서 날마다 읽은 작품을 인증하는 강제력을 가미하는 것도 좋다.

문학 하기 딱 좋은 때

학부생으로 돌아갈 수 있다면 문학 작품, 특히 소설을 많이 읽어두겠다고 말하는 수험생이 많다. 수험생에게 시간은 금이다. 공부할 건 많은데 시간은 빠듯하다. 문학을 붙들고 있자니 교육학, 국어교육론, 문법이 관심을 가져달라고 아우성을 친다. 형편이 이런데 진득하니 문학 작품에 빠져들기는 쉽지 않다. 그나마 여유로운 학부생 때 작품을 많이 읽어둬야 한다. 동기들과 공부 모임을 꾸려서 서로 어깨 도닥이며 읽는 방법을 추천한다.

021

문학,
수능 기출 문제도 풀어봐야 하나요?

↳ 수능에 출제된 문학 작품도 공부하라는데, 이유가 뭘까?
↳ 수능 말고는 또 어디에 나온 문학 작품을 공부하면 좋을까?

임용 시험 기출 문제만으로는 접할 수 있는 문학 작품 수에 한계가 있다. 그렇다면 다른 작품들은 어떤 기준으로 어떻게 골라서 봐야 할까? 복잡한 문제 같지만 의외로 간단한 해답이 있다. 수능, 수능 모의고사, 수능 연계 교재 등이다. 고3 수험생도 아닌데 이런 걸 왜 보아야 하는 걸까?

》 문학 지식과 문학 작품 선별 기준

임용 시험과 수능은 닮은 점이 많다. 먼저, 둘 다 한국교육과정평가원에서 출제한다. 같은 기관에서 출제하는 공신력 있는 시험이라는 점에서 닮았다. 둘째, 중고등학교 교육과정을 통해 습득해야 할 문학적 지식과 소양을 평가한다.

이렇듯 중고등학생이 꼭 알아야 할 문학 작품과 문학 지식을 교사도 잘 알고 있어야 한다는 점에서 둘이 유사할 수밖에 없다. 그러니 수능과 관련된 자료들을 통해서 어떤 작품과 지식을 공부해야 하는지 힌트를 얻을 수 있다.

» 작품을 타당하게 해석하는 힘

수능, 모의고사, 수능 연계 교재에 출제된 문항들의 사고 과정을 따라가면 작품 분석 능력을 함양할 수 있다. 작품에 대한 배경지식이 없는 상태로 문항에서 요구하는 대로 작품을 해석해야 한다는 것은 수능이든 임용이든 똑같다. 그런데 수능은 선다형이기 때문에 그 작품을 해석하는 평가원의 사고방식이 비교적 많이 드러난다. 반면에 임용 시험은 서답형이므로 수험생이 직접 해석을 적어야 하고, 모범 답안이 공개되지도 않는다. 이러한 상황에서 수능 문항과 해설을 꼼꼼히 분석하면 배경지식 없이 문학 작품을 타당하게 해석하는 사고방식을 체화할 수 있다. 평가원의 방식을 몸으로 익히는 셈이다.

» 핵심 개념 뽑아내기

앞서 얘기했듯이 수능은 선다형이다. 따라서 작품에 대한 정보가 문항의 여기저기 드러난다. 이를 공부하면 문학 작품을 분석할 때 자주 사용되는 핵심 개념을 파악할 수 있다. 전공자 수준의 개론서에는 굉장히 넓고 깊은 지식이 수록되어 있다. 그 가운데 더 기초적인 개념, 필수적으로 알고 있어야 할 개념을 판별하는 데는 고등학생 눈높이에서 출제되는 수능 문항이 도움이 된다.

　핵심 개념과 더불어, 수능 문항의 간단명료한 서술 방식을 익히면 임용 시험에서 답안을 작성하는 데에 큰 도움이 된다. 덧붙여, 학계에서 어떤 개념에 대해 학자들 사이에 이견이 있을 때 평가원에서는 어떤 관점을 취하고 있는지도 파악할 수 있다.

수능에 출제된 작품을 임용 시험에 재활용?

수능이 끝나고 대체로 열흘쯤 지나 임용 시험을 치른다. 수능에 나왔던 작품이 임용 시험에 그대로 출제되기도 하고, 같은 작가의 다른 작품이 나온 적도 있다. 2021년에는 이런 일도 있었다.

임용 시험을 열흘 정도 앞둔 바쁜 시점에 그런 요행을 바라고 수능 문제를 꼼꼼히 뜯어볼 수는 없지만, 어떤 작품과 작가가 출제되었는지 정도는 훑어볼 필요가 있다. 밑져야 본전이다.

022

문학, 이해하면 끝인 줄 알았는데 왜 답안을 못 쓰겠죠?

↳ 공부한 작품인데 왜 답안을 못 쓰겠지?
↳ 문학은 공부해도 소용이 없는 영역인가?

분명 작품을 읽고 공부했는데 답안을 쓰려고 보면 주저하게 될 때가 있다. 이러한 상황이 반복되면 문학은 공부해도 안 되는 영역이라는 회의에 빠지게 된다. 문학, 어떻게 공부해야 멋지게 답을 쓸 수 있을까?

축구와 비교해서 생각해 보자. 축구를 잘하려면 어떤 능력이 필요할까?

• 90분 동안 지치지 않고 달릴 수 있는 체력
• 공을 자유자재로 다룰 수 있는 세련된 발재간
• 팀의 전술을 이해하고 그것을 수행할 수 있는 능력

» 체력, 작품을 읽어내는 힘

축구 경기를 할 때 발재간이나 전술 능력이 아무리 뛰어나도 90분을 뛸 수 있는 체력이 없다면 그걸 마음껏 펼칠 수 없다. 문학 공부도 마찬가지다. 작품을 정확하게 읽어내는 힘이 선행되어야 한다. 시험에서 처음 보는 작품을 만나도 정확한 해석을 할 수 있도록, 평소에 작품 전문을 읽으며 혼자의 힘으로 타당한 해석을 할 수 있는 연습을 해야 한다.

작품의 핵심적인 내용들만 요약해 놓은 교재를 읽고 그걸 문학 공부라고 착각하는 수험생들이 있다. 그렇게 공부하면 교재에서 벗어난 내용이 출제되었을 때 허둥댈 수밖에 없다. 임용 시험에서는 개별 작품에 대한 지식보다 작품을 해석해 내는 힘이 훨씬 중요하다. 그런 힘을 기르기 위해서는 지루하더라도 체력 훈련을 꾸준히 해나가야 한다.

» 발재간, 작품의 핵심을 간결하게 서술하는 힘

임용 시험은 선다형이 아니라 서답형이다. 따라서 작품에 대한 해석을 핵심 키워드를 넣어서 한두 문장으로 깔끔하게 쓸 수 있어야 한다. 평소에 공부할 때 작품의 주제를 한두 문장으로 요약하거나, 출제 가능성이 높은 요소를 문장으로 정리해 봐도 좋다. 군더더기 없이 간결하고 세련된 동작으로 공을 다룰 수 있다면 최고의 축구선수가 될 가능성이 크다.

그렇기에 누군가 정리해 놓은 작품 요약을 그저 읽고 넘어가는 건 의미가 없다. 쓰면서 내면화해야 한다. 머리로 아는 것과 그것을 명시적인 언어로 서술하는 것은 다른 차원이기 때문이다. '백문 불여일견(百聞 不如一見)'이라고 하는데, '백독 불여일서(百讀 不如一書)'라 할 수 있다.

» 전술 능력, 조건에 맞게 답안을 작성하는 힘

축구는 혼자 기록을 재는 경기가 아니다. 상대가 있고 동료가 있어서 그 움직임 속에서 자신의 역할을 찾아서 수행해야 한다. 시험도 그렇다. 내가 아는 걸 내 마음대로 쓰면 안 된다. 문제에서 요구하는 조건을 정확하게 파악하고, 그에 알맞게 답안을 작성하는 능력을 갖춰야 한다.

가장 좋은 연습 상대는 기출 문제다. 기출 문제로 연습하면 시험 유형 분석과 답안 작성 연습을 동시에 할 수 있다. 한 번 답안을 작성했던 문제더라도 두 번, 세 번 거듭 풀어보면 문제 접근법이나 답안 내용이 달라지기도 한다. 자신이 작성한 여러 답안을 비교해 보고 더 올바른 방향을 찾아가는 게 좋다.

기출 문제로 연습하면 임용 커뮤니티에 올라와 있는 합격자 답안 복기와 내 답안을 비교해 볼 수 있어서 좋다. 공부 모임에서 다른 사람들의 답안과 비교해도 배울 점을 많이 찾을 수 있다. 축구 선수들도 시합 영상을 보면서 전술을 고민한다.

저 선생님은 아는 건 많으신데, 못 가르쳐!

학창 시절에 만났던 선생님들을 떠올려 보자. "저 선생님은 아는 건 많으신 것 같은데, 그걸 전달하는 능력이 부족하셔."라고 친구들과 얘기했던 경험이 있을 것이다. 많이 안다고 잘 가르치는 건 아니다. 답안 작성도 비슷하다. 처음부터 잘하는 사람은 없다. 부족해도 자꾸 노력하다 보면 실력이 는다. '나는 안 돼!'라고 포기하지 말고, 꾸준히 연습해 보자.

023

문법, 암기하면 끝인 줄 알았는데 왜 답안을 못 쓰겠죠?

↳ 개념은 술술 읊을 수 있는데 왜 답안을 못 쓰겠지?

↳ 외운 부분이 조금만 변형돼서 나와도 왜 문제에 손도 못 댈까?

문법 개념을 제대로 암기했는데 문제를 풀 때 턱턱 막히는 경험을 한 적이 있을 것이다. 왜 그럴까?

» 문법 문제, 왜 이렇게 어려워?

최근 임용 시험에서는 '사동의 개념을 쓰시오.'와 같은 단순한 문제는 거의 출제되지 않는다. 왜일까? 두 가지 이유가 있다. 첫째, 현실적인 측면에서 변별을 위함이다. 수험생들이 워낙 공부를 열심히 하니 평범한 문제로는 변별이 안 된다. 둘째, 교육관이 바뀌었기 때문이다. 요즘 학교 현장에서는 '탐구 중심 문법 교육'이 대세다. 개념을 알기 쉽게 설명하는 데 그치는 수업이 아니라, 학생들이 스스로 문법 원리를 탐구하도록 자극하는 수업을 지향한다. 그러니 국어 교사도 단순한 암기를 넘어서 예시를 통해 문법 원리를 탐구할 수 있는 능력을 갖춰야 한다. 그렇기에 임용 시험에서도 그런 능력을 평가하려는 것이다.

» 깊이 있게 탐구하는 자세

원리를 제대로 이해하려면 탐구하는 자세가 필요하다. 문법 개론서를 읽으며 '아, 그렇구나!'라고 술렁술렁 넘어가면 깊이가 없다. 뿌리가 얕은 나무는 약한 바람에도 뽑힌다. 암기한 내용과 조금이라도 다른 걸 물어보면 휘청휘청 흔들릴 수밖에 없다. 우리에게 필요한 것은 느낌표가 아닌 물음표이다. 당연해 보이더라도 끊임없이 '왜?'라는 질문을 던지면서 공부해야 한다.

토끼가 개에게 다리를 물렸다.

⇒ 피동문에는 목적어가 없는데 왜 여기는 목적어가 있지?

⇒ '토끼가 개에게 다리를 물렸다.'와 '토끼 다리가 개에게 물렸다.'
   의 의미 차이는?

⇒ 목적어를 가진 피동문에는 또 어떤 예시가 있을까?

⇒ 이 문장들의 공통점은 뭘까?

문법을 공부하다 보면 문득 이런 흥미로운 질문이 생길 때가 있다. 이걸 파고드는 일이 당장은 시간 낭비처럼 느껴질 수도 있겠지만, 결론적으로는 그렇지 않다. 답을 찾는 과정에서 개론서를 한번 더 보게 되고, 같이 공부하는 친구에게 질문하며 서로 생각을 나눌 수도 있다. 함께 탐구하고 토의하는 재미는 덤이다. 그렇게 한번 재미를 붙이면 문법 공부가 더 즐겁게 느껴진다.

학교에서도 아이들은 엉뚱한 질문을 많이 던진다. 언뜻 보면 쓸데없는 질문처럼 보이지만, 잘 들여다보면 의미 있는 게 제법 많다. 교사는 너무 당연하고 사소해서 한 번도 깊이 생각해 보지 않았던 문제지만, 학생들이 보기에는 신기할 수도 있겠다는 생각이 든다. 임용 시험을 준비하는 과정에서 엉뚱한 질문을 많이 던진 교사라면 아이들한테서 엉뚱한 질문을 받아도 함께 즐겁게 탐구할 수 있을 것이다.

» 예문으로 공부하기

임용 시험에서 문법 문제는 예시를 보고 이론을 도출하는 형식으로 출제된다. 예시를 통해 원리를 이해하고, 예시를 보고 개념을 설명할 줄 알아야 한다. 예시의 출처는 기출과 개론서이다. 특히 기출에 나온 예시는 머리에 쫘르륵 떠오를 정도로 고아 먹어야 한다. 문법은 예시에서 시작해서 예시로 끝난다.

출제위원들은 도대체 이런 걸 어디서 찾았을까?

문법 문제가 괴로운 이유 가운데 하나는 평범한 원칙은 쏙 빼고 생각지도 못했던 예외적인 규칙이나 예문을 주로 출제한다는 점이다. 출제위원들이 수험생을 괴롭히려고 작정을 한 게 아닐까 원망스러운 생각도 든다. 그 많은 예외를 다 외울 수는 없다. 예외에만 집착하다 정작 기본을 놓칠 수도 있다. 그러니 더더욱 탐구하는 태도가 필요하다. 평소에 공부할 때 꼬리에 꼬리를 무는 질문을 던지며 깊이 탐구하는 훈련을 충실히 했다면 시험장에서 '듣보잡 예외'를 만나더라도 대응하는 힘이 생기지 않을까?

024

**문법,
개론서를 몇 권이나 봐야 하나요?**

↳ 개론서 엄청 많던데 그걸 언제 다 봐? 한두 권만 볼까?
↳ 그래도 유명한 건 다 보는 게 좋지 않을까?

현대국어만 하더라도 음운론, 형태론, 통사론, 의미론 등 여러 영역이 있는데, 영역마다 개론서가 다양하다. 여기에 중세국어까지 더하면 그 수는 더 많다. 이렇게나 많은 문법 개론서 가운데 몇 권 정도 보는 게 좋을까?

» 우리의 소원은 통일

문법을 공부할 때는 개론서를 여러 권 봐야 한다고들 얘기한다. 학자마다 견해가 조금씩 다르기 때문이다. 임용 시험에서는 견해 차이가 있는 부분을 묻기도 하니, 여러 개론서를 골고루 보지 않을 수 없다. 남북통일뿐 아니라 문법 통일도 절실하다.

» 선택과 집중

개론서 여러 권을 폭넓게 공부해야 하지만, 그걸 모두 같은 비중으로 보는 방식은 효율적이지 않다. 왜 그런가? 첫째, 여러 개론서를 빠짐없이 꼼꼼하게 보기에는 시간이 너무 많이 소요된다. 둘째, 각 개론서의 체계가 제각각이라 머릿속에서 혼선이 일어날 수 있다. 한 권을 선택해서 중심 책으로 삼고, 다른 개론서로 보완하며 공부하는 방식이 좋다.

얕게 여러 권 읽어서 이도 저도 아니게 되는 것보다는 한 권을 진득하게 제대로 읽는 게 좋다. 결국 몇 권을 보느냐보다는 내가 소화할 수 있는 범위 안에서 충실히 읽어나가는 것이 중요하다. 개론서를 두둑이 쌓아두는 게 마음에 안정을 줄 순 있지만, 그걸 다 봐야 한다는 압박 때문에 체할 수도 있다. 한 권을 보더라도 꼭꼭 소화해서 피와 살로 만들자.

» 중심 책은 어떻게 선택할까?

중심 책은 각자 취향에 맞게 선택하면 된다. 목차의 체계나 서술 방식이 깔끔하면 머리에 잘 들어오고, 편집이 아름다우면 마음이 편하다. 유독 읽기 힘든 개론서도 있고, 술술 읽히는 개론서도 있다. 마음에 드는 개론서를 찾아서 문법 공부의 짝꿍으로 삼자. 중심 책은 반드시 개론서일 필요는 없고 강사 교재를 선택할 수도 있다.

» 필요한 부분만 발췌독

개론서를 처음부터 끝까지 정독하는 건 힘들다. 문법 개론서는 발췌독이 진리다. 개론서 한 권을 처음부터 끝까지 다 공부하고 난 뒤 다음 개론서를 보는 것보다는, 하나의 개념을 공부할 때 여러 개론서의 내용을 비교하면서 보는 게 효과적이다. 중심 책을 선정하고, 다른 개론서 내용에서 추가하고 싶은 부분을 거기 덧붙여 놓으면 나중에 관련되는 내용을 한 번에 볼 수 있다.

평생 써먹는 개론서

개론서 비용이 만만치 않아서 부담스럽게 느껴질 수도 있다. 하지만 한번 사놓으면 두고두고 본전을 뽑는다. 임용 준비할 때만 개론서를 보는 게 아니다. 교사가 되어 수업을 준비하거나 시험 문제를 출제할 때 교무실 책장 한 구석에 꽂혀 있는 개론서를 꺼내 볼 때가 많다. 때로는 선배 교사들이 빌려 갈 때도 있다. 개론서는 임용을 준비할 때도, 학교 현장에서도 우리를 도와주는 고마운 존재다.

025

**중세국어,
포기하면 안 될까요?**

ㄴ 중세국어 공부하다가 시간 다 가네. 얼마나 깊이 봐야 해?
ㄴ 봐도 봐도 어려운 중세국어, 어떻게 공부해야 할까?

현대국어도 복잡한데, 중세국어는 말할 것도 없다. 문장을 읽고 해석하는 것부터가 난관이다. 마치 외국어 같다. 어떻게 하면 좋을까?

» 포기를 부르는 중세국어

중세국어를 유독 어려워하는 수험생이 많다. 시험에 출제되는 문항 수도 적어서 공부의 우선순위에서 밀리기 십상이다. 공부하다가도 포기하고 싶은 마음이 왈칵 치밀곤 한다. 그러나 포기하기에는 아까운 사정이 있다.

• 비록 두세 문제지만 그게 1차 시험 당락에는 결정적일 수 있다. 수험생들의 점수가 대체로 합격선 부근에 밀집돼 있기 때문이다.
• 최근 중세국어는 어렵지 않게 출제되고 있다. 조금만 공부해도 답을 쓰기에 그리 까다롭지 않다.
• 공부할 분량이 생각보다 많지 않다.

- 해마다 비슷한 경향의 문제가 출제되기에 충분히 대비할 수 있다.
- 중세국어를 꼼꼼하게 공부하면 고전문학 작품을 이해하는 데에도 도움이 된다.

이런 점들을 두루 고려하면 포기할 수 없겠다는 결론에 이르게 된다. 공부해야겠다는 결심은 섰다. 그럼 어떻게 하면 좋을까?

» 첫째도 기출, 둘째도 기출

여러 개론서를 보며 공부하면 좋겠지만, 여유가 없다면 기출을 깊게 파고드는 게 좋다. '고작 기출?' 이렇게 생각할 수도 있겠지만, 1997년부터 최근까지 기출만 모아도 양이 상당하다. 게다가 중세국어는 중요한 예문이 한정되어 있어서 반복 출제되는 경우가 많다. 기출 예문을 활용해서 그 안에 담긴 다른 문법적 지식을 물을 가능성이 높다. 따라서 기출 문제에 실린 예문만 열심히 공부해도 어지간히 대비할 수 있다.

» 중세국어는 작품에서

영어 단어를 공부할 때 '문장 안에서 외우라'는 얘기를 한다. 그래야 단어의 뜻은 물론 쓰임까지 정확히 기억할 수 있기 때문이다. 중세국어도 비슷하다. 세종어제훈민정음, 월인천강지곡, 석보상절 등 국어사에서 중요한 문헌을 꼼꼼하게 공부하자. 낱낱의 문법 요소를 따로 떼서 공부하는 것보다 재미도 있고 기억하기에도 좋다. 학부에 국어사 자료 강독 수업이 있다면 적극 활용하자. 혼자 분석하는 것보다 훨씬 정확하고 수월하고 빠르다.

》 문법의 뿌리를 튼튼히

사칙연산도 제대로 모르는데 방정식을 풀 수는 없다. 중세국어가
어렵다면 현대국어 체계가 제대로 잡히지 않았을 확률이 높다. 현
대국어가 바탕이 돼야 중세국어를 잘 이해할 수 있다. 중세국어에
서 유독 갈피를 못 잡겠다면 현대국어를 다시 한번 돌아보자. 기초
가 튼튼해야 무너지지 않는다.

특히, 같은 개념이더라도 시대에 따라 차이를 보이는 게 있다. 이
런 내용은 출제하기에 안성맞춤이다. 중세국어와 현대국어와의 공
통점과 차이점을 정리해 두면 좋다.

중세국어 공부해서 어디 써먹지?

중세국어 공부를 포기하지 말아야 하는 가장 큰 이유는 그 내용이 학교 교
육과정에 포함되어 있기 때문이다. 임용 시험을 준비하며 공부하는 내용
은 현장에서 학생들에게 가르칠 내용과 일치한다. 수학능력시험에도 생각
보다 깊이 있는 내용이 출제된다. 지금 포기하면 교사가 되어 그 고생을 돌
려받는다. 더 나아가 중세국어를 잘 이해해야 현재의 언어도 더 잘 이해할
수 있다.

026 공부, 혼자 할까요?
공부 모임에 참여할까요?

↳ 혼자 공부하니까 자꾸 늘어져. 공부 모임에 들어가 볼까?
↳ 다른 사람과 맞춰가는 게 부담스러워. 공부 모임을 꼭 해야 할까?

임용 커뮤니티에는 같이 공부할 사람을 구하는 글이 많이 올라온다. 혼자 하려다가도 그런 글을 보면 솔깃하다. 그렇다고 무작정 들어갈 수도 없다. 공부하기에도 벅찬데 다른 사람과 무얼 맞춰간다는 게 편치만은 않기 때문이다.

》 자유로운 혼공

혼자서 공부하면 자기 성향과 속도에 맞춰서 계획하고 진행할 수 있다. 다른 사람의 성향과 속도에 맞춰서 나를 바꿔야 하는 스트레스가 없다. 그날 내 몸과 마음의 상태에 따라 영역을 골라서 공부할 수도 있고, 때로는 공부를 일찍 마치고 쉬면서 재충전할 수도 있다. 내키는 대로 조절하고 통제할 수 있어서 좋다. 하지만 이런 장점은 고스란히 단점이 될 수도 있다. 특정 영역 공부를 미룰 수도 있고, 잠깐 예정했던 휴식이 무한정 길어질 수도 있다. 자유로워서 좋지만 자유로워서 힘들다.

» 강제적인 공부 모임

공부 모임의 장점은 강제성이다. 손이 잘 가지 않는 영역도 조금씩이라도 매일 해야 하고, 게으름이 스멀스멀 올라오는 시간에도 억지로라도 책상에 앉아야 한다. 하지만 남들과 진도를 맞춰야 하니 효율이 떨어질 수도 있다. 인증하기에 급급해서 겉핥기 공부를 할 때도 있고, 몸은 책상에 앉아 있는데 마음은 침대에 누워 있어서 이도 저도 아닌 어정쩡한 순간도 있다. 이미 공부한 부분을 모임의 진도에 맞춰 다시 봐야 할 때도 있다. 공부 모임을 활용하는 게 아니라 공부 모임에 활용당하는 셈이다. 구속되어서 좋지만 구속되어서 힘들다.

» 혼자라 외롭기도, 나를 지키기도 하는 혼공

혼자라면 타인에게 휘둘리지 않아도 되고, 관계에서 오는 스트레스도 없다. 나를 지키면서 공부할 수 있다. 하지만 외롭기에 지치기 쉽다. 종종 이 세상에 혼자 남겨져 나만 공부하는 듯한 쓸쓸한 기분마저 든다. '잘하고 있는 걸까?' 이런 불안감이 불쑥 찾아와 멈칫하게 만든다. 이럴 때는 서로의 어려움을 이해해 주는 누군가와 마음을 나누고 싶다는 마음이 간절하다.

» 함께라 다행이기도, 지치기도 하는 공부 모임

함께 공부하는 누군가가 곁에 있다는 사실 자체만으로도 큰 위안을 받는다. 같이 공부하면서 고민을 털어놓기도 하고, 열심히 하자고 서로 등을 토닥여 주기도 한다. 혼자 하는 공부가 버겁다고 느껴질 때 공부 모임을 활용해 보자.

하지만 공부 모임이 나를 더 괴롭힐 때도 있다. 끊임없이 타인과 비교하며 나를 갉아먹기도 하고, 시험에 대한 압박도 버거운데 관계마저 삐걱거려서 견디기 힘든 스트레스가 되기도 한다. 이럴 때는 과감하게 공부 모임을 멈추고 나를 지키는 게 좋다.

공부 모임의 목적

모임은 수단이다. 내 공부에 도움이 되어야 의미가 있다. 혼자서는 도저히 진도가 나가지 않을 때, 특정 시간에 책상에 앉기가 힘들 때, 다른 사람의 사고 과정이 궁금할 때, 혼자보다는 타인과 함께하면서 위안을 받을 때, 그럴 때 목적에 맞게 딱 필요한 모임만 골라서 활동하는 게 좋다. 혼자 해도 되는 건 혼자 하는 게 효율적이다. 불안한 마음에 무작정 여러 공부 모임에 들어가면 피로감만 쌓이고 정작 공부가 제대로 안 될 수 있다. 공부 모임 쇼핑을 하고 있다면 멈추고 생각해 보자. 공부 모임의 수가 점수와 비례하지는 않는다.

↳ 임용 시험을 처음 준비하니까 아무래도 학원 강의를 들어야겠지?
↳ 어느덧 여러 해 공부했는데, 이제는 그만 들으면 안 될까?

임용 학원가에서는 매년 초가 되면 대대적으로 강의를 홍보한다. 묶음 강의를 파격적인 가격으로 할인해 주기도 한다. 수험생들은 귀가 솔깃하다. 여러 학원의 강사를 저울질하며 강의 쇼핑을 하는 수험생들도 많다. 그런데 근본적인 의문이 생긴다. 학원 강의를 꼭 들어야 하나?

» 수험 생활과 등산

임용 시험 합격을 위해서는 많은 시간과 노력이 든다. 다양한 공부 전략을 시도하면서 직접 부딪히고 깨지는 과정이 꼭 필요하다. 그래야 합격의 달콤함을 맛볼 수 있다. 이 과정은 고된 산행과 닮았다. 가파른 경사, 험난한 길을 뚫고 결국 산 정상에 올랐을 때 아름다운 경관을 감상할 수 있다.

이때 누군가 길잡이를 해준다면 정말 든든하다. 특히, 등산 초보는 더 그렇다. 등산 경험도 많지 않은데, 더구나 처음 가는 산이라

길마저도 낯설다면 혼자서 산을 오를 엄두가 나지 않는다. 수험생들도 그런 막막함을 느낄 때가 있고, 그럴 때 학원 강의를 선택하게 된다. 경험 많은 강사가 안내하는 대로 따라가면 되니 천군만마가 따로 없다.

강의에서 사용하는 교재는 오랜 경험을 가진 강사가 여러 개론서와 교육과정을 질서정연하게 재구성해서 만든다. 그런 교재가 있다면 혼자 온갖 개론서를 뒤적이고, 하나로 단권화하려고 아등바등하느라 시간과 노력을 들이지 않아도 된다.

그런데 강의를 듣는 것으로 끝나서는 안 된다. 강의 교재와 강사의 설명을 충분히 소화해서 내 것으로 만들어야 한다. 등산도 그렇지 않은가? 곁에 아무리 좋은 길잡이가 있어도 내 체력과 노력이 뒷받침되지 않으면 정상에 설 수 없다.

» 수험 생활과 자전거 배우기

인생을 비유하는 표현이 참 많다. 그 가운데 하나가 '자전거'다. 계속 밟아야 넘어지지 않는다는 점, 발밑을 보면 안 되고 시선을 멀리 둬야 한다는 점, 몸에 힘이 너무 들어가면 오히려 위태롭다는 점……. 인생과 자전거는 많이 닮았다.

자전거를 처음 배울 때를 생각해 보자. 처음에는 누군가 뒤에서 잡아주거나 보조 바퀴를 달고 연습한다. 그렇게 하면 넘어져서 무릎이 깨지는 시행착오를 줄일 수 있다. 그러나 언제까지 그럴 수는 없다. 결국에는 누구의 도움도 받지 않고 혼자 달려야 한다. 수험 생활도 그렇다. 시험장에 학원 강사를 데려갈 수는 없다.

» 맞춤식 학원 수강

수험 생활은 '효율성의 싸움'이다. 한정된 시간과 노력을 가장 효율적으로 투자해야 하기 때문이다. 학원 수강을 결정할 때도 이 점을 고려해야 한다. 남들에게 뒤처지는 것 같아서 불안한 마음에 이것저것 수강할 것이 아니라, 내게 딱 맞는 걸 선택해야 한다.

첫째, 과목에 따라 전략을 달리할 수 있다. 혼자 공부해도 충분한 과목인데도 학원 강의를 듣게 되면 효율성이 떨어진다. 시간, 비용, 체력에서 모두 손해가 크다.

둘째, 시기적으로 달리할 수도 있다. 공부의 기초를 닦는 상반기에는 학원 강의를 수강하며 체계를 잡고 하반기부터는 내 힘으로 내공을 쌓는 방식이다. 혹은 반대로 상반기에 혼자 실력을 쌓고 하반기에 학원 강의를 들으며 실전 감각을 익힐 수도 있다.

셋째, 공부 경력에 따라서도 달라진다. 초수나 재수 때는 여러 강의를 들어서 내공을 쌓고, 그렇게 해서 공부가 어느 정도 축적된 N수생부터는 혼자 공부할 수도 있다. 물론 이것도 일반적으로 그렇다는 얘기지 정답은 아니다.

학원을 안 다닌다면

대학 입시에서도 학원에 다니지 않고 혼자 공부해서 원하는 대학에 진학하는 학생들이 많다. 임용 시험도 마찬가지다. 다만 학원을 대신할 공부의 길잡이가 있으면 도움이 된다. 선배의 조언도 괜찮고, 같이 공부 모임을 하는 동료도 좋다.

028

학원 강의, 강사는 어떤 기준으로 선택하나요?

↳ 강의가 너무 많은데, 이 가운데 무얼 선택할까?
↳ 강사, 거기서 거기 아니야?

학원 강의를 듣기로 했다. 그런데 강의가 많아도 너무 많다. 학원도 많고, 그곳에 소속된 강사도 많다. 수험 생활은 '효율성 싸움'이라고 했는데, 어떤 강의를 선택해야 효율을 극대화할 수 있을까? 화법에서 언어적, 준언어적, 비언어적 표현을 구분하는데 그걸 여기에 적용해 보자.

» 학원 강의의 핵심은 교재와 강의력

강의 교재는 강사마다 제각각이다. 어떤 강사는 시중의 모든 개론서를 총망라한 막대한 양의 자료를 제공하는 한편, 어떤 강사는 핵심적인 내용만 정리한 자료를 제공하기도 한다. 형성평가를 주기적으로 진행하는 강사도 있고 그렇지 않은 강사도 있다. 교재의 편집 스타일에 따라서도 가독성이 저마다 다르다.

　강의 자료가 아무리 좋아도 그걸 전달하는 강사의 능력이 기대에 미치지 못할 수도 있다. 치밀한 구성, 적절한 비유, 분위기를 환기하는 유머, 핵심을 꿰뚫는 판서……. 이러한 것들이 뒷받침되면 강의 자료는 더욱 빛난다.

맛보기 강의나 자료가 있다면 살펴보자. 없다면 다른 수강생들의 수강 후기를 보는 것도 좋다. 이때 학원에서 제공하는 수강 후기보다는 임용 커뮤니티의 후기를 참고하는 게 객관적이다. 자신과 맞지 않는 강의를 수강하는 것만큼 고역도 없으니 신중하게 고민해야 한다.

» 생각보다 중요한 준언어적·비언어적 표현

집을 구할 때 보통은 위치, 평수, 방과 거실의 배치 등을 꼼꼼하게 따진다. 그리고 한 가지 꼭 확인해 보는 것이 있다. 바로 물을 틀어 보는 것이다. 물이 얼마나 잘 나오는지, 그리고 얼마나 잘 빠지는 지……. 거기서 몇 년을 살아야 한다면 그런 일상적인 문제를 가볍게 넘겨서는 안 된다.

강의를 들을 때도 말의 빠르기, 어조, 억양, 음색, 사투리, 간투사 등의 준언어적 요소가 미치는 영향이 생각보다 크다. 나랑 잘 맞으면 강사의 설명이 귀에 쏙쏙 들어오도록 하는 자극제가 되기도 하지만, 반대로 거슬려서 도저히 집중이 안 될 수도 있기 때문이다. 한두 번 듣고 마는 게 아니라 일 년 가까이 꾸준히 들어야 한다고 생각하면 여간 심각한 일이 아니다.

비언어적 요소도 고려하면 좋다. 현강이라면 학원의 환경이 어떤지, 인강이라면 접속 시스템은 편리한지, 다시 듣기가 가능한지, 강의 자료를 내려받기가 쉬운지……. 물론 이런 요소가 강사를 바꿀

만큼의 결정적인 요인이 될 수는 없다. 하지만 종합적 판단 요소의
하나가 될 수는 있다.

사랑의 기술

에리히 프롬은 《사랑의 기술》에서 '누구를 사랑하느냐?'보다는 '그 사람
과 어떻게 사랑하느냐?'가 더 중요하다고 역설했다. 완벽한 사람은 없다.
아쉬움이 없을 수 없겠지만, 그래도 마음 붙이고 진득하니 함께 살면 어느
새 정이 든다. 완벽한 강의도 없다. 심사숙고해서 선택했으면 여기저기 곁
눈질하지 말고 온 마음을 다해서 사랑하려고 노력해야 한다.

029

현강과 인강,
뭐가 더 도움이 되나요?

↳ 유명한 강사한테 가서 직접 강의를 들을까?
↳ 나는 집이 학원이랑 먼데, 인강만 들으면 안 되는 걸까?

내 공부에 어떤 강의가 필요한지 선택하고 나면 또 다른 고민에 빠진다. 현장에 가서 직접 강의를 들을 것인가, 아니면 인터넷으로 수강할 것인가? 먼저 현강과 인강의 차이를 정리해 보았다.

	현강	인강
장점	강제성, 현장감	반복 재생, 속도 조절
단점	시공간의 제약, 체력 소모, 부대 비용	느슨함, 지루함

» 효과 vs 효율

현강이냐? 인강이냐? 이걸 결정하려면 '효과'와 '효율'을 따져봐야 한다. 국어사전 뜻풀이를 바탕으로 둘의 의미를 비교해 보았다.

효과: 어떤 행위로 인해 생기는 결과
효율: 들인 노력과 얻은 결과의 비율

'효과'는 어떤 일의 결과가 얼마나 좋은지를 따진다. 비용이 많이 들더라도 결과가 좋으면 효과적이다. 이에 반해 '효율'은 노력과 결과의 비율을 따진다. 적은 노력으로 더 큰 성과를 추구한다.

» 효과성 높은 현강

현강이 가지는 확실한 장점이 있다. '강제성'과 '현장감'이다. 내 의지나 상황과 무관하게 강의가 진행되므로 내 공부도 그 진도에 맞춰야 한다. 다음 강의가 돌아오기 전까지 복습도 해야 한다. 현장에서만 느낄 수 있는 긴장감도 무시할 수 없다. 나와 경쟁하는 수험생들의 열기와 간절함을 고스란히 느낄 수 있다. 다른 수험생들이 눈에 불을 켜고 공부하는 모습만 봐도 두 주먹을 꽉 쥐게 된다.

하지만 이런 효과를 누리기 위한 투자가 너무 크다. 오가는 시간도 아깝지만, 그에 따른 체력 소모도 무시할 수 없다. 현강을 듣고 집에 돌아오면 녹초가 되기도 한다. 부대 비용 지출도 만만치 않고, 강의와 강의 사이에 틈새가 생겨서 어느 정도의 '공손실'은 각오해야만 한다. 자칫 배보다 배꼽이 커질 수도 있다.

» 효율성 좋은 인강

'가성비'를 따지면 인강이 단연 효율적이다. 시간, 체력, 비용 등을 모두 절약할 수 있다. 더구나 강의를 듣다가 놓친 부분은 다시 들으며 확인할 수도 있다. 강의 속도를 내가 조절할 수 있다는 점도 시간 절약에 도움이 된다. 집이든 공부방이든 카페든 심지어 이동하는 대중교통 안에서도 수강할 수 있다.

하지만 강의가 점점 밀려서 나중에는 감당하기 벅찰 수도 있다는 점, 혼자 화면만 보고 있어야 하니 쉬이 지루해진다는 점, 때로는 수험 생활에서 오는 우울감이 더 커질 수도 있다는 점 등은 위험하다.

» 이제 선택은?

내 성향과 상황에 어떤 게 맞는지 따져보고 결정하면 된다. 당연한 말이지만 효과성과 효율성 가운데 이느 하나를 버리면 인 된다. 둘을 더하고 뺐을 때, 합이 더 큰 쪽을 선택해야 한다.

솜씨 좋은 목수는 연장을 탓하지 않는다?

옛 속담에는 조상의 지혜가 담겨 있어서 무릎을 딱 치게 될 때가 많다. 하지만 늘 그런 건 아니다. 세상이 변했기 때문이다. 예전 목수들은 끌과 망치 정도 연장으로 목공을 했다. 그러니 연장이라고 해봐야 거기서 거기였다. 하지만 요즘은 각양각색의 연장이 정말 잘 갖춰져 있다. 솜씨 좋은 목수가 손에 딱 맞는 멋진 연장까지 갖춘다면 더 멋진 작품을 만들 수 있다.

참, 그렇다고 무조건 강의를 들으라는 의미는 아니라고 이미 앞에서 강조한 바 있다. 현강, 인강뿐 아니라 '노(No)강'도 쓰기에 따라서는 훌륭한 연장이 될 수 있다.

030

암기,
백지 인출이 도움이 될까요?

↳ 백지 인출은 너무 고통스러워.

↳ 시간도 없는데 백지 인출을 꼭 해야 할까?

'백지 인출'이란 암기한 내용을 백지에 써 내려가는 공부 방법이다. 그날 공부한 내용을 복습 삼아 써볼 수도 있고, 체계를 익혔는지 확인하기 위해 전체 목차나 세부 주제를 순서대로 정리해 볼 수도 있다. 이런 방법은 암기에 도움이 될까?

》 백지 인출로 근육 키우기

'가르쳐보는 것이 가장 좋은 공부다.'라고 한다. 머리에 흩어져 있는 지식을 누군가에게 전달하려면 가지런히 정돈하는 과정을 거쳐야 하기 때문이다. 그렇게 하는 과정에서 기억의 빈자리를 발견하고 그 틈새를 메꿀 수도 있다. 한편, 머리에 있는 내용을 꺼내서 정돈된 언어로 서술하는 활동은 시험에서 답안을 쓰는 과정과 유사하다. 백지 인출은 이런 점에서 유효하다.

《논어》의 첫 구절은 '학이시습(學而時習)'이다. '배우고 때때로 익힌다.'라는 뜻인데, 여기서 '때때로'는 '틈만 나면'으로 풀이할 수 있다. 책을 보고 머리에 정보를 저장하는 과정이 '학(學)'이라면 저장된 정보를 끄집어내서 종이에 정리(인출)하는 활동은 '습(習)'에 해당한다. '학(學)' 하고 틈이 날 때마다 '습(習)' 한다면, 비로소 제대로 된 '학습'이라 할 만하다.

» 백지 인출의 괴로움

하지만 암기한 내용을 빈 종이에 모두 적는 게 쉽지는 않다. 시간도 제법 걸리고 에너지 소모도 무척 크다. 특히 손목 건강에 치명적이다. 실제로 많은 수험생이 손목 보호대를 착용할 정도이니, 손목은 아껴서 써야 한다. 처음에는 호기롭게 시작했던 백지 인출이 이런 괴로움들로 인해 시간이 지나면서 흐지부지 용두사미가 되곤 한다.

시험은 백지에 관련 내용을 전부 적는 방식이 아니다. 조건에 맞게 내용을 재구성해서 서술해야 한다. 그러니 백지 인출을 고집할 필요는 없다. 중요한 건 내가 공부한 내용을 스스로 확인하는 것이지 '백지'라는 형식은 아니다.

» 내 입맛대로 인출

어떠한 방식으로든지 암기한 내용을 되새길 수 있는 장치만 마련하면 된다. 백지 인출은 암기 수단 가운데 하나일 뿐이다. '백지'보다 '인출'에 집중하여 자신에게 맞는 방법을 찾아보자.

인출 단서를 통해 특정 내용만 인출할 수도 있다. 예를 들어, 공부 모임에서 돌아가며 문제를 내고 쪽지 시험을 보듯이 암기한 내용을 적는 방식이다. 시중에 있는 평가 자료를 활용해도 된다. 인출 단서가 있을 때는 인출이 훨씬 수월하기에 백지 인출보다는 부담이 덜할 것이다. 공부 모임에 참여하기 힘든 여건이라면 혼자서도 얼마든지 할 수 있다.

쓰는 게 싫은 사람도 있다. 글씨 강박이 있거나 하나하나 적는 게 귀찮은 사람들은 구술 인출이나 자판 인출도 가능하다. 암기한 내용을 중얼거리며 되새기면 시간과 공간의 제약이 덜하다. 공원을 산책하거나 집으로 돌아오는 버스에서도 가능하다. 잠들기까지 시간이 오래 걸리는 수험생이라면 침대에 누워서 할 수도 있다. 자판을 활용하면 손으로 쓰는 것보다 속도가 빠를 뿐만 아니라 인출 내용이 파일로 남아서 좋다. 이렇게 각자 입맛대로 활용하면 된다.

필사하기

요즘 필사가 유행이다. 어떤 국어 교사는 고등학생들에게 수능 비문학 지문을 베껴 쓰게 한다. 핵심은 쓰는 활동 자체가 아니라 그만큼 집중해서 읽는 것이라고 한다. 한 문장을 읽고, 눈을 감고 되새김질하고, 그런 다음 그걸 종이에 옮겨 적는다. 이렇게 하면 글의 내용이 한 글자 한 글자 고스란히 머리로 옮겨온다고 한다. 그 선생님은 다리에 모래주머니를 달고 달리는 연습이라고 비유했다. 힘들지만 그렇게 연습하면 모래주머니를 뗐을 때 더 빠르게 달릴 수 있다. 생각해 보면 공부란 원래 지루하고 힘든 일이다.

031

**단권화,
어떤 점이 좋아요?**

Ↄ 단권화하는 데에 시간이 너무 오래 걸리는데 꼭 해야 할까?
Ↄ 단권화할 때 조심할 건 뭐가 있을까?

단권화는 여러 군데에 흩어진 정보를 한데로 모아 정리하는 작업이다. 아무래도 시간이 오래 걸리는 일이라서 할지 말지 고민하는 수험생들이 많다. 이 정도의 시간과 노력을 들여서 할 만큼 도움이 될까?

》 나의, 나에 의한, 나를 위한 책

이 책을 봐도 저 책을 봐도 마음에 쏙 들지 않는다. 이건 목차가 별로야. 이건 서술 방식이 너무 난삽해. 개념과 기출을 한 번에 보고 싶어…….

원하는 게 없다면 만들면 된다. 원하는 대로 목차를 수정하고, 깔끔하게 서술하고, 개념과 기출을 함께 정리하면 된다. 내 요구를 반영하여 오로지 나만을 위한 단 하나의 책을 만드는 게 바로 단권화다. 나의, 나에 의한, 나를 위한 세상에 단 하나뿐인 책!

» 이론 간의 관계 파악

단권화를 잘 활용하면 이론 간의 관계를 한눈에 파악할 수 있다. 국어교육론에서는 이론과 관련 교육과정을 함께 정리할 수 있다. 문법에서는 하나의 이론을 바라보는 여러 견해를 비교해서 볼 수 있다. 문학에서는 하나의 작품을 둘러싼 다양한 이론을 집대성할 수 있다.

» 이론과 기출 간의 관계 파악

단권화하면 이론과 기출 문제 사이의 관계도 한눈에 파악할 수 있다. 이론을 정리하고 그 옆에 관련 기출 문제를 붙여두면 특정 이론이 어떻게 기출 문제로 구현되는지 그 원리를 확인할 수 있다. 또 아직 출제되지 않은 부분이 어디인지, 반복해서 출제된 내용은 무엇인지, 그 주기는 어느 정도인지 파악할 수 있다. 더 나아가 앞으로의 출제 가능성까지 예측해 볼 수 있다.

» 시간을 절약

단권화는 시간을 절약해 준다. 단권화 자체가 엄청난 시간을 요구하는 일인데 어떻게 시간이 절약되는지 의아하게 생각할 수도 있다. 물론 단권화하는 과정에서는 시간이 많이 필요하다. 하지만 단권화가 어느 정도 진행되면, 그때부터는 공부에 들어가는 시간이 엄청나게 줄어든다. 궁금한 내용을 확인하기 위해서, 또는 오늘 공부한 내용과 관련되는 기출 문제를 찾기 위해서 여기저기 뒤적일 필요가 없기 때문이다.

≫ 효율적인 복습

단권화가 가장 빛을 발하는 때는 시험 직전이다. 예를 들어 고전시가를 생각해 보자. 작품 원문, 개론서의 설명, 임용 기출, 수능과 모의고사 기출까지 모아 단권화했다면 시험 직전에는 그것만 보면 모든 내용을 한눈에 두루 꿸 수 있다.

위험한 단권화

단권화는 자칫하면 위험할 수 있다. 주객이 전도될 수 있기 때문이다. 단권화를 위한 공부가 되면 안 되고, 공부를 위한 단권화가 되어야 한다. 중심을 잃지 않도록 나의 공부를 늘 성찰해야 한다.

또 다른 위험은 분실이다. 공들여 만든 단권화 자료가 사라진다면? 생각만 해도 아찔하다. 그동안의 공부가 한 권에 전부 담겨 있는데, 그걸 잃어버린다면 그간의 노력이 모두 물거품이 되어 사라져 버리는 것처럼 허망하게 느껴질 것이다. 잃어버리지 않도록 소중히 보관하자.

032

단권화, 어떻게 하는 게 좋아요?

↳ 손으로 쓸까, 자판으로 칠까?
↳ 처음부터 끝까지 책을 새로 만들까, 원래 있는 책에 추가할까?

모든 약은 잘못 쓰면 독이 된다. 단권화도 마찬가지다. 단권화가 내 공부에 독이 아니라 약이 되려면 어떻게 해야 할까?

» 단권화의 원리

첫째, 언제? 틈틈이 조금씩 누적해야 한다. 한 번에 완성하려는 것은 욕심이다. 지치고 질릴뿐더러 단권화의 의미를 잃는다. 공부할 때마다 조금씩 덧붙이면 이미 정리해 둔 내용을 복습하는 효과도 있다. 야금야금 추가하고 야금야금 복습하는 게 단권화의 핵심이다.

둘째, 어디에? 이미 있는 책을 활용하는 게 효율적이다. 새 책을 만들려면 하나부터 열까지 채울 게 너무 많다. 이미 차려진 밥상에 숟가락을 살포시 얹는다는 마음으로 가볍게 시작해야 한다. 개론서든 강사 교재든 기출 문제집이든 상관없다. 마음에 드는 책 하나를 정하고 그 위에 새로운 내용을 추가하자. 어느새 근사한 단권화 자료가 완성된다.

셋째, 어떻게? 가볍게 해야 한다. 꾸미는 데 집착하지 말자. 학창 시절에 공책 정리는 기가 막히게 예쁘게 하는데, 성적은 그만큼 나오지 않는 친구가 한 명쯤은 있었을 것이다. 단권화는 그것 자체가 목적이 아니다. 공부의 수단일 뿐이다.

» 단권화의 실제

앞에서 말한 세 가지 원리를 생각한다면 그 안에서 방법은 다양하다. 작위적인 구분이긴 하지만 쉬운 방법부터 어려운 방법까지 차례로 나열해 보면 다음과 같다.

1단계: 이미 있는 책 가운데 하나를 골라서, 새로운 내용을 공부할 때마다 색깔 필기구나 접착 메모지를 활용해서 추가한다.

2단계: 위의 방법에서 손으로 쓰는 대신 자판으로 입력하고 출력해서 붙이거나 끼운다.

3단계: 기존의 책을 낱장으로 재단해서 구멍을 뚫고, 나만의 흐름으로 재구성해서 활용한다.

4단계: 핵심 내용을 카드에 정리한 뒤 링으로 묶어서 들고 다니면서 공부한다.

5단계: 공부한 내용을 3공 바인더 속지에 기록하고 새로운 내용을 공부할 때마다 추가한다.

6단계: 공부한 내용 전부를 자판으로 입력하고 재구성해서 완전히 새로운 나만의 책을 만든다.

그런데 이 방법들이 서로 완전히 분리된 것은 아니다. 3단계처럼 하면서도 1단계 또는 2단계의 방법을 병행할 수 있다. 자신에게 맞는 방법을 찾되, 한 가지 방법만 고집하지 말고 과목이나 상황에 따라 융통성 있게 활용하는 게 좋다.

» '공꾸' 말고 공부를

단권화의 원리에서도 강조했듯이 단권화 자체에 너무 진을 빼지 않도록 주의해야 한다. 요즘 수험생들 사이에서는 '공스타그램'이 유행이다. 예쁜 종이에 예쁜 글씨체로 정리한 공책을 자랑하는 게시물이 심심찮게 눈에 띈다. 보기 좋은 떡이 먹기도 좋다고, 예쁘게 정리하고 사진 찍어 인증하면 공부도 더 잘되는 느낌이다. 게시물을 올리기 위해 조금이라도 공부를 더 하게 되니 수험 생활에 활력소가 되기도 한다. 하지만 가끔은 공부인지 '공꾸'인지 헷갈릴 때도 있다. '공꾸(다이어리를 예쁘게 꾸민다는 뜻의 '다꾸'에서 빌려온 말)' 말고 공부를 하자!

조조익선(무무슐蟲), 이르면 이를수록 좋다

관건은 나만의 단권화 방법을 찾아서 꾸준히 실천하는 일이다. 그런데 수험 생활을 본격적으로 시작하고 나서 내게 맞는 단권화 방법을 찾겠다고 이런저런 시행착오를 겪는다면 낭비하는 시간이 많아진다. 학부 공부에서부터 이런 방법을 활용해 보면 어떨까? 여유가 있을 때 내게 맞는 단권화 방법을 찾아서 그걸 몸에 익혀두는 것이다. 이건 이르면 이를수록 좋다.

033

**기출 분석,
왜 해야 하나요?**

ㄴ 개론서 내용을 머리에 넣기도 바쁜데 기출까지 봐야 해?
ㄴ 합격자들이 기출을 강조하던데, 기출 분석을 하면 뭐가 좋을까?

임용 시험을 한 번 치르고 나면 '기출 문제는 처음 공부를 시작할 때부터 곁에 두고 봐야 한다.'라고 말하는 이유를 깨닫게 된다. 그 이유가 뭘까?

》 공부의 길잡이

기출 문제를 분석하면 영역마다 가장 적합한 공부 전략을 찾을 수 있다. 예를 들어 국어교육론은 교육과정과 개론서를 함께 엮어서, 문법은 예문을 가지고 원리를 설명하는 방식으로, 문학은 작품을 읽고 주제 의식을 정제된 문장으로 써보는 방식으로 공부하는 게 좋다는 걸 깨닫게 된다.

》 높은 재출제 가능성

시험에 출제되었다는 것은 그만큼 중요하다는 뜻이다. 중요하다면 다시 출제될 가능성도 높다.

2019학년도

이 교사: 그럼 과정 평가로 사고 구술을 활용하시는 건 어떤가요? 사고 구술은 평가하는 데 시간과 노력이 많이 들고 학생들이 사고 구술에 익숙해질 때까지 충분히 연습해야 한다는 단점이 있지만, 평가 중점을 고려한다면 의미가 있겠어요.

김 교사: 아, 그런가요? 사고 구술로 인지적 요소를 평가하는 건 알겠는데, 정의적 요소도 평가할 수 있나요?

이 교사: 예, 그럼요. 제가 이따가 제 수업에서 수집한 ⓒ<u>정의적 요소가 드러나는 사고 구술 자료</u>를 보여드릴게요.

[작성 방법] 과정 평가로서 사고 구술 평가의 장점을 서술하고, '쓰기 과제'를 수행할 때 예상되는 ⓒ의 예를 제시할 것.

2021학년도

교사 B: 수행 평가 계획에는 결과 평가만 계획되어 있는데 ㉠<u>과정 평가</u>도 실시하면 어떨까요?

교사 A: 좋습니다. 저는 결과 평가만을 계획했는데, 결과 평가와 과정 평가를 균형 있게 다루는 것이 더 바람직하겠네요. 그렇다면, 학생 자신이 건의문을 작성하는 과정에서 떠올린 사고를 기록하도록 하는 과정 평가를 추가하기로 하지요.

2019학년도 문제가 2021학년도에 거의 유사하게 재출제되었다. 이 '사고 구술'은 2024학년도에도 출제되었다.

다른 사례도 있다. 2022학년도에 베레이터의 '언어 수행적 쓰기 기능' 단계에 관한 내용을 묻는 문제가 출제되었다. 많은 수험생이 고개를 갸웃거렸던 문제다.

2022학년도

베레이터(C. Bereiter)가 구분한 쓰기 능력 발달 단계를 참고할 때, 이 학생은 아직 의사소통적 쓰기 단계에 도달하지 못했다고 판단할 수 있다. 의사소통적 쓰기 단계는 그 이전 단계인 (⊙) 쓰기 단계의 기능에 사회적 인지 기능이 통합된 것인데, 학생의 글을 살펴보면 이 학생은 맞춤법이나 문법 규칙에는 익숙한 것으로 보이나 독자를 고려하고 있지 못함을 알 수 있다.

그런데 이건 2012학년도 기출에서 '자료'의 일부로 제시된 적이 있다. 기출 문제를 꼼꼼히 살펴본 수험생이라면 이 내용을 공부했을 것이다.

2012학년도

【내용 요인】

○성취기준: 문제 해결 방안이나 요구 사항을 담아 건의하는 글을 쓴다.

○내용 요소: 성취기준에 도달하기 위하여 '지식', '기능', '맥락' 범주에서 고르게 선정한다.

【학습자 요인】

○작문 능력의 잠재적 발달 수준: 국어의 어법이나 표현 규칙에 어느 정도 익숙해진 수준(베레이터의 '언어 수행적 쓰기 기능' 단계)

옛날 유형인 선다형 문제는 안 봐도 되겠지?

한 번 출제되었는데 오래도록 재출제되지 않았거나, 출제되었던 어떤 이론의 일부 요소가 아직 출제되지 않았다면 그건 출제 가능성이 무척 높다. 특히 예전의 선다형 문제가 최근에 서술형으로 출제되기도 하니, 그 문제들의 선지도 꼼꼼하게 봐야 한다.

034

**기출 분석,
어떻게 해야 하나요?**

↳ 어떻게 하면 기출 문제를 효과적으로 볼 수 있을까?
↳ 개론서를 먼저 볼까? 기출 문제를 먼저 볼까?

기출 문제 분석이 중요하다는 건 알았다. 그렇다면 어떻게 하는 게 좋을까? 기출 문제를 어떻게 씹고 뜯고 맛보고 즐겨야 할까?

》 자료는 어디에서?

한국교육과정평가원 홈페이지에서 연도별로 기출 문제를 내려받을 수 있다. 하지만 모든 영역이 섞여 있어서 보기에 불편하다. 임용 커뮤니티에 영역별로 기출 문제를 정리해 놓은 자료가 있다. 학원 강사들이 주제별로 정리해서 제공하기도 한다.

》 시작은 언제부터?

처음 공부를 시작하는 수험생은 실력을 갖춘 다음 기출 문제를 풀고 싶다고 생각한다. 하지만 공부에 완성은 없다. 때를 기다리며 기출 공부를 미루다 보면 기출을 급히 한 번 풀어보고 시험장에 들어가게 되고, 결국 후회한다. 반대로 해야 한다. 기출을 공부하면서 실력을 갖추는 것이다. 기출 문제를 보기에 가장 좋은 때는 바로 지금이다.

» 첫째, 출제 양식 파악하기

임용 공부를 막 시작해서 아직 공부의 체계가 잡히지 않은 수험생이 '정답을 맞히겠어!'라는 마음으로 기출 문제를 보면 좌절감을 느낄 수도 있다. 그런 욕심은 내려놓아야 한다. 처음에는 '어떤 문제가 나오는지 보자.'라는 편한 마음으로 문제 형식이나 조건을 훑어보는 게 좋다.

» 둘째, 공부 쌓아 올리기

잉카인들은 접착제 없이 순수한 석재로만 훌륭한 건축물을 쌓아 올렸다. 요즘에는 집을 그렇게 짓지 않는다. 시멘트로 반죽을 만들어서 벽돌 사이에 바른다. 접착제인 셈이다. 공부도 그렇게 쌓아 올려야 한다.

개론서를 읽거나 강의를 들으며 내용을 공부했으면 기출 문제를 보면서 한번 확인하는 게 좋다. 직접적으로 출제된 부분은 당연히 신경 써서 보아야겠지만, 그와 더불어 아주 작은 모퉁이에 언급된 내용까지도 챙겨야 한다. 앞서 얘기했듯이 선다형 문제의 선지까지 꼼꼼하게 봐야 한다.

이렇게 내용 공부로 벽돌을 단단하게 만들고, 기출 문제를 시멘트 반죽 삼아서 벽돌과 벽돌을 접착시켜야 한다. 그런 과정을 되풀이하면 크고 튼튼한 집을 지을 수 있다.

» 셋째, 답안 작성 연습하기

지식을 머리에 입력하는 것과 문제의 조건에 맞게 답안으로 출력하는 건 차원이 다르다. 기출 문제를 보면서 답안을 작성하는 연습을 해야 한다. 이때 작성한 답안은 다 모아놓는 게 좋다. 내가 작성한 1차, 2차, 3차 답안을 비교해 보면 더 좋은 답안 작성 방식을 찾을 수 있기 때문이다.

내 답안을 합격자 복기나 시중의 기출 문제 해설집과 비교해 보는 것도 무척 의미가 있다. 합격자 답안 복기를 모을 수 있는 대로 모으되, 그 가운데 나한테 맞는 걸 골라야 한다. 사람마다 답안을 작성하는 취향은 조금씩 다른데, 내게 맞지 않는 방식을 억지로 흉내 내면 효율이 떨어지기 때문이다.

불안을 이기는 힘, 기출 문제

사실 20년 넘는 기출 문제를 모으면 양이 만만치 않다. 그걸 섭렵한다는 마음으로 공부하고 '이 범위를 넘어서는 문제가 나오면 어쩔 수 없다.'라는 홀가분한 마음으로 불안을 떨쳐내자.

035

임용 모의고사, 풀어보면 도움이 되나요?

↳ 시험 직전에 다들 임용 모의고사를 풀던데, 나도 풀어야 하나?

↳ 모의고사 점수가 낮아서 자신감이 떨어지는데 계속 풀어야 하나?

임용 시험 한두 달 전이면 학원에서 모의고사를 만들어 배포한다. 풀어보는 게 좋을까? 어떻게 풀어야 도움이 될까?

» 임용 모의고사의 효과

가장 큰 효과는 실제 시험과 비슷한 조건에서 연습해 볼 수 있다는 점이다. 시간 배분, 적절한 긴장감, 당황스러운 문제를 만났을 때 대처하는 마음가짐 등을 미리 연습할 수 있다. 특히 초수 때는 임용 시험지와 답안지를 실제로 본 적도 없고, 시간 배분에 대한 감각도 없다. 미리 연습해 보면 불안을 잠재우는 데에 도움이 된다.

두 번째 효과는 모의고사를 풀면서 미진한 부분을 확인하고 보완할 수 있다는 점이다. 모의고사의 양이 워낙 많기에 그 문제를 다 풀고 해설을 보면서 확인하는 것만으로도 거의 모든 범위를 훑어볼 수 있다. 이런 방식으로 그동안 공부했던 내용을 마지막으로 정리할 수 있다.

모의고사가 유용한 것은 맞지만 그렇다고 필수는 아니다. 오히려 모의고사가 막판 공부에 방해가 된다고 생각하는 합격자들도 많다. 모의고사를 현명하게 활용하는 방법은 다음과 같다.

» 다 풀지 않아도 괜찮아

임용 모의고사를 결제하면 매주 방대한 양이 배송된다. 이걸 다 풀고 해설까지 꼼꼼하게 보려면 너무 많은 시간과 노력이 소요된다. 모의고사는 실전을 대비하는 연습이다. 모의고사에 나온 문제가 실제 시험에 나올 가능성은 거의 없다. 모의고사에 너무 많은 시간을 투자하기보다 적절히 연습용으로만 활용하고 나머지 시간에는 모의고사를 통해서 발견하게 된 부족한 영역을 보완하는 게 낫다.

» 내가 틀린 게 아닐 수도 있어

임용 모의고사를 풀다 보면 이상한 문제나 해설이 꽤 많다. 문제에서 요구한 조건과 모범 답안의 내용이 미세하게 다르거나, 발문 자체가 적절치 않을 때도 있다. 평가원에서 대규모 전문 인력이 몇 달에 걸쳐 만든 문제에서도 오류가 발생하곤 하는데, 사설 학원에서 소수 인력이 출제한 문제가 완벽할 수 없다. 스스로 판단하기에 문제가 이상하다면 '내가 틀린 게 아니라 문제가 이상하다.'라고 담대하게 넘길 수 있어야 한다.

» 점수는 중요치 않아

점수에 스트레스를 받지 말아야 한다. 앞서 말했듯이 모의고사에는 오류도 많고, 방대한 양의 문제를 겹치지 않게 만들다 보니 지나치게 지엽적인 문제도 제법 있다. 그래서 문제가 실제 시험보다 어렵고 지저분하다. 모의고사 점수로 본인의 실력을 판단하는 건 부정확할 뿐만 아니라 불안을 키우는 원인도 된다. 많은 합격자가 모의고사 점수와 실제 시험 점수 사이에 차이가 있었다고 말한다. 모의고사에서 점수가 낮게 나오면 '멘붕'을 겪을까 걱정이 되어 안 풀었다는 합격자도 많다.

임용 모의고사를 풀 때 시간이 부족하다면

모의고사 때 시간 부족을 호소하는 수험생들이 많다. 모의고사에서는 강도 높은 연습을 위해서 조건을 과하게 넣는 경향이 있다. 모의고사에서는 거의 모든 답안이 5~6줄을 넘어가지만, 실제 시험에서는 2~3줄 안에 끝나는 답안도 많다. 또한 글씨를 예쁘게 쓰려는 압박도 시간 부족의 원인이다. 악필에 대해 많이들 걱정하는데, 못 알아볼 정도만 아니면 된다. 정성스럽게 글씨를 쓰느라 허비하는 시간을 모아서 내용을 더 깔끔하게 정리하는 게 훨씬 유의미하다.

036

1차 시험 한 달 전부터 일주일 전까지, 무얼 준비해야 할까요?

↳ 시험이 한 달밖에 안 남았네. 이 시기에는 뭘 해야 할까?

↳ 이제는 시험 일주일 전이야. 컨디션을 어떻게 유지해야 할까?

길었던 일 년 동안의 수험 생활이 거의 끝나고 어느새 1차 시험이 한 달 앞으로 다가왔다. 이 시점에 수험생은 마지막으로 무얼 준비하면 좋을까?

» 시험 한 달 전, 시험장에 가져갈 자료 만들기

시험 당일에 공부할 시간이 꽤 많다. 시험장에 일찍 도착하기도 하고, 쉬는 시간도 길기 때문이다. 그 시간에 공부할 자료가 필요한데, 그렇다고 일 년 동안 공부하며 본 책을 전부 가져갈 수는 없는 노릇이다. 가져간다 해도 다 훑어볼 수도 없다. 누군가가 만들어둔 요약집을 보는 것도 별로 좋은 방법이 아니다. 내가 공부한 것과 다른 방식으로 정리된 부분이 많아서 오히려 혼란을 줄 수 있기 때문이다. 따라서 시험 한 달 전에는 '나만의 요약 자료'를 완성해야 한다.

고3 수험생들에게 한 해 공부 흐름으로 이런 방법을 많이 추천한다. 일 년 동안은 11월 한 달을 위해 공부하고, 11월 한 달은 수능 전날을 위해 공부하고, 수능 전날은 수능 당일 쉬는 시간을 위해서 공부하라고. 일 년 동안 공부한 내용을 잘 정리해서 11월에 복습하고, 11월에는 그 가운데서도 핵심을 간추려서 수능 전날 다시 확인하고, 수능 전날에는 알짜배기만 가려 뽑아 시험장에 들고 가서 짬짬이 보라는 뜻이다. 그렇게 깔때기처럼 점점 압축하는 방식으로 공부해야 한다.

임용 시험 준비도 그렇게 하면 좋다. 한 달 전에는 그동안 공부했던 방대한 내용을 항목화하고 요약해서 핵심만 담은 자료를 만드는 것이다. 그렇게 하는 과정에서 여기저기 흩어져 있던 지식이 비로소 머릿속에서 체계적으로 정리된다. 그런 다음, 이 자료의 어디에 뭐가 있는지 눈을 감고도 그릴 수 있을 만큼 여러 번 보면서 외우는 것으로 공부를 마무리하자.

» 시험 일주일 전, 생활 리듬 조정하기

시험 일주일 전부터는 일찍 자고 일찍 일어나는 연습을 해야 한다. 수험 생활 내내 그렇게 했다면 따로 조정할 필요가 없겠지만, 수험생 대부분이 그러지는 못했을 것이다. 일주일 전부터는 일찍 자고, 시험 당일에 일어나야 하는 시간에 맞춰서 일어나는 연습을 해야 한다. 일 년 동안 열심히 공부하는 것도 중요하지만, 시험 당일에 맑은 정신력을 유지하는 것도 그에 못지않게 중요하기 때문이다.

실제 시험 시간에 맞춰서 해당 시간에 치르게 될 과목을 공부하고, 실제 쉬는 시간에 맞춰서 쉬는 연습도 좋다. 특히 시험 경험이 없는 초수 수험생은 시험과 똑같은 환경을 미리 경험해 보면 시험 당일에 더욱 편한 마음으로 시험에 집중할 수 있다.

여성 수험생들의 불안

시험이 다가오면 월경도 큰 걱정거리다. 월경통이 심하거나 그와 더불어 여러 가지 괴로운 증상이 수반되는 사람이라면 더욱 그렇다. 시험이라는 큰일을 앞두고 주기가 불규칙해지기도 한다. 불안감이 크다면 피임약을 복용하여 월경이 시험과 겹치지 않게 조정하는 방법도 있다. 다만 예상치 못했던 부작용이 있을 수도 있으니 몇 달 전부터 미리 알아보고 적응하는 게 좋다.

037

1차 시험 당일, 무얼 먹고 무얼 입죠?

↳ 시험 당일에는 뭘 챙겨 가지? 점심은 어떻게 할까?
↳ 시험 전날 잠이 안 올 것 같은데, 어떡하지?

드디어 시험이다. 시험 날 몸과 마음을 최고의 상태로 유지하기 위해서는 어떻게 하면 좋을까?

» 마음은 가볍게

긴장은 '기대'와 '능력'의 부조화에서 발생한다. 기대하는 수준은 높은데 내 능력이 그에 미치지 못한다고 느낄 때 긴장하게 된다. 한 해 동안 최선을 다해서 공부했다면 조금 아쉬운 점이 있더라도 어쩔 수 없다. 그럴 때는 '기대'를 살짝 낮춰서 긴장을 조절하면 어떨까? 아래는 합격 수기 가운데 일부다.

합격했던 해를 생각해 보면 이전과 달리 잠을 잘 잤어요. 일과 공부를 병행하고 있었는데, 시험 전날까지도 출근해서 피곤하기도 했고요. 그리고 이 시험만을 위해 일 년을 살아온 게 아니었잖아요. 학교에서 열심히 근무했고 학생들하고도 재미있게 지냈기 때문에 이 시험 하나에 인생을 걸었다는 절박함은 느끼지 않았어요. 그래서 부담감이 덜했고 잘 잤던 것 같아요.

덕분에 시험을 보는 내내 정신이 맑았어요. 허둥지둥 시험 문제에 끌려다니는 게 아니라 시험 문제를 내가 통제하는 느낌이었죠. 잠을 제대로 못 잔 채로 잔뜩 긴장하며 시험장에 갔던 해에는 느끼지 못한 기분이었어요.

물론 합격과 불합격이 갈린 이유가 이것만은 아닐 것이다. 하지만 시험 당일의 컨디션이 중요한 건 사실이다. 긴장한다는 것은 내가 그동안 열심히 준비해 왔다는 방증이기도 하다. 하지만 그 긴장에 잡아먹히면 안 된다. 이 시험에 내 인생이 달렸다는 생각은 당일에는 별로 도움이 되지 않는다. 마음을 가볍게 먹을수록 문제에 더 집중할 수 있다.

» 배는 든든하게

시험 며칠 전부터는 시험 당일에 어떤 음식을 가져갈지 고민해야 한다. 대략 아침 8시부터 오후 3시까지 시험장에 머물러야 하는데, 중간에 점심시간이 없다. 쉬는 시간에 틈틈이 간식을 먹으며 배고픔을 날래야 한다. 평소에 사주 먹던 음식, 체하거나 배탈이 나지 않을 음식, 냄새가 심하지 않은 음식이 좋다. 개별 포장된 작은 빵, 팩에 들어 있어서 마실 수 있는 죽, 사탕이나 초콜릿, 에너지바 등을 추천한다. 미리 준비해서 시험장에 가져가기 전에 꼭 먹어보자.

그리고 평소에 자주 먹던 음식이라고 해도 춥고 긴장되는 상황에서 먹기에 적절치 않은 음식은 빼야 한다. 매일 아침 커피를 마셨기에 시험 날에도 커피를 챙겨 갔는데, 평소에는 공복에 마셔도 괜찮았지만 그날따라 속이 쓰려서 고생했다는 수험생도 있다.

» 몸은 따뜻하게

임용 1차 시험은 11월 말에 치러진다. 추위가 본격적으로 시작되는 때이다. 추위를 많이 타는 사람은 해도 뜨지 않은 새벽부터 집을 나서서 시험장에 가는 길이 무척 괴롭다. 시험장에 도착해서도 추위는 계속된다. 몸이 추우니 마음도 더 위축되고 긴장된다.

추위에 대비하기 위해 따뜻하게 입어야 하지만, 두꺼운 겉옷 하나만 준비하는 것은 바람직하지 않다. 두꺼운 겉옷은 답안을 작성할 때 성가시다. 그렇다고 겉옷을 벗자니 속에 입은 옷으로는 너무 춥다. 고사실에 따라서는 난방이 강해서 더울 수도 있다. 그런 상황을 고려한다면 쉽게 벗을 수 있는 얇은 옷을 여러 겹 입는 걸 추천한다.

잠이 안 와도

잠에 들지 못해도, 어두운 곳에서 눈을 감고만 있어도 뇌는 잠을 자는 것처럼 휴식을 취한다고 한다. 잠을 자야 한다는 강박에 오히려 잠이 더 달아날 수도 있다. 눈을 감고 쉬기만 해도 된다. 결국 밤을 새우고 시험장에 가더라도 너무 걱정하지는 말자. 나만 그런 게 아니라 많은 수험생이 그럴 것이고, 그런 상태로 합격한 수험생도 많다.

↳ 쓰라는 것만 간결하게 써야겠지?

↳ 그래도 혹시 모르니 자세하게 써야 하지 않을까?

수험생마다 답안을 작성하는 방식이 다르다. 최대한 자세하게, 군더더기 없이 간결하게…… 뭐가 정답일까?

》 쓰라는 걸 잘 쓰자

배점은 대체로 '작성 방법'에 주어진 조건의 내용과 관련된다. 4점짜리 문제면 일반적으로 조건의 개수가 네 개라는 말이다. 각 조건에 필요한 핵심 내용을 적어야 점수를 받을 수 있다. 그러기 위해서는 조건을 정확히 분석해야 한다. 아래는 2024학년도 기출 문제 가운데 일부다.

> 5. 다음은 김 교사가 진행한 수업의 일부이고, (가), (나)는 수업에서 사용한 교수·학습 자료이다. 〈작성 방법〉에 따라 서술하시오.
>
> [4점]

<작성 방법>

• A가 ㉠에서 사용한 체면 유지 전략을 밝히고, 이 전략의 효과를 1가지 쓸 것.

• ㉡에는, E의 발화에서 공손성의 원리가 실현된 표현을 구체적으로 쓰고 그 효과를 서술할 것.

'작성 방법'에서 네 가지 조건을 제시하고 있다. 이를 하나의 완결된 글로 엮으려고 노력할 필요는 없다. 문장을 서로 매끄럽게 연결하기 위한 표현이나 전체 글을 자연스럽게 만들기 위한 도입 문장과 마무리 문장은 불필요하다. 이건 글을 매끄럽게 잘 쓴다고 붙는 시험이 아니다.

오히려 답 하나에 문장 하나로 끊어지도록 쓰는 게 채점하기에도 더 좋다. 조건에서 요구한 것에 더해서 추가 설명을 덧붙일 필요도 없다. '체면 유지 전략'이 무엇인지 설명하지 않아도 되고, 효과를 한 가지 쓰라고 했으면 하나만 쓰면 된다. 그 효과를 두세 가지 알더라도 그 가운데 가장 확실한 것 하나만 쓰면 충분하다.

» 문제의 유형에 따라 전략을 달리

'~의 명칭은? ~에 들어갈 말은? ~에 적용된 음운 규칙의 이름은?' 이런 걸 묻는다면 딱 그것만 대답해도 된다. 다만 '~의 활용 방안은? ~의 장점은? 이 활동을 할 때 교사가 주의할 점은?' 이런 문제라면 그에 대한 근거나 보충 설명까지 덧붙이는 게 안전하다. 더 나아가 교육학 논술에서는 글의 완결성으로 5점을 평가하니 그 부분도 당연히 신경을 써야 한다.

» 시간 안배도 실력

임용 시험에서는 써야 할 내용에 비해 시간이 충분치 않다. 촉박한 시간을 잘 안배해서 각각의 문제에서 고르게 점수를 획득해야 한다. 앞쪽에서 불필요한 추가 설명을 쓰느라 시간을 허비하면 뒤쪽 답안의 완결성이 떨어질 수밖에 없다. 답안을 되도록 간결하게 구성하고 그 시간을 아껴서 더 분명하고 정확한 답안을 고민하는 게 낫다.

답안 작성 시간을 아낄 수 있는 다른 방법은?

첫째, 글씨에 너무 공을 들이지 마라. 글씨는 읽을 수 있을 정도면 된다.

둘째, 쓰기 전에 계획부터 세워라. 몇 초간의 답안 설계 과정이 오히려 작성 시간을 줄여준다. 배점에 따라 조건을 쪼개고, 각 조건에 어떤 내용을 적을지 구상한 뒤 쓰자. 답안을 작성하다가 잘못을 깨닫고 답안 전체를 수정해야 하면 수습이 어렵다.

셋째, 헷갈리는 문제는 계획만 세우고 넘어가라. 문제를 풀다 보면 답이 헷갈리거나 조건 네 개 가운데 일부만 생각날 수도 있다. 아는 길 메모하고 일단 넘어가자. 메모하지 않고 바로 넘어가면 안 된다. 뒤의 문제를 정신없이 풀다가 이 문제로 돌아오면 처음에 기억했던 내용도 떠오르지 않을 수 있다. 막바지에 시간이 없다면 문제를 다시 보지 않고 메모한 것만 보고도 쓸 수 있어야 한다.

039

1차 시험 복기와 가채점, 하는 게 좋을까요?

↳ 이미 시험도 끝났는데 답안을 복기할 필요가 있나?
↳ 내 점수가 궁금한데 복기하고 가채점도 할까?

바둑을 공부하는 사람들에게 '복기'는 필수라고 한다. 어떤 책에서는 "복기는 후회가 아니다. 새로운 전략의 수립이다."라고 했다. 더 나아가 "극복하고 흘려보내는 의식"이라고도 했다. 복기를 통해 패착을 찾아내고 내가 이길 수 있었던 길을 찾아낸다면 그 자체로 마음이 홀가분하다는 것이다.

》 복기는 시험 끝나고 바로

시험이 끝나고 나서 다시 시험을 떠올리는 것은 괴롭다. 그렇지만 복기는 해야 한다. 문제를 풀면서 시험지에 메모해 둔 내용으로 내가 쓴 답안을 복기하자. 그 과정에서 실수와 부족함을 발견하고 개선할 방법을 찾아낼 수 있다.

복기는 이를수록 좋다. 기억은 아주 빠르게 증발하기 때문이다. 더구나 시간이 지나면서 어디선가 보고 들은 다른 수험생의 답안과 내가 쓴 답안이 뒤섞일 수도 있다. 그러니 내 답안이 오염되기 전에

서둘러서 복기해야 한다. 시험 당일에 바로 하면 가장 좋다. 시험장에서 집으로 돌아가는 대중교통 안에서 휴대전화에 입력하는 것도 좋은 방법이다.

» 가채점은 가채점일 뿐

당연히 해야 하는 복기와 달리, 가채점에 대해서는 의견이 엇갈린다. 말 그대로 가채점은 가채점일 뿐이기 때문이다. 정답이 공개되지 않기에 개론서, 임용 커뮤니티에 올라오는 수험생들의 답안, 학원 강사의 답안을 참고해서 가채점하는데, 이런 방법으로는 내점수도 합격선도 정확하게 예측하는 게 불가능하다. 가채점을 할 것인가는 내 성향을 봐서 판단해야 한다.

» 가채점을 대하는 자세

학생들 지능지수는 본인에게도 공개하지 않는 편이다. 부작용을 우려하기 때문이다. 높다는 걸 알고 자만해서 공부를 게을리할 수 있고, 낮다는 걸 알면 '나는 안 돼!'라며 지레 포기할 수 있다. 물론 긍정적으로 작용하는 사례도 없지는 않겠지만, 미성년인 학생들에게 어떤 영향을 미칠지 예측할 수 없기에 지능지수를 공개하는 것은 비교육적이다.

수험생은 성인이다. 그리고 내 성향을 어느 정도 알고 있다. 어떤 수험생은 가채점으로 자기 점수를 거의 정확하게 예측하고, 1차 시험 직후부터 그에 맞는 전략으로 2차 시험을 준비해서 최종 합격했다. 다른 수험생은 1차 점수에는 신경을 끄고 그저 내가 할 일을 묵묵히 한다는 마음으로 2차를 준비해서 역시 최종 합격했다. 자기 성향에 맞게 선택해야 한다.

혼돈의 도가니

가채점을 하려면 임용 커뮤니티에 들어가서 다른 수험생들의 답안과 비교해야 하는데, 그 과정이 은근히 힘겹다. 시험이 끝나면 정답이 무엇이냐에 대해서 열띤 토론이 벌어진다. 때로는 선을 넘어서 원색적인 비난과 다툼으로 번지기도 한다. 그때부터는 자존심을 건 싸움이 되곤 한다. 시험은 이미 끝났는데 그 시험을 붙들고 논쟁하는 것이다. 논쟁이 된다는 건 누구도 정확한 답을 알지 못한다는 뜻이다. 그런 일에 매달려 시간과 노력을 낭비할 필요는 없다.

040

1차 시험이 끝났어요.
며칠이나 놀아도 되나요?

↳ 지난 1년 동안 내가 얼마나 고생했는데…… 푹 쉬어도 되겠지?
↳ 남들은 지금 뭘 하고 있을까? 2차 준비를 바로 시작해야 하나?

1차 시험이 끝났다. 길고 긴 터널처럼 어두운 시간을 지나왔다. 1차 시험 합격자 발표 전까지 한 달 정도의 시간이 있다. 일단 좀 쉬고 싶은데 2차 시험 준비에 대한 압박이 마구 몰려온다.

잠깐 쉬었다가 원기를 보충해서 다시 시작하는 게 좋을까? 한번 쉬기 시작하면 다시 궤도에 올라서는 데 시간이 걸릴 텐데, 이대로 달려야 할까?

» 쉬지 말란다고 안 쉴 수 있어?

교사들이 가장 많이 아플 때가 언제일까? 방학 직후다. 한 학기 동안 치열하게 살면서 방학이 되면 신나게 놀겠다고 벼르고 있었는데, 방학 시작과 함께 쌓였던 피로가 몰려와 며칠을 앓아눕곤 한다. 정말 억울하다. 그런데 한편으로 생각해 본다. 내가 지난 한 학기 동안 정말 열심히 살아왔다는 증거구나!

미련이 남지 않을 정도로 최선을 다해서 1차 시험을 준비했다면 시험이 끝나고 몸과 마음은 방전 상태다. 그 상태로 2차 준비를 바로 시작하는 건 무모하다. 집중력도 떨어진 상태라 공부 효율이 낮을 수밖에 없다. 어떤 수험생은 이 시기에 '링거 투혼'을 발휘하기도 하는데, 그렇게 무리해서는 안 된다. 2차 시험 준비에 전념할 수 있는 몸과 마음을 만들기 위해서 휴식이 필요하다.

휴식은 낭비가 아니다. 몸과 마음을 정비하여 제대로 달리기 위한 준비 과정이다. 휴식도 수험 생활의 소중한 일부다.

» 적당한 휴식은 어느 정도?

다만 휴식이 너무 길게 이어져서는 곤란하다. 쉬는 시간 자체도 문제지만, 다시 마음을 다잡는 데 생각보다 시간이 오래 걸리기 때문이다. 가장 큰 문제는 공부 모임을 구하기가 곤란하다는 점이다. 1차 시험이 끝나자마자 임용 커뮤니티에는 2차 시험 준비를 위한 공부 모임을 구하는 글로 가득 찬다. 대부분 시험이 끝난 직후에 공부 모임을 꾸리고 바로 활동을 시작하기 때문에 뒤늦게 공부 모임을 구하려고 하면 쉽지 않을 수 있다. 따라서 시험 본 직후에 2차 시험 공부 모임을 구하고, 그 모임이 본격적으로 운영되기 전까지 짧은 기간 동안 확실하게 쉬는 게 좋겠다.

» 인생 알 수 없어

1차 시험을 못 봤다는 생각에 2차 시험 준비는 전혀 하지 않고 손을 놓는 수험생도 있다. 결과는 아무도 장담 못 한다. 생각지도 못하게 1차 합격을 하면 그 기쁨도 잠시, 1차 시험 이후 합격자 발표까지

한 달이라는 시간을 허비한 게 원통할 수밖에 없다. 인생은 어떻게 될지 알 수 없으니, 유비무환(有備無患)의 자세가 필요하다.

1차 시험에 떨어졌다면

1차 시험에 불합격했다 해도 2차 시험 준비의 의미가 퇴색하는 건 아니다. 올해 연습에서 흘린 땀방울은 사라지지 않고 내년 공부로 이어지기 때문이다. 내년에 1차 시험에 합격했을 때, 그 소중한 기회를 놓치지 않으려면 올해 2차 시험 준비를 소홀히 하지 말자.

041

**1차 시험에 떨어졌어요.
원인이 뭘까요?**

↳ 도대체 뭐가 잘못된 걸까?

↳ 실패를 되풀이하고 싶지 않아. 실패 원인을 어떻게 분석해야 할까?

1차 시험에 떨어지고 내년 시험을 준비하겠다고 결심하면 가장 먼저 그 원인을 분석해야 한다. 패인 분석은 매우 고통스럽다. 더군다나 불합격의 상처가 채 아물지 않은 상태라면 더 그렇다. 하지만 실패를 반복하지 않으려면 반드시 거쳐야 할 괴로움이다.

» 시험 문제 분석하기

먼저 시험 문제를 분석해야 한다. 문제마다 출제 영역, 근거가 되는 개론서나 성취기준, 문제 유형(인출형, 활용형), 관련 기출 문제, 합격자 답안, 난이도 등을 꼼꼼하게 분석하자. 이를 통해 출제 경향과 출제자의 의도를 파악할 수 있다.

» 공부 시간의 문제

공부 시간이 문제일 수 있다. 전체적인 공부 시간이 모자라지 않았는지, 특정 영역을 공부한 시간이 비교적 부족했던 게 아닌지, 도서관에 머문 시간은 많았지만 '순공' 시간이 적었던 것은 아닌지 등을 따져보아야 한다. 한편 분기마다 공부 시간이 어떻게 변했는지도 살펴야 한다. 이러한 분석과 성찰이 바탕이 되어야 앞으로의 공부를 효과적으로 계획할 수 있다.

» 공부 환경의 문제

물리적인 장소는 어땠나? 집에서 공부했나? 카페에서 공부했나? 어디서 공부할 때 집중력이 높았나? 그와 더불어 공부에만 전념했는지, 일을 병행했는지, 그것이 공부에 어떤 영향을 주었는지도 평가해 보아야 한다.

» 공부 전략의 문제

교육학에서는 암기가 부족했는지, 지식 적용 능력이 부족했는지 파악해야 한다. 전공에서는 개론서 공부가 부족했는지, 기출 문제 분석이 부족했는지, 답안 작성 능력이 미흡했는지 등을 살펴야 한다. 이를 통해 부족한 점을 파악하고 보완하여 앞으로의 공부 전략을 세워야 한다.

시험이 끝나고 나서 공부 전략을 분석하는 것도 의미가 있지만, 시험을 준비하면서 틈틈이 상황을 기록해 두면 귀한 자료가 된다. 시험 100일 전, 30일 전과 같이 중요한 시점에 당시의 상황과 심정을 기록해 보자. 특히 시험을 한 달 남겨둔 시점에 가장 후회되는 일이 무엇인지, 나한테 한 달만 시간이 더 있다면 무얼 할지 기록해 두자. 다음 해 공부 전략을 세우는 데 밑거름이 된다.

» 시험 당일의 문제

문제를 푸는 순서나 각 문제에 대한 시간 안배 등을 살펴보자. 시험 당일의 컨디션이 어땠는지도 돌아보자. 너무 떨지는 않았는지, 복장이 불편하지는 않았는지, 음식은 잘 맞았는지……. 이런 사소한 일들도 잘 살펴서 다음에는 최상의 컨디션을 유지할 수 있도록 하자.

운칠기삼, 다독이기

운이 7할, 재능이나 노력이 3할이라고 한다. 자기 객관화를 하지 못하고 그저 운이 안 좋았다고만 치부해 버리는 것도 문제지만, 지나치게 비관해서 자포자기하는 것은 더 큰 문제다. 둘 다 건강하지 못한 생각이다. 운은 돌고 돈다. 올해 시험이 나와 안 맞았다면, 내년에는 운이 넝쿨째 굴러올 수도 있다. 다만 그렇게 쏟아지는 운을 넉넉하게 받을 수 있을 만큼 크고 촘촘하고 튼튼한 바구니는 내가 스스로 준비해야 한다.

합격!

3부

공립 수업 실연, 손잡고 건너기

042 1차 결과가 나올 때까지 뭘 준비하면 좋을까요?

↳ 2차 시험에 대해 잘 모르는데 뭐부터 해야 하지?
↳ 당장 모의 수업 실연이나 면접 연습을 해보면 되겠지?

임용 시험은 장애물 경기와 같다. 허들 하나를 넘으면 또 다른 허들이 기다리고 있다. 허들과 허들 사이에서 흐름을 놓치면 달리기의 속도가 확 떨어지고, 자칫 균형이라도 잃으면 두 번째 허들에 걸려 넘어질 수도 있다.

》 재료를 마련하는 시기

2차 시험에서는 말만 잘하면 된다고 착각하는 수험생들이 있다. 그래서 연습 모임을 만들어서 '말하기' 훈련에만 몰두하기도 한다. 그건 마치 1차 시험을 위해 글씨 예쁘게 쓰는 연습만 하는 것만큼 어리석다. 1차 시험에서도 머리에 든 게 있어야 예쁜 글씨가 의미가 있듯이, 2차 시험에서도 인풋(입력)이 있어야 아웃풋(출력)이 있다.

1차 합격자 발표 전까지는 '출력'보다는 '입력'에 집중하는 게 옳다. 이 시기는 본격적인 요리를 시작하기 전에 재료를 구하고 다듬는 때다. 요리도 그렇지만 공부에도 순서가 있다. 이 시기에 재료 준비를 충실히 하지 않으면 실제 요리를 만들 때 실력을 발휘할 수 없다.

» 수업 실연 – 교육과정, 교과서, 지도서

수업 설계에서 핵심은 학생들이 교육과정에서 제시한 성취기준, 즉 학습 목표를 달성하는 것이다. 그렇게 수업을 설계하려면 성취기준을 충분히 분석해야 한다. 성취기준, 성취기준 해설, 성취기준을 적용할 때의 고려 사항 등을 공부해야 어디에 초점을 맞추어 수업을 설계해야 하는지를 파악할 수 있다.

교육과정의 성취기준을 학습자 수준에서 구체화한 것이 교과서다. 교과서의 학습 활동을 통해 어떤 단계를 거쳐야 학생들이 성취기준에 도달할 수 있는지를 살피고, 지도서를 통해 수업 구성에 필요한 세부 정보를 얻을 수 있다. 또한 교과서 속의 다양한 제재를 살펴보면 동기 유발을 위한 소재도 찾을 수 있다.

» 면접 – 면접 책, 시책, 잡지

수업 실연 공부는 1차 시험 대비와 비슷하다. 둘 다 전공 지식을 다루기 때문이다. 하지만 면접은 다르다. 더구나 학교 현장 경험이 없는 수험생이라면 완전히 새로운 내용일 것이다.

면접도 1차 시험 못지않게 집중적으로 공부해야 하는 영역이다. 시중에 면접 책이 많이 나와 있으니 활용하면 좋다. 각 시도교육청의 시책과 잡지를 추가로 보면 더욱 풍부한 답안을 완성할 수 있다. 지역에 따라서는 시책과 관련해서 제법 구체적인 내용을 묻기도 한다. 12월에는 상대적으로 시간 여유가 있으니 이런 자료들을 꼼꼼히 보자. 그 내용들을 내 경험과 연결해 보는 것도 좋은 공부 방법이다.

》 입력 위주의 공부 모임

1차 시험을 준비하느라 몸과 마음이 지쳐 있는 시기인데, 곧바로 털고 일어나 새롭게 공부를 시작하기는 쉽지 않다. 혼자서는 힘들 수도 있으니 '입력'에 초점을 맞춘 공부 모임을 활용하면 좋다. 서로 정보도 교환하고, 진도 계획을 세워서 각자 공부한 걸 인증하면 서로에게 힘이 된다.

모의 수업 실연, 모의 면접

12월에 입력 위주로 2차 시험을 대비하면서, 여유가 있다면 한 주에 1~2회 정도는 수업 실연과 면접을 실전처럼 해보는 것을 추천한다. 이때 하는 실전 연습은 몸풀기의 성격인데 그 효과는 다음과 같다.

첫째, 실전처럼 해보면 무얼 더 공부해야 하는지 보인다. 더 잘 입력하기 위해서 실전 연습이 필요하다.

둘째, 잘못된 말하기 버릇을 고칠 수 있다. 딱딱한 말투, 굳어 있는 표정, 간투사, 무의미한 손동작…… 2차 시험 직전에 이런 걸 고치려고 하면 마음이 너무 조급해진다.

043 2차 공부 모임, 어떻게 꾸려야 할까요?

↳ 공부 모임은 몇 명이서 하는 게 좋을까?

↳ 수업 실연이랑 면접을 같이 공부할까? 따로 공부할까?

1차 시험 합격자 발표 직후, 임용 커뮤니티에는 '공부 모임'을 구하는 글로 가득하다. '공부 모임이 거기서 거기지.'라는 마음으로 무턱대고 아무 모임에나 들어가면 안 된다. 넘쳐나는 공부 모임 가운데 내게 맞는 모임을 고르는 기준은 뭘까? 또는 들어오고 싶어 하는 공부 모임을 만드는 비결은 뭘까?

» 4명 이상이면 비효율적

같이 공부하는 동료가 많으면 다양한 수업을 관찰할 수 있고, 내 수업에 대해서도 다양한 피드백을 받을 수 있다. 하지만 인원이 많아지면 모임에 드는 시간도 늘어나기 때문에 적절한 선에서 선택해야 한다.

적정 인원은 3명 정도다. 서울특별시교육청 수업 실연을 기준으로 계산해 보면, 수업 실연 20분에 피드백 15분을 더하면 한 사람에 35분이 소요된다. 3명이면 105분, 쉬지 않고 달려도 1시간 45분이 걸린다. 지도안 작성 시간 60분과 수업 구상 시간 20분까지 포함한다면 최소한 3시간 이상이 소요된다.

　4명 이상으로 인원이 늘어나면 시간은 더 길어진다. 수업 실연에 필요한 교과 내용을 공부하고, 연습이 끝나고 나서 피드백을 바탕으로 잘못을 바로잡는 데도 많은 시간이 필요하다. 4명 이상의 구성원이라면 부담될 수 있다.

» 안정적인 공간을 확보한 모임

모임 장소를 마련하는 게 의외로 골칫거리일 수 있다. 따라서 모임 장소가 확보된 공부 모임에 들어가면 편하다. 또는 본인이 장소를 확보할 수 있다면 그 점을 내세워서 인원을 모집하면 좋다.

　모임 장소로는 보통 대학교 강의실, 학교 교실, 스터디룸 등을 이용한다. 2차 시험장은 분필 칠판을 사용하는 경우가 많기에 분필 칠판이 있는 환경에서 연습하는 게 좋다. 스터디룸은 이 시기에 수험생들의 수요가 몰릴 시기라서 예약이 힘들 수도 있다. 1차 시험이 끝나자마자 서둘러야 한다.

» 수업 실연과 면접 공부 모임을 분리할까? 같이 할까?

수업 실연은 같은 교과끼리 공부 하더라도, 면접 준비는 다른 교과와 함께 준비하는 게 좋다. 새롭고 신선한 시각으로 면접 질문에 접근해 보는 기회가 될 수 있기 때문이다. 또한 서로 경쟁자가 아니라서 마음의 갈등 없이 진심으로 서로를 위할 수 있다.

　반면, 수업 실연과 면접을 같은 모임에서 공부하면 하루에 모임

두 개를 이어서 진행할 수 있어서 '공손실'을 줄일 수 있다. 또한 교과와 연관 지어 답변해야 하는 면접 질문도 꽤 있어서 같은 교과끼리 모임을 하면 이런 정보를 얻기가 쉽다. 같은 교과라서 마음도 더 잘 통하지 않을까?

좋은 친구를 사귀는 법

좋은 친구를 사귀는 가장 확실한 방법은 내가 먼저 상대에게 좋은 친구가 되어주는 것이라고 한다. 이건 공부 모임에도 그대로 적용된다. 수험생들은 대부분 '좋은 모임'을 찾으려고 이리저리 따지고 잰다. 그렇게 했는데도 모임에서 만난 사람들이 이상하다며 투덜거리곤 한다.

'어떤 동료를 만나느냐'도 중요한 문제지만, '내가 어떤 동료가 되느냐'도 그만큼 중요하다. 좋은 사람들이 모이면 좋은 모임이 된다. '나'도 예외는 아니다. 내가 먼저 좋은 사람이 되면, 우리 모임도 자연스레 '좋은 모임'이 된다.

**2차 공부 모임,
어떻게 운영하면 좋을까요?**

↳ 할 건 많고 시간은 없고, 모임 시간표를 어떻게 짜면 좋을까?
↳ 모임원끼리 같은 문제로 연습할까, 다른 문제로 연습할까?

1차 합격 발표 후 2차 시험까지 짧게는 2주, 길게는 3주 정도의 시간이 주어진다. 12월에 '입력'에 중점을 두었다면 1월에는 '출력'을 중심으로 연습해야 한다.

» 시간은? 빠듯하게!

실제 수업 실연에서는 긴장하기 때문에 연습 때보다 시간이 부족할 수 있다. 따라서 연습에서는 실제로 주어지는 시간보다 5~10분 정도 짧게 마무리하는 게 좋다. 아래는 서울시교육청을 기준으로 만든 연습 시간표다. 여기서는 세 명이 서로 다른 문제로 실연한다고 가정했다.

08:00~08:55 (55분)	[모두] 지도안 쓰기	
08:55~09:40 (45분)	실연자 ①	수업 구상 10분
09:40~10:25 (45분)	실연자 ②	수업 실연 20분
10:25~11:10 (45분)	실연자 ③	상호 평가 15분

실제 시험에서는 60분 동안 지도안을 작성하고, 20분 동안 구상하고, 20분 동안 실연한다. 하지만 연습에서는 시간을 조금씩 줄이는 게 좋다. 그렇게 해도 모임 구성원이 3명이면 3시간 10분이나 걸린다.

제비뽑기로 실연할 문제를 정하고 55분 동안 각자 지도안을 작성한다. 이어서 실연자 ①이 수업을 구상하는 10분 동안 실연자 ②와 ③은 실연자 ①의 문제를 빠르게 훑어봐야 한다. 지도안을 작성할 때는 각자 자기 문제만 봐서 다른 사람이 실연할 문제는 모르기 때문이다. 그렇게 해야 원활한 피드백이 가능하다.

» 성취기준은 같은 걸로 할까, 다른 걸로 할까?

모임원이 모두 같은 성취기준을 다루면 하나의 성취기준을 다양한 관점에서 분석할 수 있어서 유용하다. 피드백도 훨씬 더 풍성하고 깊다. 반면에 각자 다른 성취기준을 다루면 같은 시간에 더 많은 성취기준을 접할 수 있다는 장점이 있다.

두 가지를 절충하는 방식도 있다. 초기에는 같은 성취기준으로 서로의 수업을 비교하며 깊이 공부하고, 이후에는 서로 다른 성취기준을 다루는 것이다.

» 공부 모임 이후 개인 시간 활용 방법

첫째, 내용을 채워야 한다. 12월의 '입력'은 1월에도 멈추면 안 된다. 수업 실연 과정에서 부족하다고 느낀 영역은 교육과정, 개론서를 보면서 보충하자.

둘째, 형식적인 부분을 보완해야 한다. 수업 실연을 촬영한 영상을 보며 피드백을 꼼꼼히 확인하자. 한 번 지적받은 건 다시는 지적받지 않겠다는 각오로 뜯어고쳐야 한다. 똑같은 지적 사항이 되풀이되면 같이 공부하는 동료들마저 지치게 만든다. 아울러 다른 사람이 받은 피드백 가운데 나한테도 적용되는 게 있는지 찾아보면 더 좋다.

셋째, 지도안 작성과 판서 연습이 필요하다. 중요하거나 어렵게 느껴지는 성취기준을 중심으로 지도안을 쓰고 그걸 판서로 구현하는 연습을 꾸준히 해야 한다.

이런 점을 고려한다면 수업 실연 모임은 오전에 하는 게 좋다. 그래야 오후에는 위의 세 가지를 할 수 있고 면접 모임에도 참여할 여유가 생긴다.

면접 공부 모임

여기에서는 주로 수업 실연 준비를 다뤘다. 면접도 자기 피드백과 복습이 필요하다. 면접 답변을 전사한 녹취록을 보면서 어떻게 보완할지 고민해보자. 면접 책, 시책, 잡지 등을 참고하여 내용을 채우는 일도 중요하지만, 형식적인 면을 다듬는 것도 빠뜨리지 말아야 한다. 녹취록을 보면 "와! 내가 말을 이렇게 못하나?"라며 깜짝 놀랄 때가 있다. 가끔은 녹취 프로그램이 못 알아듣는 부분도 있는데, 그건 평가관도 못 알아들을 수 있다.

045 2차 기출 분석, 왜 하나요?

↳ 수업 실연인데 설마 나왔던 게 또 나오겠어?

↳ 그래도 기출 문제인데 꼼꼼히 봐야겠지?

"포탄은 한 번 떨어진 자리에는 다시 떨어지지 않는다."라는 말이 있다. 그래서인지 기출 문제를 건너뛰고 예상 문제로만 연습하는 수험생이 있다. 심지어 수험생이 직접 문제를 만들어 연습하기도 한다. 괜찮을까?

» 기출 문제로 유형 익히기

수업 실연에서 이미 출제된 내용이 그대로 다시 출제될 가능성은 없다. 그럼에도 기출 문제를 분석해야 하는 이유가 뭘까? 내용 자체가 아니라 평가원의 출제 경향을 익히기 위해서다. 어떤 조건이 나오는지, 어떤 자료가 나오는지, 교과 내용을 얼마나 깊이 다루는지, 그걸 활용해서 어떻게 수업을 설계해야 하는지 등을 기출 문제를 통해 확인해야 한다.

이는 고3 수험생들이 대학수학능력시험을 준비하는 과정과도 비슷하다. 전년도 수능 기출 문제가 올해도 그대로 출제될 가능성은 전혀 없다. 그렇지만 공부를 시작하는 수험생들에게 기출 문제부터 꼼꼼하게 분석하라고 가르친다. 문제의 내용 때문이 아니다. 문제의 '유형'을 아는 게 공부의 시작이기 때문이다.

수능 문제는 그 영역 최고의 전문가들이 오래도록 합숙하며 다듬고 또 다듬어서 완성도를 높인다. 개인이 출제하는 게 아니라서 해마다 비교적 일정한 틀을 유지하고 있다. 수업 실연 문제도 비슷한 과정을 거친다. 그렇기에 기출 문제를 분석해서 '유형'을 익히는 건 매우 중요하다.

더 나아가 기출 문제로 직접 실연도 해야 한다. 기출 문제는 수험생들이 구할 수 있는 가장 '정제된 형태'의 수업 실연 문제다. 탁구를 배우러 가면 처음에는 공 없이 채만 들고 자세를 연습한다. 그 동작이 완전히 몸에 익어야 비로소 공을 만질 수 있다. 급한 마음에 빨리 공으로 실전 연습을 하고 싶겠지만, 그렇게 하면 잘못된 자세가 몸에 배어 나중에 그걸 고치기가 정말 어렵다. 느려 보이지만 기본기부터 탄탄하게 다지는 게 결국은 빠른 길이다. 수업 실연의 기본기는 기출 문제로 다지자.

다만 단점이 있다. 기출 문제는 이미 널리 공개된 문제라서 '긴장감'이 떨어진다는 것이다. 비교적 여유로운 12월에는 기출 문제로 연습하고, 1차 시험 합격 발표 이후에는 새로운 문제로 연습하는 게 좋겠다.

» 예상 문제로 실전 연습하기

기출 문제를 충분히 익혔다면 시중의 예상 문제로 실전처럼 연습해야 한다. 이때 주의할 점이 있다. 그 문제들을 맹신하지 말아야 한다는 것이다. 기출 문제와 달리 정교함이 떨어질 수 있기 때문이다. 조건이 지나치게 많거나 오류가 있을 수도 있다. 그렇기에 예상 문제를 보면서 스스로 판단해야 하는데, 여기서 기출 분석의 중요성이 또 드러난다. 기출 문제를 완벽하게 분석했다면 시중의 예상 문제들을 볼 때 어떤 부분을 취하고 버릴지 스스로 판단하는 힘이 생기기 때문이다.

》 자체 제작 문제로 보완하기

어떤 수험생은 직접 만든 문제로 수업 실연을 연습하기도 한다. 그리 권하고 싶지는 않다. 학원 강사가 만든 문제에도 오류가 있을 수 있는데, 수험생이 직접 만든 문제는 어떨까? 잘못된 문제로 연습하면 잘못된 습관이 몸에 밴다.

수험생이 직접 문제를 만드는 건 보조적인 수단에 그쳐야 한다. 예를 들어 이런 방식이다. 성취기준은 너무 많고 성취기준마다 출제 가능성이 다르니, 출제 가능성이 높은 영역부터 연습하는 게 바람직하다. 그렇다고 나머지 성취기준을 아예 공부하지 않으려니 찜찜하다. 그런 성취기준은 '여기서 문제가 나오면 어떤 방식일까?' 생각해 보는 정도면 어떨까?

이걸 잘하기 위해서라도 기출 문제 분석은 꼭 필요하다. 문제의 유형을 정확히 익혀야 문제가 만들어지는 방식도 제대로 이해할 수 있기 때문이다.

지도안 세부 조건

1. 동기 유발

　가. [자료 1]을 활용하여 동기를 유발할 것

　나. 사회·문화적 가치를 파악하고 평가하는 것의 중요성을 설명할 것

　다. 동기 유발 활동을 앞으로의 활동과 연계하여 안내할 것

2. 사회·문화적 가치 파악

　가. [자료 3]을 바탕으로 [자료 2]의 사회·문화적 가치를 파악할 것

　나. 교사가 [자료 2]의 사회·문화적 가치를 찾는 시범을 보일 것

　다. 교사와 학생 간의 질의응답을 통해 [자료 2]의 내용에서 사회·문화적 가
　　치를 찾을 것

　라. [자료 3]을 활용하여 구조화된 판서를 할 것

3. 사회·문화적 가치 주체적으로 평가하기

　가. [자료 2]의 사회·문화적 가치를 주체적으로 평가하는 활동을 구상할 것

　나. 모둠 활동으로 할 것(단, 모둠은 이미 구성되었음)

　다. 교사와 학생, 학생과 학생의 상호작용이 활발하게 이루어지도록 할 것

　라. 활동을 구체적으로 안내하고 활동의 의의를 설명할 것

＊ 유의 사항: 발문에 대한 학생 대답은 실제적·구체적으로 작성할 것

수업 조건

＊ 성취기준: [10국05-04] 문학의 수용과 생산 활동을 통해 다양한 사회·문화
적 가치를 이해하고 평가한다.

과목	학년	장소	시간	단원명
국어	고등학교 1학년	국어 교과실	블록타임(100분)	문학과 삶 (이옥설)

단원명	차시	학습 내용	평가
문학과 삶	1~2	• 문학 작품 내용 학습	개별 평가
	3~4 (본시)	• 문학 작품에 나타난 사회·문화적 가치를 파악할 수 있다. • 문학 작품에 나타난 사회·문화적 가치를 주체적 관점으로 평가할 수 있다.	동료 평가
	5~6	• 작품에 나타난 사회·문화적 가치를 바탕으로 비평문 쓰기	개별 평가

학생 수	장소	학습 형태	학습 기자재
25명 (5명씩 5모둠)	국어 교과실	강의식, 개별 활동, 모둠 활동	교사용 컴퓨터, 학생용 컴퓨터, 칠판, 빔프로젝터, 스크린

[자료 1] ⇒ 이전 단원에서 학습함.

白雪(백설)이 ᄌ자진 골에 구루미 머흐레라

반가온 梅花(매화)는 어늬 곳에 픠엿는고

夕陽(석양)에 홀로 셔 이셔 갈 곳 몰라 하노라

                                  – 이색

[자료 2]

집에 더 이상 지탱하기 힘들 정도로 퇴락한 행랑채가 모두 세 칸이 있어, 내가 어쩔 수 없이 그것을 고치게 되었다. 그 가운데 두 칸은 앞선 장마에 비가 새면서 기울어진 지 오래되었으나, 내가 그걸 알면서도 미루다가 수리하지 못한 것이다. 다른 한 칸은 비가 한번 샜을 때 곧바로 기와를 갈게 된 것이다. 이번에 수리하려고 보니, 비가 샌 지 오랜 것은 들보와 기둥이 모두 썩어서 못쓰게 되었으므로 비용이 많이 들었다. 하지만 한 번밖에 비를 맞지 않은 것은 재목들이 모두 완전하여 다시 쓸 수 있었기 때문에 비용이 적게 들었다.

나는 이걸 보고 생각했다. 이런 일은 사람에게도 있는 것이다. 스스로 잘못을 알고도 서둘러서 고치지 않으면 몸이 망가짐이 나무가 썩어서 못 쓰게 되는데서 그치지 않는다. 반면 잘못이 있더라도 그것을 고치기를 꺼리지 않는다면다시 좋은 사람이 되는 데 방해가 되지 않으니, 이는 집의 재목을 다시 쓸 수있음에 비할 바가 아니다.

다만 한 사람뿐 아니라 나라의 정치도 또한 이와 같다. 무릇 백성을 좀먹는무리가 설치는데도 당장 편한 것만 생각하여 개혁하지 않는다면 백성의 마음이 떠나고 나라가 위태롭게 된다. 그렇게 된 뒤에는 부랴부랴 바로잡으려 해도다시 붙잡아 일으키기가 대단히 어려울 뿐이다. 어찌 경계하지 않을 수 있겠는가?

– 이규보, 〈이옥설〉

[자료 3] 학생 활동지
1. 사회·문화적 가치 찾기

작품의 내용	작품에 나타난 사회·문화적 가치

2. 사회·문화적 가치를 주체적인 관점으로 평가하기

2차 기출 분석, 어떻게 하나요?

↳ 실연 때 시간에 쫓기는데 문제의 조건을 어떻게 꼼꼼히 볼까?
↳ 실수 없이 조건을 모두 수행하려면 어떻게 연습해야 할까?

2차는 조건 싸움이다. 시간 내에 모든 조건을 수행해야 좋은 점수를 받는다. 기출 문제를 꼼꼼하게 분석해서 문제의 조건을 정확하게 구현하는 방법을 익혀야 한다.

» 1단계. 성취기준 이해하기

문제에서는 성취기준만 제시한다. 그러니 성취기준 해설에서 중요한 내용을 머리에 미리 입력해 두어야 한다. 앞의 예시 문제에 해당하는 성취기준 해설에서 핵심 내용에 밑줄을 그어보았다.

[10국05-04] 이 성취기준은 **문학의 수용과 생산 활동**을 통해 **공동체** 차원에서 중요하게 간주되는 **사회·문화적 가치**에 대해 관심을 기울이고 그에 대해 **주체적으로 평가**할 수 있는 안목을 기르기 위해 설정하였다. 작가의 생각을 그대로 받아들이기보다는 **자신의 가치관에 따라 작품의 주제를 해석하고 평가하면서 수용**하고, **자신이 상상하거**

나 경험한 것에 사회·문화적인 가치를 부여하여 자신의 관점이 잘 드러나게 작품을 생산하도록 한다.

» 2단계. 영역과 단원 확인하기

사소해 보이지만 꼭 해야 한다. 그래야 수업의 방향을 잡을 수 있다. 단원이 '문학과 삶'이니 문학을 삶과 연결하는 게 중요하다. 이렇게 방향을 설정했으면 문학의 기본 틀(작가-작품-독자-세계)을 바탕으로 작품과 삶을 어떻게 연결할지 구체적인 계획을 세워야 한다. 아래 표에서 제시한 수업의 흐름은 이 틀을 활용한 것이다.

» 3단계. 차시 흐름 파악하기

본시 실연에 급급해서 앞뒤 수업의 흐름을 망각하면 안 된다. 예시 문제에서는 전시(1~2차시)에 작품 내용을 이미 학습했다. 그걸 바탕으로 본시(3~4차시)에는 작품에 담긴 사회·문화적 가치를 파악하고 주체적 관점으로 평가한다. 표로 정리하면 이렇다.

	1~2차시	3~4차시	5~6차시
수업의 중점	작품(내재적 감상)	작가, 세계	독자(비평문 생산)
수업의 흐름	본시 도입에 활용	본시 학습	본시 정리에 활용

» 4단계. 대상 학년 고려하기

유의 사항에서 '발문에 대한 학생 대답은 실제적이고 구체적으로 작성'하라고 밝혔다. 대상 학년이 '고등학교 1학년'이므로 학생의 답변은 그 수준에 맞춰야 한다. 더 나아가 수업의 깊이도 그에 맞춰 조절해야 한다.

» 5단계. 평가 구상하기

'동료 평가'를 활용하라고 했다. 이걸 어느 단계에 넣어야 할까? 예시 문제로 봐서는 '지도안 세부 조건 3의 나, 다'에서 보여주는 게 자연스럽다. 뒤에서 다루겠지만 학습 기자재 가운데 '학생용 컴퓨터'를 활용하여 활동 내용을 반 전체와 공유하며 '동료 평가'를 진행할 수도 있다.

» 6단계. 물리적 조건 점검하기

하찮게 보일 수도 있지만 장소, 시간, 학습 형태, 학생 수, 학습 기자재 등도 고려해야 할 조건이다. 특히 학습 기자재 조건을 놓치기 쉽다. 학습 기자재에 학생용 컴퓨터가 있다면 그걸 활용하는 활동을 구상하는 게 안전하다.

» 7단계. 지도안 세부 조건과 자료 분석하기

각 수업 단계의 세부 조건과 자료를 꼼꼼하게 분석하고, 이를 지금까지 확인한 '수업 조건'과 연결하면 된다. 이때 두 가지가 중요하다.

첫째, 조건 또는 자료를 서로 엮으면 좋다. 예를 들어 [자료 1]과 [자료 2]의 창작 시기를 고려하여 엮으면 새로운 의미를 도출할 수 있다. 또 수업 조건에서 '강의식, 개별/모둠 활동'을 모두 활용하라고 했는데, 그걸 지도안 세부 조건의 어느 항목과 연결할지 고민해야 한다. 그 많은 조건을 짧은 실연 시간에 따로따로 반영하기는 어렵기 때문에 서로 엮어서 처리하면 효율적이다.

둘째, 교육의 본질을 놓치지 말아야 한다. '이 성취기준과 작품은 교육적으로 어떤 의미가 있는가? 학생들이 왜 이걸 배워야 하나?'를 고민하고 그에 맞춰 수업을 설계해야 한다. 각 활동의 교육적 의미를 생각하면 교사의 행동이나 말에서 진정성이 느껴진다.

이 모든 걸 그 짧은 시간에?

문제에 담긴 조건을 하나씩 분석하려니 글이 길어졌다. 하지만 실제 시험에서는 이 과정이 순식간에 끝난다. 1단계부터 6단계까지 짧은 시간에 파악하고, 7단계에 많은 시간을 투자해야 한다. 실전에서 빠르고 정확하게 조건을 분석하기 위해서는 7단계에 맞춰서 기출 문제를 꼼꼼하게 분석하는 훈련을 축적해야 한다.

047

수업 조건,
걸림돌인가요? 디딤돌인가요?

↳ 시간 내에 조건을 지켜 실연하는 게 너무 힘든데 어떻게 하지?
↳ 조건이 없다면 어땠을까? 좀 더 편했을까?

수업 실연에서 주어진 조건을 완벽히 수행하는 것은 쉽지 않은 일이다. 준비할 시간은 짧은데 조건은 너무나 다양하고 복잡하기 때문이다. 수험생으로서는 압박감을 느낄 수밖에 없다.

» 조건은 걸림돌?

조건이 많아도 너무 많다. 시간 안에 조건을 빠짐없이 실연하려니 부담감이 이만저만이 아니다. '조건을 미처 다 수행하지 못했는데 시간이 부족하면 어쩌지, 깜빡하고 조건 하나를 빠트리면 어쩌지…….' 이런 불안감이 엄습한다. 주제와 제재 정도만 정해주고 자유롭게 수업 실력을 뽐내라고 한다면 더 멋진 수업을 할 수 있을 것만 같다. 이러니 수업 실연의 조건은 걸림돌로 인식되기도 한다.

» 조건은 디딤돌!

조건이 뚜렷하면 무엇을 평가하려고 하는지, 어떻게 해야 점수를 받을 수 있는지 그 기준이 명확히 보여서 수업 실연의 방향을 또렷하게 잡을 수 있다. 그리고 주어진 조건만 지켜서 실연하면 시간이 부족할 일이 그리 많지도 않다.

만약 조건이 없다면 어떨까? 원하는 수업을 마음껏 펼칠 수 있을 것 같지만, 오히려 어떤 방향으로 수업을 설계해야 할지 고민이 깊어질 것이다. 무엇을 평가하려고 하는지, 어떻게 해야 점수를 받을 수 있는지 짐작하기도 어렵다.

조건을 바라보는 시각을 바꿔보자. 조건을 따라가다 보면 어느새 체계적인 수업이 된다. 학생들이 어떤 단계를 밟아나가야 성취기준에 도달하게 되는지도 익힐 수 있다. 조건을 잘 지키면 내 수업을 더 탄탄하게 설계할 수 있다. 눈앞의 돌이 걸림돌처럼 느껴질 수도 있지만, 시각을 바꿔서 그걸 밟고 일어서면 디딤돌이 된다. 조건을 밟고 일어서자.

조건은 잘 닦인 길

등산을 생각해 보자. 자유롭게 산을 헤집으며 다니고 싶은 사람이라면 등산로가 구속처럼 느껴질 수도 있다. 하지만 안전하고 편하게 등산하고 싶다면 등산로만 따라가면 된다. 길이 없는 산을 오르려면 얼마나 험난할까? 여기저기 헤매다 낭떠러지를 만날 수도 있다. 수험생에게 '조건'은 잘 닦인 길이다. 길을 따라가다 보면 어느새 학습 목표 달성이라는 목적지에 도착한다. 목적지까지 안전하고 빠르게, 그리고 정확하게 가려면 착실히 길을 따라가면 된다.

↳ 평가 기준을 알면 수업 실연을 준비하기 좋을 텐데…….

↳ 평가 기준을 스스로 만들어보는 것도 도움이 될까?

임용 시험은 불친절하다고 여러 번 이야기했는데, 수업 실연에서도
상황은 다르지 않다. 평가 기준을 공개하지 않으니 연습하기도 막
막하다. 그래서 직접 만들어보았다.

» 마음대로 만들어본 평가 기준

앞에서 제시한 예시 문제를 바탕으로 평가 기준을 만들어보았다.
공신력 있는 자료가 아니고 임의로 만든 기준표이므로 맹신하지는
말아야 한다.

평가 기준은 항목마다 3개씩, 모두 15개로 구성했다. 이보다 적으
면 변별력이 떨어질 것 같고, 이보다 많으면 평가관들이 짧은 시간
에 꼼꼼하게 채점하기가 힘들다고 생각했기 때문이다.

1~9번은 예시 문제에서 제시한 조건을 충실하게 반영했다. 실
제로 평가 기준은 해마다 문제와 조건에 따라서 달라진다고 한다.
10~15번은 어느 수업에나 적용할 수 있는 일반적인 기준들이다.

항목	세부 평가 기준
동기 유발	1. [자료 1]과 학생들의 삶을 연결하여 동기 유발을 적절하게 했나?
	2. 사회·문화적 가치를 파악하고 평가하는 일의 중요성을 잘 설명했나?
	3. 동기 유발을 확장하여 수업 전체의 흐름을 잘 안내했나?
전개 1	4. [자료 3]을 활용하여 [자료 2]의 사회·문화적 가치를 파악할 수 있도록 구성했나?
	5. 교사가 [자료 2]의 사회·문화적 가치를 찾는 시범을 적절하게 보였나?
	6. [자료 3]을 활용하여 구조화된 판서를 하고 있나?
전개 2	7. [자료 2]의 사회·문화적 가치를 주체적으로 평가할 수 있도록 이끌었나?
	8. 모둠 활동에서 학생 활동에 대한 안내는 적절한가?
	9. 수업 중 활동의 의의를 적절하게 안내했나?
수업 설계	10. 학생들이 학습 목표를 달성할 수 있도록 수업을 체계적으로 설계했나?
	11. 고등학교 1학년 수준에 맞게 학습 활동을 구성하였나?
	12. 학생들의 수업 참여 기회를 제공하여 학생들이 배움의 중심이 되도록 이끌고 있는가?
수업 진행	13. 교사의 목소리 크기, 말하는 속도 등 전달력은 좋은가?
	14. 교사와 학생, 학생과 학생 사이의 상호작용이 활발한가?
	15. 교실에서 소외되는 학생이 없도록 골고루 배려하고 있나?

평가 기준을 만들어보니

수업 실연에서는 문제의 조건을 충실하게 반영해서 수업을 설계해야 한다고 강조한다. 평가 기준을 직접 만들어보니 조건을 수업 설계에 어떻게 반영할지 구체적으로 고민해 볼 수 있었다.

성취기준,
빠짐없이 전부 다 연습해야 하나요?

↳ 시간은 없는데 성취기준은 너무 많고······ 이를 어쩌지?
↳ 몇 개만 연습한다면 어떤 성취기준을 골라야 할까?

수업 실연을 연습하려고 보면 성취기준이 참 많다. 중학교와 고등학교 1학년에 각각 듣기·말하기, 읽기, 쓰기, 문법, 문학의 다섯 가지 영역이 있다. 여기에 고등학교 교육과정에는 일반 선택과목인 화법과 작문, 독서, 언어와 매체, 문학에다가 진로 선택과목까지 더해져 성취기준의 내용이 어마어마하다. 이것들을 다 보면 좋겠지만 시간은 한정되어 있다.

역대 기출 목록

	성취기준	학년	영역
2024	[10국01−04] 협상에서 서로 만족할 만한 대안을 탐색하여 의사 결정을 한다.	고1	듣·말
2023	[10국05−04] 문학의 수용과 생산 활동을 통해 다양한 사회·문화적 가치를 이해하고 평가한다.	고1	문학
2022	[10국03−04] 쓰기 맥락을 고려하여 쓰기 과정을 점검·조정하며 글을 고쳐 쓴다.	고1	쓰기

2021	[10국01-03] 논제에 따라 쟁점별로 논증을 구성하여 토론에 참여한다.	고1	듣·말
2020	[10국02-02] 매체에 드러난 필자의 관점이나 표현 방법의 적절성을 평가하며 읽는다.	고1	읽기
2019	[9국05-10] 인간의 성장을 다룬 작품을 읽으며 삶을 성찰하는 태도를 지닌다.	중학교	문학
2018	[12독서01-02] 동일한 화제의 글이라도 서로 다른 관점과 형식으로 표현됨을 이해하고 다양한 글을 주제 통합적으로 읽는다.	고등 선택	읽기
2017	[9국03-01] 쓰기는 주제, 목적, 독자, 매체 등을 고려한 문제 해결 과정임을 이해하고 글을 쓴다.	중학교	쓰기
2016	[9국05-03] 갈등의 진행과 해결 과정에 유의하며 작품을 감상한다.	중학교	문학
2015	[10국05-05] 주체적인 관점에서 작품을 해석하고 평가하며 문학을 생활화하는 태도를 가진다.	고1	문학

» 역대 출제 동향 파악하기

최근 10개년 출제 동향을 살펴보면 위의 표와 같다. 첫째, 고등학교 1학년 성취기준이 가장 많이 출제되었고, 그다음은 중학교 성취기준이다. 고등학교 선택과목 성취기준은 한 번뿐이었다. 둘째, 문법은 출제된 적이 없고, 나머지 영역에서 돌아가며 출제되었다. 셋째, 같은 영역이 두 해 연속 출제되는 일은 2015년, 2016년 한 번을 제외하고는 없다.

» 어떻게 공부할까?

첫째, 고등학교 1학년 성취기준을 중점적으로 공부하는 게 효율적이다. 교육과정이 중학교, 고등학교 공통, 고등학교 선택으로 심화되고 반복되는 나선형 구조이므로 고등학교 1학년 성취기준을 위주로 공부하면 대부분의 성취기준에 대비할 수 있다. 다만 중학교 또는 고등학교 선택과목에만 있는 성취기준이라면 따로 공부해 두는 게 좋다. 특히 중학교 성취기준에서 출제된 일이 몇 번 있기에 더 눈여겨볼 필요가 있다.

둘째, 문법 영역은 출제된 적이 없다. 나머지 네 영역이 돌아가며 출제되었기에 앞으로도 그럴 가능성이 높다.

셋째, 같은 영역이 두 해 연속 출제될 가능성은 거의 없다. 그렇기에 기출 문제를 잘 분석하면 올해 출제될 영역을 어느 정도 가늠할 수 있다.

갑자기 생뚱맞은 성취기준이 나오면 어쩌지?

여기서 제시한 기준을 맹신하지는 말아야 한다. 취사선택이 아니라 우선순위의 문제다. 어느 학년이나 영역을 무조건 버리라는 뜻이 아니라, 연습의 비중을 조정하라는 의미다. 우선순위가 가장 높은 성취기준은 꼼꼼하게 분석하고 수업 실연까지 하고, 그보다 출제 가능성이 낮은 성취기준은 지도안 작성과 판서 계획까지만, 출제 가능성이 거의 없는 성취기준은 '이게 나오면 이런 식으로 대처하겠어.'라고 생각해 보는 수준으로 준비하는 게 어떨까?

↳ 톡톡 튀는 수업을 하면 평가관들 눈에 확 띄겠지?
↳ 안정적이고 깔끔하게 수업하는 게 안전하지 않을까?

다양하고 참신한 방법으로 수업하는 교사들이 많다. 학습 활동을 요리 단계와 연결하기도 하고, 여행이나 방 탈출의 형식을 빌리기도 한다. 학생들이 탐정이 되어 글의 내용을 추리하기도 하고, 문학 평론가가 되어 문학상 수상작을 고를 수도 있다. 내 수업 실연에도 이런 장치가 있어야 할까?

» 튀는 수업의 장점

지역에 따라 차이가 있겠지만, 아침 일찍부터 시작한 수업 실연이 오후 5시가 넘어서 끝나기도 한다. 하루 종일 좁은 공간에 갇혀 대동소이한 수업 실연을 지켜봐야 하는 평가관들은 어떤 마음일까? 사람이다 보니 지루함을 느낄 수 있다. 이럴 때 튀는 방식으로 수업하면 이목을 확 끌 수 있다. 톡톡 튀는 열정 가득한 교사라는 인상을 심어줄 수도 있다.

실제 학교 현장에서도 '톡톡 튀는 수업'은 힘을 발휘한다. 사소

172

한 장치 하나에 학생들이 흥미를 보이고 수업 몰입도가 올라가기도 한다. 수업 실연 때 활용하려고 개발한 '나만의 수업 장치'를 임용 이후에도 요긴하게 활용하는 교사도 있다.

» 지나침은 모자람만 못하니

수험생들이 분명히 기억해야 할 게 있다. 수업 실연에 '톡톡 튀게' 하라는 조건은 없다는 것이다. 아무리 튀어도 그게 그대로 점수에 반영되지는 않는다. 평가관들에게 좋은 인상을 줘서 다른 항목에서 조금 더 너그럽게 채점하는 효과를 기대할 수 있을 뿐이다. 그러니 톡톡 튀는 수업을 구상하는 데 매몰되어 주어진 조건을 놓치는 일이 있어서는 절대로 안 된다.

튀는 수업이 성공하기 위해서는 안정적인 수업 진행 능력이 바탕이 되어야 한다. 실제 시험에서는 연습한 것의 반도 못 보여준다는 말이 있다. 긴장감과 압박감 속에서 조건을 지키며 안정적으로 수업하는 것 자체가 어려울 수 있다. 튈지 말지를 고민하기 전에 '내 수업은 안정적인가?'부터 생각해 보고 신중히 접근해야 한다.

» 상황에 따라 달라지는 선택

튀는 수업을 할까 말까? 상황에 따라 선택은 달라진다. 첫째, 1차 점수다. 내 점수가 여유가 있다면 안정적으로 수업하는 게 좋다. 크게 실수만 하지 않으면 1차 점수의 유리함을 살릴 수 있기 때문이다. 하지만 점수가 간당간당하면 선택은 달라진다. 2차 시험을 철저하게 준비해서 주어진 조건을 빠짐없이 수행하는 것은 물론, 거기에 나만의 독특함을 더한다면 평가관들에게 더 강한 인상을 심어 줄 수 있다.

둘째, 개인 성향이다. 튀는 수업을 잘할 수 있는 사람이 있고 그렇지 않은 사람이 있다. 뱁새가 황새의 걸음을 따라가면 가랑이가 찢어진다. 그렇다고 황새가 늘 유리한 건 아니다. 황새는 보폭은 크지만 걸음이 느릿느릿하다. 황새는 황새대로, 뱁새는 뱁새대로, 남의 걸음을 어설프게 흉내 내지 말고 자기 걸음에 맞게 최선을 다하면 된다.

셋째, 튀는 수업을 위해서 준비한 장치가 수업 내용과 잘 맞는지 고려해야 한다. 아무리 멋진 장치를 준비했어도 수업과 맞지 않고 수업에 녹아들 수 없다면 버려야 한다. 톡톡 튀는 게 목적인지, 조건을 잘 구현해서 점수를 획득하는 게 목적인지 분명히 해야 한다.

따라 하지 마세요

합격자 수기를 읽다 보면 가끔 참신한 수업 장치를 발견할 때가 있다. 그렇다고 그걸 무작정 따라 하는 건 좋지 않다. 내가 그대로 소화하기 힘들기 때문이다. 남의 방식을 참고할 수는 있지만, 그걸 내 성향과 경험에 맞게 재구성해야 한다. 그리고 꾸준히 연습해서 완전히 내 것으로 내면화해야 한다. 그래야 피가 되고 살이 되어 내게 힘이 된다.

051

내 수업의 필살기, 필요할까요?

↳ 수업 필살기, 갑자기 짜내려니 막막한데 어떻게 하지?
↳ 수업에서의 진정한 무기는 무엇일까? 독특한 기교일까?

수업 실연 영상을 찾아보면 연예인처럼 현란하게 수업을 끌고 가는 사람이 있다. 청산유수로 말을 잘하는 사람도 있다. 아나운서처럼 단정한 말투가 돋보이는 사람도 있다. 그런 걸 보면 문득 불안해진다. 나도 필살기 하나쯤은 만들어야 하나?

» 뿌리, 최고의 무기는 나 자신

《삼국지》에서 관우는 청룡언월도, 장비는 장팔사모, 여포는 방천화극이라는 무기를 쓴다. 제 눈에 맞는 안경이 있듯이, 나한테 맞는 무기라야 제대로 힘을 발휘할 수 있다. 나한테 맞는 무기를 찾으려면 어떻게 해야 할까?

패션모델이 입은 옷은 정말 멋져 보인다. 그런데 막상 내가 그 옷을 입으면 그 느낌이 살지 않아서 어정쩡하다. 아무리 멋진 옷이라도 나와 맞지 않으면 오히려 역효과다. 사람마다 어울리는 옷이 따로 있다. 그걸 찾는 게 먼저다. 수업도 마찬가지다.

먼저 나를 성찰해야 한다. 사람으로서, 교사로서 '나'를 알아야 한다. 예를 들어 조용하고 따뜻한 성격이라면, 학생을 세심하게 배려하면서 차분하게 수업을 진행하는 게 나의 무기가 될 수 있다. 다만 목소리가 작거나 어조가 단조로우면 전달력이 떨어질 수 있기에 그 점은 보완해야 한다.

억지로 꾸미면 안 된다. 조용하고 차분한 사람이 일부러 박력 넘치는 말과 행동으로 수업하거나, 허용적이고 부드러운 사람이 엄하고 단호한 모습을 보이면 어색하게 느껴진다. 그렇게 억지로 꾸며서 수업하려면 그 자체만으로도 너무 많은 힘이 소모되어 지속하기도 힘들다. 내 성향에 맞는 수업은 뿌리가 깊은 나무와 같다.

» 줄기와 가지, 수업 철학 올곧게 세우기

나를 깊이 성찰해서 뿌리를 내렸으면, 거기서 줄기와 가지를 곧고 튼튼하게 뻗어야 한다. 그게 바로 '수업 철학'이다. '국어를 왜 가르치고 배우나?'라는 질문은 줄기에 해당하고, 세부적으로 '문학, 문법, 쓰기, 읽기, 말하기·듣기 각 영역을 왜 가르치고 배우는가?'는 줄기에서 뻗은 가지인 셈이다. 이런 근본적인 물음에 대한 나만의 답을 가지고 있어야 한다. 그리고 그걸 수업에 충분히 녹여내야 한나. 이렇게 철학이 굳건한 교사라면 어지간한 비바람에도 쓰러지지 않는다. 그리고 어려운 수업 실연 문제를 만나더라도 대처할 수 있는 힘이 있다.

이런 힘은 미리 길러야 한다. 학부 때 전공 수업을 들으며 고민하면 좋다. 수험 생활과 일을 병행한다면 평소에 이런 문제를 충분히 고려해서 수업을 설계해야 한다. 사실 이런 고민은 임용의 관문을 통과해서 현장에 가더라도 멈추면 안 된다. 교단을 딛고 서 있는 동안 언제나 붙들어야 할 화두이다.

» 꽃, 교육의 궁극적 목적은 모두의 성장

교사의 수업은 학생의 배움과 성장에 도움이 되어야만 의미가 있다. 겉멋만 잔뜩 든 실속 없는 수업은 들통난다.

더 나아가 수업을 통해 교사도 배우고 성장해야 한다. '나는 이미 완벽한 교사이므로, 내가 아는 지식을 학생들에게 가르치기만 하면 된다.'라는 생각은 위험하다. '이 수업을 통해 나도 배우고 성장하겠다. 앞으로 교사가 되어서도 이런 태도를 잃지 않겠다.'라는 겸손한 마음은 수업을 실연하는 말과 행동에 은연중에 드러나게 된다.

평가관의 눈으로 내 수업 돌아보기

수업 실연 평가관들은 어떤 분들일까? 수석 교사, 또는 그 이상의 연륜과 경력을 가진 분들이다. 최소한 20년 이상 내로라하는 수업을 했고, 이제는 다른 교사의 수업을 관찰하고 도움을 주는 분들이다. 그분들은 어떤 수업을 좋아할까? 얕은 기교가 아니라 깊은 철학이 아닐까? 어쩌면 지나치게 튀는 말과 행동을 부정적으로 여길 수도 있다. 평가관을 염두에 두고 그에 맞는 무기를 써야 한다.

052

어떤 수업이
좋은 수업인가요?

↳ 문제에서 요구하는 조건만 잘 지키면 좋은 수업이 될까?
↳ 좋은 수업을 할까? 합격하는 수업을 할까?

교직 경력 30년이 넘은 선배 교사와 '어떤 수업이 좋은 수업인가?'를 주제로 대화를 나눈 적이 있다. 그때 나눈 얘기를 정리하면 다음과 같다.

》 지향이 뚜렷한 수업

수업의 '지향'이란 '왜 가르치고 배우는가?'이다. 쉽게 말해서 교직관인데, 이건 북극성 같은 것이다. 배가 북극성으로 방향을 잡지 않는다면 드넓은 바다에서 방향을 잃고 방황할 수밖에 없다. 그렇게 해서는 아무리 열심히 달려도 목적지에 다다를 수 없다. 수업도 그렇다. 교사는 왜 가르치는가? 학생은 왜 배우는가? 그 지향이 뚜렷해야 한다. 이렇게 철학이 뚜렷한 수업을 보면 속이 뻥 뚫리는 느낌이 든다.

» 학습 목표를 향해 나가는 수업

'지향'이 국어 교사로서의 삶을 관통하는 것이라면 '학습 목표'는 한 시간 수업을 꿰뚫는 것이다. '도입 – 전개 – 정리' 단계는 서로 동떨어져서는 안 되며, 하나의 목표를 향해 유기적으로 연결되어야 한다. 수업 중에 하는 어떤 발문, 어떤 활동도 무의미해서는 안 된다. 모두 학습 목표 달성을 위한 징검다리 역할을 해야 한다. 이처럼 하나의 목표를 향해 체계적으로 구조화된 수업은 무척 세련된 느낌을 준다.

» 상호작용이 활발한 수업

수업의 궁극적인 목적은 학생과 교사의 변화와 성장이다. 그러기 위해서는 서로 활발하게 상호작용해야 한다. 그런데 수업 실연에서는 이 상호작용이 '보여주기'에 머무는 경우가 많다. 교사가 묻고 학생이 대답하는 과정을 형식적으로 끼워 넣는 방식이다. 그런 상호작용은 무의미하다.

진정성 있는 상호작용이 일어나려면 먼저 관찰해야 한다. 학생들이 무얼 어려워하는지 꼼꼼하게 관찰하고, 그 어려움을 해소하기 위해 교사가 어떻게 도와줘야 하는지 깊이 고민해야 한다. 이런 관찰과 고민의 과정을 지켜보면 '수업에 대한 진정성'을 느낄 수 있다. 상호작용에 대해서는 뒤에서 다시 다룬다.

» 문제의 조건에 충실한 수업

좋은 수업의 요소인 지향, 학습 목표, 상호작용은 모두 '왜?'라는 질문과 맞닿아 있다.

지향	국어 수업 전반	왜 국어를 가르치고 배우지?
학습 목표	이번 한 시간 수업	왜 이번 시간 수업이 중요하지?
상호작용	구체적인 활동, 발문	왜 이런 활동이나 질문을 하지?

그에 빈해 문제에서 제시하는 조건은 '어떻게?'에 해당한다. 수험생이라면 누구나 '조건'이 중요하다는 건 안다. 이 책에서도 조건을 충실히 따르는 게 중요하다고 이미 여러 차례 강조했다. 하지만 그건 기본일 뿐이다. 그걸 뛰어넘기 위해서는 '왜?'라는 질문이 필요하다.

나무와 더불어 숲도 보아야

수험생은 문제에서 제시하는 조건에 집착하게 된다. 그건 어쩌면 당연하다. 하지만 눈앞의 조건에만 매몰되면 나무만 보고 숲을 보지 못하는 잘못을 범하게 된다. '왜?'라는 질문을 놓치면 안 된다. '왜?'라는 질문을 던질 때 문제에서 제시하는 '조건' 하나하나가 더욱 생생하게 살아나고, 그런 수업이야말로 평가관의 눈에 군계일학으로 돋보이게 될 것이다. '좋은 수업'이 바로 '합격하는 수업'이다.

053

**수업 실연에 나의 장점을
어떻게 녹일 수 있을까요?**

↳ 수업 내용만 좋아서는 안 될 것 같은데, 좋은 전략이 없을까?
↳ 내 수업만의 장점을 보여주고 싶은데, 어떻게 하면 좋을까?

수업 실연에서 좋은 점수를 받으려면 무엇보다 수업 내용이 좋아야
한다. 체계적이고 논리적이어야 하며, 본질을 꿰뚫는 깊이가 있어
야 하고, 무엇보다 학생들이 충분히 이해하고 받아들일 수 있어야
한다.

그렇다면 수업 내용만 완벽하면 좋은 점수를 받을 수 있을까? 뭐
가 더 필요할까?

》 수업을 잘하는 교사가 되려면?

'수업을 잘하는 교사'는 어떤 교사일까? 성량이 좋고 발음이 또렷
한 교사, 눈빛과 몸짓으로 학생을 압도하는 교사, 유머로 재밌는 수
업을 만드는 교사, 학생들과 잘 소통하는 교사, 수업 자료가 풍성한
교사…….

물론 궁극적으로는 이 모든 역량을 두루 갖춘 교사가 되겠다는 목
표를 세워야 하겠지만, 수업 실연에서 이 모든 면모를 다 보여줄 수

는 없다. 수업 실연에서는 내가 가장 잘할 수 있는 걸 골라서 거기에 집중해야 한다. 수업 실연을 다 보고 난 평가관들이 '이 지원자는 이런 강점을 지닌 교사가 될 수 있겠구나!'라고 생각하게 만들어야 한다.

성량이 뛰어나지 않으면 조곤조곤 이해하기 쉽게 설명하는 장점을 발전시키면 된다. 유머가 부족해서 학생들을 웃길 수 없다면 학생을 향해 먼저 웃어주고 긍정적인 말로 수업에 생기를 불어넣는 교사가 되자. 내 성격에 맞춰서 준비하면 된다.

다만, 방향을 정했다면 그 방향의 수업으로는 최고의 수업을 보여주겠다는 각오로 철저하게 준비해야 한다. 활기찬 수업으로 방향을 정했다면 '이 선생님 수업에서는 아이들이 절대 못 졸겠다!'라는 느낌을 줄 수 있도록, 따뜻한 수업으로 방향을 정했다면 '이 선생님은 아이들을 정말 사랑하는구나!'라는 느낌을 줄 수 있도록 확실하게 장점을 보여주어야 한다.

» 위기를 기회로

수업 실연을 하다 보면 당황하는 일이 생길 수 있다. 당일 시험장에서 어떤 일이 생길지는 아무도 모르기 때문이다. 판서를 하다가 분필이 부러질 수도 있고, 교과서를 떨어트릴 수도 있고, 목소리가 갈라질 수도 있고, 잠시 말문이 막힐 수도 있다. 그 순간 다 끝난 것일까? 그렇지 않다.

실제로 현장에서 수업하다 보면 이런 일은 비일비재하다. 처음부터 끝까지 계획한 대로 완벽하게 진행되는 수업은 없다. 학창 시절을 떠올려 봐도 그렇지 않은가? 선생님의 분필이 부러져서 저 멀리 날아가면 학생들은 오히려 좋아한다. 평가관들도 마찬가지다. 똑같은 주제로 비슷한 수업 실연을 몇 번이나 반복해서 보아야 하기 때문에, 이런 일이 생긴다면 재미있는 사건으로 여길 가능성이 크다. 더 나아가 이런 위기 상황을 여유 있게 잘 넘긴다면 오히려 호감을 줄 수도 있다.

» 생생한 수업 만들기

수업 실연에서 큰 고민거리 가운데 하나가 학생 이름이다. 이때 교실에 내가 가르쳤던 학생들이 앉아 있다고 생각하면 한결 편하다. 늘 똑 부러지게 대답하는 예진, 창의적이고 웃긴 질문을 하는 지민, 옆 친구들을 잘 도와주는 윤지, 배움이 조금 느린 지우, 말없이 조용한 도윤, 문학에 관심이 많은 한서, 반장으로서 친구들한테 인기가 많은 서진…….

이렇게 다양한 특성을 가진 학생들을 머리에 넣고, 그 학생들과 함께 수업한다고 생각하자. 미리 자리 배치표를 만들어서 눈에 익혀도 좋다. 학생을 호명할 때마다 그 자리로 눈을 돌리면 시선 안배도 자연스러워진다.

그러면 그 학생들이 할 법한 말과 행동을 그대로 수업 실연 상황으로 가져오면 되니, 수업 장면에서 어떤 학생이 무슨 말을 하도록 설정해야 하나 고민하지 않아도 자연스럽게 수업을 이어갈 수 있다. 생생한 현장감은 말할 것도 없다.

학생들을 가르쳤던 경력이 없어도 크게 문제 될 건 없다. 교생실

습이나 교육 봉사에서 만났던 학생을 떠올려도 되고, 학창 시절의
친구들을 수업 실연 교실로 데려와도 된다.

긴장, 어떻게 다스릴까?

너무나 중요한 날이기 때문에 긴장을 안 할 수는 없다. 그러나 차분해지려
는 노력은 필요하다. '시험'이라고 생각하지 말고 '수업'이라고 생각하면
도움이 된다. 평가관들을 학생과 연결할 수도 있다. 왼쪽부터 예진, 지민,
윤지……. 사실 수업 실연에서 평가관들과 눈을 마주치는 것은 부담스럽다.
하지만 눈을 맞추지 않고 허공만 보면 공허하게 느껴진다. 평가관들을 학
생과 연결하고, 그 학생에게 질문을 던지며 상호작용을 하면 실연자는 물
론이고 평가관들도 수업에 빠져들 수 있다.

054

**지도안,
어떻게 작성해야 할까요?**

ㄴ 내 지도안은 왜 이렇게 알아보기가 힘들지?
ㄴ 잘 쓴 지도안은 어떤 지도안일까?

짧은 시간 동안 지도안을 작성하려니 빠뜨린 내용이 없는지 불안
하다. 글씨는 날아가고 형식도 제멋대로다. 지도안이 지저분해서
평가관이 놓치는 부분은 없을까 걱정도 된다. 멋진 지도안을 작성
하는 요령은 뭘까?

» 지도안 작성 예시

수업 실연 문제에서는 지도안 작성을 위한 세부 조건을 제시한다.
이 조건이 채점 기준에 해당하므로 꼼꼼하게 지켜야 한다. 앞의 예
시 문제 가운데 일부를 실제 지도안으로 구현해 보았다.

---

3. 사회·문화적 가치 주체적으로 평가하기

가. [자료 2]의 사회·문화적 가치를 주체적으로 평가하는 활동을 구
상할 것

아래 지도안 예시는 완벽한 게 아니다. 개선점을 함께 찾아보려고 일부러 몇 가지 오류를 심어놓았다. 어떻게 고치면 좋을까?

교사	학생
● [활동 2] 사회·문화적 가치 주체적으로 평가하기 1. 활동을 구체적으로 안내 ⇐ 1 ○ 활동의 의의 - "시대가 다르니 사회·문화적인 차이가 발생하기도 하고, 개인마다 가치관이 다르기에 사회·문화적 가치에 대한 평가가 달라질 수밖에 없습니다. 지금 우리의 관점에서 타당한 이유를 들어 가치를 평가해야 주체적으로 수용할 수 있습니다." ○ 활동 시간: 20분 ○ 활동 방법 1) 모둠에서 사회·문화적 가치 찾기 2) 그것이 나에게, 우리 사회에 중요하고 유효한 가치인가를 별 5개로 표현하기 3) 그렇게 평가한 이유를 구체적으로 설명하기	● 모둠 활동 1. 모둠 활동에 적극적으로 참여한다. ○ 활동의 의의를 이해한다. - 시대에 따라 사회·문화적 가치관에 대한 평가는 달라짐. - 개인에 따라 사회·문화적 가치관에 대한 평가는 달라짐. ⇒ 주체적으로 수용해야 함. - 가치 판단에는 구체적이고 타당한 이유를 제시해야 함. ○ 모둠 활동 내용을 아래에 작성한다. 〈모둠 활동 결과〉 {표: 사회·문화적 가치 / 중요도 (별 5개) / 그렇게 평가한 이유}

〈모둠 활동 결과〉

사회·문화적 가치	중요도 (별 5개)	그렇게 평가한 이유

2. 모둠 활동 순회 지도 ⇐ 2 ○ 모둠 활동에 대해 그에 적절한 상호작용 ○ 학생들이 학습 목표를 달성할 수 있도록 비계를 제공 – "우리가 찾았던 두 번째 가치를 우리 학교 안에서 일어나는 일과 연관 지어 생각해 볼까요?"	2. 교사, 모둠원과 상호작용한다. ○ 활동 중 어려움이 생기면 교사에게 적극적으로 도움을 요청한다. – "이유를 어떻게 들어야 할지 모르겠어요." ○ 모둠원들과 적극적으로 의견을 교환한다.
3. 모둠 활동 결과 발표 ⇐ 3 ○ 발표하기: "오늘은 각 모둠에서 이끔이가 발표해 주세요." ○ 경청하기: "발표할 때는 경청하는 태도가 중요하다는 건 알고 있죠?" ○ 모둠 간 상호작용: "혹시 방금 발표한 모둠과 다르게 평가한 모둠 있나요?"	3. 활동 결과를 발표하고 상호 평가한다. – "여전히 우리 사회에서 중요한 의미가 있다고 판단하여 별 5개를 주었습니다. 그렇게 생각한 이유는……" – "저희 모둠은 별 3개를 줬습니다. 이 작품에는 정치가의 노력만 나와 있는데, 오늘날은 국민의 관심과 노력도 못지않게 중요하다고 생각했기 때문입니다."
4. 모둠 활동 결과 공유 ⇐ 4 ○ 기록이가 컴퓨터를 활용하여 학급 공부방에 올리기 ○ 다른 모둠의 활동 결과를 보며 댓글 달기	4. 모둠 활동 결과 공유 ○ 기록이가 정리해서 올린다. ○ 다른 모둠의 활동 결과를 평가할 때는 윤리적 측면을 유의한다.

≫ 학생 활동을 중심으로

1에서는 학생 활동이 제대로 드러나지 않았다. '활동의 의의'를 교사가 강의하고 학생은 그걸 수동적으로 듣는 형태라서 '학생 중심 수업'이 제대로 구현되지 않았다는 뜻이다. 교사가 묻고 학생이 답하는 방식이 좋다. 이때 학생의 답을 잘 구성하면 '발문에 대한 학생 대답은 실제적이고 구체적으로 작성'하라는 조건도 충족할 수 있다. 그렇게 하려면 교사의 발문이 구체적이어야 한다.

> ㉮ 사회·문화적 가치를 주체적으로 평가해야 하는 이유가 뭘까요?
> ㉯ 사회·문화적 가치를 주체적으로 평가해야 하는 이유를 세 가지
> 말해볼까요?

㉮보다는 ㉯가 낫다. 수업 실연에서는 손가락으로 하나씩 꼽으면서 앞의 두 가지는 학생이 대답하고, 세 번째는 대답이 나오지 않아 교사가 귀띔해 주는 방식으로 운영하면 실감 나는 수업을 보여줄 수 있다. 학생 활동이 수업의 중심이 되어야 한다는 게 핵심이다.

여기서 정말 중요한 점이 있다. 실제로 교실에 앉아 있는 학생들은 완벽하지 않다는 것이다. 교사의 질문에 정답을 얘기하는 경우는 거의 없다. 교사가 묻고, 학생이 답하고, 교사가 그걸 받아서 더 높은 성장으로 이끌어야 한다. 그런 수업을 본다면 평가관들이 '아! 이 수험생은 교실을 제대로 알고 있구나!'라고 느끼게 될 것이다. 이게 바로 '발문에 대한 학생 대답은 실제적이고 구체적으로 작성'하라는 조건에 숨은 의도다.

» 교사와 학생의 상호작용

②는 모둠 활동 상황이다. 여기서는 조건으로 제시된 '교사와 학생의 상호작용'을 반영했음을 지도안에 직접적으로 드러내는 게 좋다. 이때 교사의 순회 지도를 활용할 수 있는데, 이에 대해서는 뒤에서 자세히 다룬다.

» 학생과 학생의 상호작용

3에서는 모둠 활동 결과를 발표하는데, 여기에 '학생과 학생의 상호작용'이라는 조건을 반영할 수 있다. 제시한 지도안에서 아쉬운 점은 저런 방법으로는 모든 모둠의 활동 결과를 확인하기가 어렵다는 것이다. 각 모둠에서 활동한 결과를 패들렛으로 공유하는 방식은 어떨까? 그렇게 모든 모둠의 평가 결과를 서로 비교하고, 그 가운데 가장 높은 별점과 가장 낮은 별점을 준 모둠이 발표하도록 하면 학생들 사이의 상호작용을 더 생생하게 드러낼 수 있다.

» 배움을 확장하기

4는 수업에서 배운 걸 확장하는 단계다. 패들렛으로 공유한 각 모둠의 활동 결과에 대해 서로 피드백을 주고받되, 그걸 일방적으로 수용하지 말고 주체적으로 판단하도록 도움말을 제공하는 게 좋다. 그게 이번 수업의 목표이기 때문이다.

» 보기 좋은 떡을 만드는 법

지도안 작성에서는 문제에서 제시한 조건을 충실히 지키기만 해도 감점당할 일은 거의 없다. 하지만 보기 좋은 떡이 먹기도 좋다고, 평가관들이 명쾌하게 알아볼 수 있도록 작성해서 나쁠 게 없다. 위의 예시에서 활용한 전략 몇 가지를 정리하면 다음과 같다.

① **도형 활용하기**: 지도안에는 색을 사용할 수 없다. 도형으로 항목을 구분해야 한다. 가장 높은 층위부터 '●, ▷, O'와 같이 기호를 정

하고, 교사와 학생의 발화는 '—'와 같이 규칙을 정해서 연습하면 좋다.

② **번호 활용하기:** 도형뿐 아니라 번호를 적절히 활용하면 수업의 흐름을 명확하게 드러낼 수 있다.

③ **줄 맞추기:** 교사와 학생 칸은 좌우로 줄을 맞춰야 한다. 또 같은 층위를 같은 줄에 맞추면 직관적으로 이해할 수 있다. 대체로 답안지에 가로선이 있으니 그걸 활용하면 된다.

④ **조건을 명확하게 드러내기:** 조건의 진술은 지도안에 그대로 적는 게 좋다. 내가 그 조건을 지켰음을 명시적으로 보여주기 위해서 이다.

돌다리도 두들겨 보자!

수학 문제를 다 풀고 나면 맞게 풀었는지 검산한다. 지도안을 작성할 때도 그런 과정이 필요하다. 지도안 작성을 마쳤으면 문제에서 제시한 조건에 하나하나 연필로 표시하면서 빠뜨린 게 없는지 확인해야 한다. '이 정도면 됐겠지.'라는 마음으로 그냥 넘기면 안 된다.

055 도입 단계, 동기 유발을 어떻게 할까요?

↳ 주어진 자료를 동기 유발에 효과적으로 활용하는 방법은 무엇일까?
↳ 동기를 유발하려면 꼭 재미있는 얘기를 해야 할까?

학생들을 수업에 빠져들게 하는 비법이 있다. '3미'다. 사람은 누구나 '재미, 흥미, 의미'를 느끼는 일에 몰입한다. 수업도 그렇다. 학생들이 집중할 수 있도록 재미있게, 오늘 수업과 연결하여 흥미를 느낄 수 있도록, 삶과 연결하여 의미를 발견할 수 있게 동기 유발을 설계하면 학생들은 빨려든다.

» 재미, 이목 사로잡기

재미는 맥락에서 생긴다. 맥락이 단절된 수업 실연 상황에서 학생들을 웃기는 건 거의 불가능하다. '웃음'에 대한 욕심을 버리고, 학생들 얘기로 수업을 시작해 보자. 학생들은 본인들 얘기에 관심이 많다. 공통의 경험은 쉽게 공감으로 연결되기에 동기 유발을 위해 좋은 소재가 된다. 학교의 동아리 활동, 봉사 활동, 자치 활동, 축제 등을 활용할 수 있다. 또한 학생들이 좋아할 만한 소설, 영화, 음악, 시청각 자료와 연결해도 좋다.

» 흥미, 이어지는 활동과 연계하기

수업의 모든 단계는 유기적으로 이어져 있다. 동기 유발 활동은 가벼운 재미로 학생들의 이목을 끄는 데서 그쳐서는 안 된다. 이번 시간에 배울 학습 내용과 이어져야 한다. 학생들이 '아! 이번 시간에 이런 걸 배우는구나!'라며 기대할 수 있도록 연결해야 한다.

» 의미, 삶과 연계하기

누구나 자기 삶과 맞닿아 있는 일에서 의미를 느낀다. 학습 내용이 학생들의 삶과 맞닿아 있음을 상기시켜야 한다. '이거 내 삶에서 정말 중요하네! 이 수업을 잘 들으면 이런 능력이 생기겠지. 잘 배워서 잘 해내고 싶어.'라는 마음이 들도록 이끌어야 한다. 그렇게 하려면 교사가 먼저 학생들이 이걸 왜 배워야 하는지 깊게 고민해야 한다.

» 동기유발 예시

앞서 제시한 예시 문제로 동기 유발을 만들어보았다. 지도안 작성 조건은 아래와 같다.

1. 동기 유발

가. [자료 1]을 활용하여 동기를 유발할 것

나. 사회·문화적 가치를 파악하고 평가하는 것의 중요성을 설명할 것

다. 동기 유발 활동을 앞으로의 활동과 연계하여 안내할 것

동기 유발 예시

여러분! 지난 단원에서 이색의 시조를 배웠죠? 그때 어떻게 수업했는지 기억해요? (사이) 잘 기억하고 있네요. 고려 말의 여러 인물을 우리 교실로 불러서 역사 법정을 운영했었죠. 각 모둠에서 한 인물씩 맡아서 열띠게 토론했는데요.

그때 역사 법정에서 여러 인물의 이야기를 직접 들어본 목적이 무엇이었나요? (사이) 철수가 작품의 배경이 되는 역사적 사건을 더 잘 이해하기 위해서라고 대답했어요. 그렇죠? 어떤 작품이든 사회·문화적 배경을 알아야 제대로 그 작품을 감상할 수 있어요. 그런데 그 작품에서 백설, 구름, 매화, 석양…… 이런 자연물의 의미가 무엇인지 각 인물이 다르게 인식하고 있었어요. 왜 그랬어요? (사이) 맞아요. 각 인물들이 자기 관점에서 해석했기 때문이에요. 고려의 유신과 조선의 신진사대부는 이 작품의 **가치**에 대해 상반되게 평가했을 것이라고 얘기했죠.

더 나아가 작품에 담긴 **사회·문화적 가치**가 지금 우리의 기준으로 봐서도 의미가 있는지 **주체적으로 평가**해야 합니다. 당대의 **공동체 차원에서 중요하게 간주하던 가치**라도 시대가 변한 지금은 의미가 달라질 수 있으니까요. 그렇게 하지 않고 무턱대고 **수용**하면 시대착오적인 낡은 가치관에 사로잡힐 수도 있죠.

이번 시간에는 이규보의 〈이옥설〉을 배울 겁니다. 이색의 시조처럼 고려시대에 창작된 작품입니다. 이 작품에 담긴 당대의 **사회·문화적 가치**는 어떤 것인지, 그리고 그것이 현대사회를 살아가는 우리에게 어떤 의미가 있는지 모둠 활동을 통해 **주체적으로 평가**해 봅시다.

밑줄 친 부분은 교육과정 성취기준 해설에 있는 표현을 그대로 활용한 것이다.

재미, 흥미, 의미를 다 보여줄 필요는 없어!

수업 조건에 따라 적절하게 활용하면 된다. 위의 예시에서 조건 '나'가 의미, 조건 '다'가 흥미에 해당한다. 그것을 각각 3문단과 4문단에 연결했다. 그리고 1~2문단에서는 이전 단원의 학습 경험을 소환했다.

056 전개 단계, 순회 지도는 몇 번 나가야 할까요?

↳ 수업 실연 때 늘 시간이 부족한데, 순회 지도를 꼭 해야 할까?

↳ 순회 지도는 두 번 하라고 하던데, 언제 나가면 좋을까?

수업 실연을 할 때 순회 지도는 꼭 해야 한다고 알려져 있다. '순회 지도는 두 번이 정답'이라는 공식이 공공연하게 떠돌기도 한다. 정말 그럴까?

» 내가 채점 기준표를 만든다면

수업 실연 채점 기준표는 공개되지 않는다. 하지만 짐작해 볼 수는 있다. 아래 채점 기준을 비교해 보자.

> ㉮ 순회 지도를 한 번 했다. ⇒ 1점
>
> 순회 지도를 두 번 했다. ⇒ 2점
>
> ㉯ 순회 지도로 학습자들이 학습 목표에 도달할 수 있도록 이끌었다.

채점 기준표는 교육 전문가들이 오랜 고민 끝에 교육철학을 담아서 만든 것이다. ㉮처럼 순회 지도 횟수를 세서 점수화하는 건 아무래도 어색하다. 중요한 건 횟수가 아니라 순회 지도의 목적이다.

≫ 순회 지도, 왜?

핵심은 '관찰'과 '활성화'이다. 교사가 칠판 앞에서 강의만 하면 학생들의 활동을 꼼꼼하게 관찰할 수 없다. 학생들이 활동하는 동안 교실을 순회하며 학생들이 어떤 어려움을 겪는지 '관찰'해야 한다. 더 나아가 그 적절한 조언을 통해 학생들이 그 어려움을 해소하고 활동에 적극적으로 참여할 수 있도록 '활성화'해야 한다. 내가 그걸 잘할 수 있는 교사임을 증명하는 게 순회 지도의 핵심이다. 학생과 소통하면서 학생의 배움과 성장을 지원하는 수업이 좋은 수업이라는 점을 잊지 말아야 한다.

≫ 순회 지도, 어떻게?

첫째, 학습 목표를 생각해야 한다. 수업에서 순회하며 지도하는 이유는 학생 하나하나가 목표에 도달하고 있는지 확인하고, 부족한 학생이 있다면 돕기 위해서다. 수업 실연에서도 이걸 생각해야 한다. 성취기준을 꼼꼼하게 분석해서 학생들이 어려워할 만한 지점을 찾아내고, 그 어려움을 해결하기 위해 어떤 조언을 건넬 수 있을 시 생각해서 단계적인 비계를 제공해야 한다.

둘째, 다양성을 고려해야 한다. 한 교실 안에는 다양한 학생이 있다. 배움이 빠른 학생이 있는가 하면 느린 학생도 있다. 국어를 좋아하는 학생도 있고 싫어하는 학생도 있다. 다문화 학생도 있고 장애를 지닌 학생도 있다. 학생의 다양한 상황을 인지하고 고려하여 맞춤형 수업을 진행하기 위해서는 순회 지도가 필요하다.

셋째, 활발한 상호작용을 이끌어야 한다. 교실 안의 구성원들은 모두 수업 동료다. 어느 한쪽만 일방적으로 노력해서는 수업이 원활하게 진행될 수 없다. 칭찬과 격려를 통해 수업 분위기를 긍정적으로 형성하고, 서로 생각을 나누고 확장해야 한다. 순회 지도를 통해 교사와 학생, 학생과 학생 간의 활발한 상호작용을 끌어낼 수 있다. 상호작용에 대해서는 다음 장에서 따로 정리했다.

순회 지도의 세 가지 원리

순회를 몇 번 나가야 하는가에 대한 정답은 없다. 그렇지만 왜, 어떻게 해야 하는가에 대해서는 분명히 말할 수 있다. 이번 장의 내용을 바탕으로 순회 지도의 세 가지 원리를 정리해 보자.

- **누구에게?** 교실 안의 다양한 학생들에게
- **무엇을?** 학습 목표 달성 과정에서 겪는 어려움을
- **어떻게?** 학생-교사, 학생-학생 사이의 활발한 소통으로 해결해 주어야

057

전개 단계, 상호작용은 어떻게 보여줄까요?

↳ 교사가 묻고 학생이 대답하는 걸 보여주면 되겠지?
↳ 연기하는 것 같아서 쑥스러운데 이걸 꼭 해야 해?

수업 실연에서는 교사와 학생, 학생과 학생 간의 상호작용을 보여주라는 조건이 자주 등장한다. 그렇다면 어떤 원리로 상호작용을 해야 할까?

≫ 틀로 익히기

교사와 학생의 상호작용이 중요하다는 건 알지만 실제로 적용하려면 쉽지 않다. 틀로 익히면 조금 더 편하게 적용할 수 있다.

단계	핵심 활동	세부 내용	비고
1	칭찬과 응원	학생 답변에서 긍정적인 요소를 찾아 칭찬	확인
2	의미 확인	질문으로 학생 답변의 의미를 확인	
3	의미 재구성	학생의 답변을 교사의 언어로 재구성	보완
4	의미 더하기	학급 친구들과 상호작용으로 내용을 보충	
5	의미 펼치기	사고력을 자극하는 질문으로 의미를 확장	확장

[1단계] 학생 답변에서 긍정적인 요소를 찾아 칭찬

학생이 발표하면 칭찬부터 하는 게 좋다. 답변 내용이 어떻든 그 학생으로서는 용기를 냈기 때문이다. "잘했어요." "훌륭해요."처럼 기계적으로 칭찬하면 안 된다. 무엇을 잘했는지 구체적으로 짚어주어야 한다. 이때 학습 목표와 관련된 칭찬을 한다면 더욱 좋다. 이렇게 구체적으로 칭찬하는 과정에서 학생이 어떤 답변을 했는지 다시 한번 확인하게 된다.

[2단계] 질문으로 학생 답변의 의미를 확인

학생이 발표한 내용에 관해 교사가 질문을 던져 학생 스스로 자기 답변을 보완하거나 수정하도록 이끄는 것도 좋은 방법이다. 그러나 이때도 학생이 지적이라고 느껴서 위축되지 않도록 따뜻함을 잃지 말아야 한다.

[3단계] 학생의 답변을 교사의 언어로 재구성

실제 현장에서 학생들은 교과서처럼 모범적인 답변보다는 어설프고 부족한 답변을 내놓을 가능성이 크다. 수업 실연에서도 그런 상황을 설정하고 학생의 발표 내용을 교사의 정제된 언어로 재구성하는 과정을 보여주면 현장감 있는 수업을 할 수 있다.

[4단계] 학급 친구들과 상호작용으로 내용을 보충

발표 내용이 조금 부족하다면 "이 의견을 보충해 줄 학생 있나요?" 처럼 유도할 수도 있다. 또는 학급 전체 학생에게 상반된 관점이나 의견을 물어볼 수도 있다. 발표한 학생과 교사만 문답을 주고받으면 다른 학생들은 소외될 수 있다. 전체에 질문을 던지면 학급의 모든 학생이 수업에 집중하게 된다.

[5단계] 사고력을 자극하는 질문으로 의미를 확장

더 생각할 만한 내용을 질문으로 던질 수도 있다. 학생들이 미처 생각하지 못했던 질문을 던진다면 학생들의 인지 활동이 활성화될 것이다.

» 상호작용 예시

앞서 제시한 예시 문제로 상호작용을 구상해 보았다.

[자료 1]은 우리가 이전 단원에서 배웠던 작품인데, 그때 어떻게 수업했는지 기억하나요?

[1단계] 철수가 잘 기억하고 있네요. 모둠 토론이라고 정확하게 대답했어요.

[2단계] (철수에게) 그런 토론 방법을 뭐라고 불렀는지도 기억하나요?

[3단계] 그건 잘 기억이 안 나나 봐요. 역사 법정이라고 불렀죠. 고려말의 여러 인물을 우리 교실로 불러서 역사 법정을 운영했는데요, 각 모둠에서 한 인물씩 맡아서 열띠게 토론했었죠.

[4단계] (전체 학생에게) 그때 역사 법정에서 여러 인물의 이야기를 직접 들어본 목적이 무엇이었나요? (사이) 영수는 작품을 더 잘 감상하기 위해서라고 했고, 진수는 작품의 배경이 되는 역사적 사건을 이

해하기 위해서라고 대답했어요. 둘의 의견을 더하면 어떻게 될까요? 작품의 배경이 되는 역사적 사건을 이해함으로써 작품을 더 잘 감상하기 위해서라고 할 수 있겠네요. 그 토론을 마치면서 각 인물이 처한 상황에 따라 이 작품을 대하는 태도가 달랐을 것이라고 결론을 내렸죠.

[5단계] 그럼, 현대를 살아가는 우리는 이 작품을 어떻게 보아야 할까요?

시간이 부족하면

실제 수업 실연에서는 시간이 부족할 수 있어서 이 다섯 단계를 다 적용하기는 어렵다. 수업 상황에 맞게 선택해야 한다. 상호작용의 순서도 수업 흐름에 맞춰서 적절하게 바꾸는 게 좋다. 하지만 이 틀의 내용은 정확하게 익혀야 한다. 그래야 응용하는 힘이 생긴다.

058

정리 단계,
시간이 남았는데 무엇을 더 할까요?

↳ 처음과 끝이 중요하다는데, 어떻게 마무리하면 좋을까?
↳ 수업 실연이 끝난 후 남은 시간을 어떻게 활용할까?

'최신 효과'는 가장 마지막에 제공되는 정보가 깊은 인상을 남기는 경향을 의미하는 심리학 용어다. 그만큼 마무리가 중요하다는 의미다. 실연 시간이 남았을 때 어떻게 수업을 정리하는 게 좋을까?

» 학습 목표 확인하기

수업 활동 하나하나는 학습 목표를 달성하기 위해 설계되었다. 앞서 진행한 활동을 짚어보면서 배운 내용을 복습하고 학습 목표를 다시 한번 인식시키는 게 좋다.

오늘의 학습 목표 다들 기억하나요? 첫째는 문학 작품에 나타난 사회·문화적 가치를 파악하는 거였고, 둘째는 이를 주체적인 관점으로 평가하는 거였죠. 그래서 이번 시간에 두 가지 활동을 했습니다. 먼저 [활동 1]에서 이규보의 〈이옥설〉에 담긴 사회·문화적 가치를 찾아보았고, 그것을 [활동 2]에서 주체적인 관점으로 평가해 보았습

니다. 사회·문화적 가치를 파악하고 그걸 주체적으로 평가하기! 잘
할 수 있죠?

» 학생의 삶과 연계하기

수업 내용을 학생의 삶과 엮어주는 것도 좋다. 배움이 수업 장면에
서 그치지 않고 일상으로 확장하도록 연결해 주는 것이다.

> 문학 작품은 그 시대의 사회·문화적 가치를 담고 있는데, 우리는 그
> 것을 곧이곧대로 받아들이지 말고 주체적으로 판단해야 합니다. 소
> 설을 읽을 때, 영화나 드라마를 볼 때, 심지어 교과서에 실린 글도
> 마찬가지입니다. 신문 기사, 텔레비전 뉴스는 물론이고, 여러분이 평
> 소에 즐겨 보는 개인 방송 등은 말할 것도 없습니다.

여기서 하나 고려할 점이 있다. '삶'과 연계할 때 그 삶은 교사가
아닌 학생의 삶이라야 한다. 예시 문제에서는 '사회·문화적 가치'
를 다루고 있는데, 그걸 수험생이 아니라 학생의 관점에서 해석해야
한다는 뜻이다. 너무 거창한 문제나 정치적으로 민감한 사안보다는
학생들의 삶에서 정말 중요하고 의미 있는 문제를 찾아서 연결해야
한다.

» 학생 스스로 수업을 정리하기

현장에서 배움 일기를 활용하는 교사가 많다. 수업에서 배운 점, 느
낀 점, 궁금한 점을 작성하고 공유하는 활동이다. 학생이 자신의 배

움과 성장을 스스로 정리할 수 있다는 점, 친구들과 생각을 나눌 수 있다는 점에서 의미가 크다. 또한 교사의 수업에 대한 피드백 자료도 되니 소중하다. 배움 일기는 너무 많이 알려져 있으니 가능하면 나만의 수업 정리 방법을 개발해서 활용하면 더 좋다.

다들 배움 일기를 꺼내서 오늘 수업에서 배운 점, 느낀 점, 궁금한 점을 적어볼까요? (사이) 좋아요. 다 적었으면 발표해 줄 친구 있나요? (사이) 진수는 고려시대 작품에서 다루고 있는 주제가 요즘 사회에도 그대로 적용된다는 점에서 무척 흥미로웠다고 하네요. 앞으로 다른 작품을 읽을 때도 주체적으로 따져보겠다고 각오도 얘기했어요. 자! 종이 쳤어요. 나머지 친구들도 배움 일기 내용을 학급 공부방에 올려주세요.

조건 달성 확인시키기

수업 실연 상황에서 평가관의 모습은 제각각이다. 끊임없이 무언가를 기록하기도 하고, 고개를 끄덕이며 눈을 계속 마주치기도 하고, 무표정한 얼굴로 허공을 바라보거나 눈을 감고 있는 평가관도 있다. 수험생으로서는 내 수업을 잘 듣고 있는지 불안하다. 그렇다면 마지막에 쐐기를 박으면 된다. 수업을 정리하면서 조건을 충실히 달성했음을 확인시키자. 물론 시간이 남았을 때 얘기다.

059

판서,
얼마나 어떻게 해야 할까요?

↳ 판서하라는 조건이 따로 없으면 판서를 안 해도 될까?
↳ 단원명이나 학습 목표를 칠판에 써야 할까?

판서에 관해 떠도는 말들이 많지만, 공식적인 지침이 없어서 수험생들은 답답하기만 하다. 판서를 얼마나, 어떻게 해야 할까?

》 이정표가 되는 학습 목표

수업 초반에 학습 목표를 언급하면서 핵심어 위주로 판서하면 좋다. 학습 목표는 수업에서 나침반 역할을 한다. 그렇기에 새로운 활동을 안내하거나 마무리할 때 판서해 둔 학습 목표를 손으로 가리키며 연계하면 효과적이다. 수업을 정리하는 단계에서 다시 한 번 강조하면 강한 인상을 준다. 그런 점에서 학습 목표는 수업에 참여하는 학생뿐만 아니라, 시험 상황의 수험생에게도 길잡이 역할을 톡톡히 한다.

》 학습을 돕는 판서

학습 목표가 수업의 방향을 알려주는 나침반이라면, 판서는 지도라

할 수 있다. 우리가 어디까지 왔으며 앞으로 어디로 가야 하는지 안내해 주기 때문이다. 말은 공중으로 흩어져 사라진다. 그러나 칠판에 판서한 내용은 사라지지 않는다. 사진처럼 찍혀 학생들의 머릿속에 오래도록 저장될 수도 있다. 실제로 어떤 선생님은 판서를 사진으로 찍어서 학생들에게 제공한다고 했다.

» 구조화된 판서 5계명

잘한 판서는 어떤 것일까? 직관적으로 눈에 확 들어오는 판서, 판서만 봐도 수업의 흐름이 그려지는 판서이다. 이런 판서를 하려면 이렇게 연습하면 좋다.

① **구획을 나눠서 판서하라.** 수험생들 사이에는 칠판을 세로로 '3등분'해서 판서하라는 규칙이 떠돈다. 반은 맞고 반은 틀렸다. '3등분'이 아니라 '구획'이 핵심이기 때문이다. 내가 설계한 수업 단계에 따라 칠판을 '도입 / 활동 1 / 활동 2'로 구획해도 되고, 여기에 '정리'를 덧붙여서 4등분을 해도 괜찮다. 칠판을 구획하는 것은 그림 그릴 때 가상선을 그리는 것과 같다. 그래야 전체적으로 균형 있게 판서할 수 있다.

② **핵심이 위주로 판서하라.** 줄글로 쓰면 시간도 오래 걸리고 눈에 잘 들어오지도 않는다. 핵심어를 중심으로 판서하면 가독성이 높아진다. 핵심어를 잘 뽑아내는 것도 교사에게 필요한 능력이다. 핵심어 위주로 구조화된 판서를 하면 이런 능력까지 돋보이게 되니 일거양득이다.

③ **선, 도형, 표를 활용하라.** 훨씬 더 직관적이고 정돈된 느낌을 준다. 긴 글보다 화살표 하나가 더 큰 역할을 할 때도 있다.

④ **색을 활용하라.** 교과서 내용, 학생 발표, 교사의 정리 등을 다른 색으로 판서하면 층위가 구분되어 다양한 상호작용을 판서에 녹일 수 있다. 평소에 2~3가지 색상에 의미를 붙여두고 연습하면 실전에서 헷갈리지 않고 잘 활용할 수 있다. 다만, 시험장에 따라서는 색깔 분필이 없을 수도 있으니 그래도 당황하지는 말자.

⑤ **조건을 강조하라.** 말은 한번 지나가면 다시 들을 수 없다. 혹시 채점자가 실연자의 말을 놓칠 수도 있다. 이때 판서가 보험이 된다. 문제에서 제시하는 조건을 충실히 지켰다는 증거를 판서로 남기는 것이다. 억울한 감점을 막을 수 있다.

판서는 상황에 따라 유연하게

판서는 수업의 흔적이다. 이러한 판서에 공을 들이는 것은 유의미하다. 다만 판서 때문에 조건을 놓쳐서는 절대 안 된다. 2차 수업 실연에서 가장 중요한 것은 시간 안에 조건을 지켜 실연하는 것임을 잊어서는 안 된다.

조건을 지켜 실연하기만 해도 시간이 촉박할 것 같다면 판서를 일부 생략해도 괜찮다. 그러나 이때도 구획은 정확히 나눠서 "이 자리에 이걸 판서할 겁니다."라고 간접적으로 밝혀야 한다. 그런 의미에서 단원명이나 학습 목표를 간단하게라도 적는 게 좋다.

060

판서, 글씨를 못 쓰는데 어떻게 하면 좋을까요?

↳ 악필이라 점수 깎이면 어떡하지?

↳ 설마 판서 글씨를 못 쓴다고 떨어지겠어?

판서 글씨체 때문에 걱정하는 수험생들이 있다. 아무래도 후광 효과가 있지 않을까 하는 불안한 마음에 판서를 최대한 줄이거나 글씨체를 바꾸기 위해 연습하기도 한다. 과연 글씨체가 시험에 영향을 미칠까?

≫ 알아보기 쉬운 글씨

판서 글씨 자체가 당락을 좌우하진 않는다. 그래도 신경은 써야 한다. 판서의 본래 목적을 생각하면 너무나 당연한 얘기다. 판서는 학생들의 학습을 돕기 위해 수업 내용을 시각화하는 것이다. 그런데 글씨체가 엉망이라서 판서 내용을 알아볼 수 없다면 무용지물이 되고 만다. 글씨가 화려하고 예쁠 필요는 없다. 한눈에 쉽게 알아볼 수 있으면 된다.

» 글씨 연습 5계명

화려하고 예쁜 필체를 가지려면 오래 연습해야 한다. 하지만 알아보기 쉽게 쓰는 건 잠깐의 연습으로도 가능하다. 어렵지 않다.

① **글씨 크기를 일정하게 쓰라.** 칠판을 자세히 보면 줄이 있다. 그 줄을 기준으로 일정한 크기로 쓰면 보기에 깔끔하다.

② **줄을 잘 맞춰서 쓰라.** 판서 초보들은 글씨가 오른쪽 위로 올라가는 경향이 있다. 칠판에 줄이 있으니, 거기에 맞춰서 쓰면 단정해 보인다.

③ **글자의 윗부분이 기준이다.** 글자의 아래를 기준으로 줄에 맞추려고 하면 글자 처음을 어느 위치에서 시작할지 가늠하기 힘들어서 결국 들쭉날쭉하게 된다. 글자의 위를 줄에 맞추면 글자를 시작하는 위치에 줄이 있으니 훨씬 더 쉽게 맞출 수 있다.

④ **세로선을 연습하라.** 한글에서 가로선은 그리 길지 않아서 삐뚤어져도 표가 잘 나지 않는다. 그런데 세로선은 다르다. 세로선이 반듯해야 판서가 전체적으로 단정해 보인다. 이건 칠판이 아니더라도 어디서든 연습할 수 있다. 평소에 꾸준히 연습하자.

⑤ **획순에도 신경 쓰라.** 특히 'ㅂ', 'ㄹ'을 정확하게 쓰자. 이게 글씨체보다 더 치명적일 수 있다. 평소에는 약식으로 쓰더라도 시험에서는 주의하는 게 좋다.

» 열린 판서 자세

글씨체 못지않게 판서하는 자세도 중요하다. 학생들을 등지고 판서를 하면 칠판을 가릴 뿐만 아니라 학생과 단절되어 보인다. 학생들을 향해 열린 자세로 판서하면 눈을 맞추며 상호작용하기 좋고 역동적으로 보일 수 있다. 열린 자세로 또박또박 판서할 수 있도록 연습하자.

》 시험장 칠판에 대비하기

시험장과 유사한 환경에서 연습해야 한다. 필기구에 따라서 판서 느낌이 완전히 다르기 때문이다. 보통 시험장은 분필 칠판이다. 1차 시험 합격자 발표가 나오면 2차 시험 장소가 공지된다. 그 학교에서 어떤 형태의 칠판을 쓰는지 미리 확인하면 좋다.

용불용설(用不用說)

자꾸 써야 는다. 근육도 그렇고 글씨도 그렇다. 학교에서 수업하다 보면 자기가 쓴 글씨를 자기가 읽지 못하는 학생을 자주 만난다. 그런 학생은 쓰기를 점점 멀리한다. 아이들만 그런 게 아니다. 교사도 글씨에 자신이 없으면 판서를 점점 멀리하게 된다. 처음부터 잘할 수는 없다. 그래도 연습하면 는다. 임용 시험 준비와 기간제 교사를 병행한다면 수업 때 의식적으로 판서를 많이 해보자.

061 악명 높은 경기 2차, 다른 지역과 어떤 점이 다른가요?

ㄴ 나는 2차에는 자신이 없는데, 경기도 임용은 포기해야겠지?

ㄴ 나한테 어려우면 남들한테도 어렵지 않을까?

임용 커뮤니티에는 경기도 2차 시험의 어려움을 토로하는 글이 종 종 올라온다. 전형이 많고 까다로워서 준비가 힘들기 때문이다. 악 명 높은 경기도 임용 2차, 도대체 어느 정도일까?

» 무슨 전형이 이렇게 복잡해!

임용 2차 시험은 평가원 지역과 자체 출제 지역으로 크게 둘로 나 뉜다. 그런데 전형의 수를 기준으로 하면 경기도와 그 외의 지역으 로 분류할 수 있다.

경기도 외	경기도
① 교수–학습 지도안 작성 ② 수업 실연 ③ 심층 면접	① 자기 성장 소개서 ② 수업 실연 ③ 수업 나눔 ④ 심층 면접 ⑤ 집단 토의

경기도 외 지역에서는 일반적으로는 '수업 실연'과 '심층 면접'을 중심으로 평가한다. 여기에 지도안 작성이 포함되느냐 아니냐의 차이가 있을 뿐 대동소이하다.

그에 반해 경기도에서는 요구하는 게 많다. '수업 실연'과 '심층 면접' 이외에도 '자기 성장 소개서', '수업 나눔', '집단 토의'가 있다. 그 가운데 '수업 나눔'은 배점이 적지 않아서 부담이 이만저만이 아니다. '집단 토의'는 코로나19 이후에는 시행하지 않지만, 그렇다고 완전히 사라진 건 아니다. 심층 면접에서는 '자기 성장 소개서'를 기반으로 한 즉답형 문제가 나올 수도 있어서 그것도 준비를 소홀히 할 수 없다.

더구나 이 세 가지 요소는 다른 지역에서 실시하지 않기에 참고할 만한 정보나 자료도 적은 편이다. 수업 실연과 심층 면접을 준비하는 데도 시간이 빠듯한데 세 가지 요소를 더 준비해야 한다. 호락호락하지 않다.

» 무슨 지원자가 이렇게 많아!

경기도 임용 시험에는 전국에서 많은 수험생이 몰린다. 2024학년도 국어과 중등 임용 시험에 지원한 수험생은 전국을 통틀어 5,261명인데, 그 가운데 1,471명이 경기도에 지원했다. 전체 수험생의 3분의 1에 가깝다.

지원자 수가 많은 만큼 1차 합격자 수도 많다. 2024학년도 기준으로 237명이 1차 시험에 합격했다. 다시 말해서 2차 시험 응시자가 237명이라는 얘기다. 그러다 보니 고사실도 스무 개가 훌쩍 넘고

'고사실 운'에 대한 푸념도 심심찮게 들린다. 어떤 고사실에 들어가느냐에 따라 최종 합격 여부가 갈린다는 하소연이다.

소문과 진실 사이

소문은 실제보다 과장되기 쉽다. 경기도교육청에서도 평가의 객관성을 높이기 위해 다양한 노력을 기울이고 있을 테니 떠도는 소문처럼 '복불복'은 아닐 것이다.

그리고 주어진 조건은 똑같다. 준비할 게 많다고 해서 나만 불리한 건 아니다. 똑같이 주어진 상황에서 최선을 다하는 사람이 합격한다. 또 전형 요소가 많기에 어느 하나에서 실수해도 만회할 기회가 남아 있으니, 긍정적으로 생각하자.

↳ 수업을 잘하면 그만이지 뭘 또 나누라는 거야?

↳ 수업 나눔의 목적이 뭘까?

수업 나눔은 2016학년도 임용 시험부터 경기도 2차 전형에 도입되었다. 다른 지역에 없는 독특한 전형이라 수험생들이 많은 어려움을 겪고 있다. 경기도에 지원하기를 망설이게 하는 원흉 가운데 하나다.

» 수업 나눔이란?

수업 나눔이란 교사들끼리 서로의 수업에 관해 이야기를 나누며 성찰하는 활동이다. 일반적으로 수업을 공개한 후 그 수업에 대한 성찰적 대화를 주고받는 방식으로 진행한다. 수업에서 아쉬웠던 점, 좋았던 점 등을 공유하는 과정에서 수업했던 교사뿐만 아니라 수업을 참관했던 교사도 더 나은 수업을 위해 치열하게 고민하게 된다.

» 진행 방식은?

경기도 2차 시험에서는 어떤 방식으로 수업 나눔을 진행할까?

수업 실연 (15분) → 수업 나눔 (10분)

　먼저 15분 동안 수업을 실연한 후, 곧바로 의자에 앉아서 수업 나눔을 진행한다. 즉 내가 한 수업 실연을 스스로 성찰하는 것이다. 그렇다면 내 수업에 대해서 자유롭게 이야기하면 될까? 그렇지는 않다. 수업 나눔을 위한 질문이 따로 있다. 예를 들어 이렇다.

- 에듀테크 활용 측면에서 이 수업의 좋았던 점, 아쉬웠던 점을 두 가지씩 얘기하고, 다음에 다시 수업하게 된다면 어떻게 할 것인지 설명하시오.

- 경기도교육청은 미래 사회가 요구하는 창의융합형 인재 양성에 역점을 두고 있다. 이를 위해서는 창의적 사고 역량이 중요한데, 이런 관점에서 이 수업을 평가하고 보완할 점을 말하시오.

- 이 수업을 진행한 이후 성취 수준에 미도달한 학생이 있다. 이 학생에게 보충 지도를 하고자 할 때 어떻게 수업을 진행할 것인지 밝히시오.

　머릿속으로 상황을 한번 그려보자. 수업 실연이 끝나고 의자에 앉는다. 책상 위에는 종이가 한 장 놓여 있다. 시작종이 울리면 재빨리 종이를 뒤집어서 내용을 확인한다. 질문은 세 개다. 구상부터 답변까지 10분 이내에 마무리해야 한다. 시간이 모자라서 질문 가운데 한두 개를 빠뜨려서도 치명적이지만, 반대로 답변을 끝냈는데 시간이 남아도 찜찜하다. 이런 상황을 염두에 두고 연습해야 한다. 수업 나눔의 답변을 어떻게 구성하면 좋은지는 다음 장에서 정리했다.

수업을 왜 나누지?

실제로 교육 현장에서 수업 나눔은 굉장히 의미가 있다. 전문성 신장에 관심이 있는 교사들이 자발적으로 모여 수업 나눔을 꾸준히 하기도 한다. 경기도교육청에서도 이를 적극적으로 권장하고 있다. 수업을 멋지게 살하는 것을 넘어, 자기 수업을 성찰하고 성장하는 교사인지를 확인하고 싶어서 임용 절차에 이런 단계를 넣었을 것이다. 그러니 수업 나눔에서는 내가 한 수업의 치명적인 단점을 드러내서도 곤란하겠지만, 완벽했다고 자화자찬해서도 곤란하다.

063

수업 나눔, 너무 막막한데 어떻게 대비해야 할까요?

↳ 시간도 없는데 수업 나눔은 언제 준비하지?

↳ 수업 나눔을 효율적으로 준비하는 요령은 없을까?

수업 실연은 수업을 연습하면 된다. 그렇다면 수업 나눔은 뭘 연습해야 할까? 수업 나눔은 내 수업을 성찰하는 활동이라고 했는데, 성찰은 어떻게 하는 걸까?

» 먼저, 수업 실연부터 탄탄하게

영화가 엉망인데 그에 대한 영화평이 훌륭하기는 힘들다. 수업 나눔도 그렇다. 이름부터 보자. '수업 나눔'이다. '수업'이 먼저고 '나눔'은 나중이다. 수업만 알차게 구성해도 수업 나눔은 그리 어렵지 않다.

수험생들이 흔히 저지르는 실수가 있다. 2차 시험을 준비하는 초기에 수업 실연과 수업 나눔을 동시에 연습하는 것이다. 이때는 수업 실연이 엉성할 수밖에 없다. 그런 상태에서 수업 나눔을 연습하면 수업에 대해 깊이 있게 답변할 수가 없다. 알맹이 없이 공허하게 임기응변만 연습하는 셈이다. 그러니 수업 실연의 기본기부터 먼저 탄탄하게 다져야 한다.

» 내 수업을 객관적으로 성찰하기

수업 나눔은 곧 내 수업에 대한 성찰적 말하기다. 잘 성찰하려면 우선 내가 내 수업을 봐야 한다. 수업 실연 장면을 녹화해서 보면서 개선점을 찾아야 한다.

평소에 '좋은 수업'에 대해 고민한다면 내 수업을 더 진지하게 성찰할 수 있다. 고기도 먹어본 사람이 잘 먹듯이, 성찰도 자꾸 해본 사람이 더 잘할 수 있다. 내 수업 영상을 거듭 보면서 이런 점들을 생각해 보자.

- '좋은 수업'이란 무엇일까?
- 내 수업에는 경기도교육청이 지향하는 가치들이 녹아 있나?
- 내가 이 수업에서 가장 중요하게 생각했던 점은 무엇인가?
- 그것이 학생들에게도 잘 전달이 되었을까?
- 내 수업을 통해 학생들은 어떤 배움을 얻을 수 있을까?
- 내 수업에서 더 의미 있는 배움을 유도할 수는 없었을까?
- 이 수업을 다시 한다면 어떻게 보완할 수 있을까?

» 경기도교육청의 시책 확인하기

수업 나눔 질문은 대체로 경기도교육청에서 중요하게 생각하는 가치관을 담고 있다. 따라서 답변에 '경기도교육청의 교육적 지향을 잘 알고 있으며, 그것을 실천하는 교사가 되기 위해 노력하겠다.'라는 마음을 담아야 한다. 이를 위해서는 경기도교육청의 시책을 꼼꼼히 확인해서 거기에 드러난 교육적 가치관을 내면화해야 한다.

» 수업 나눔에 대비한 씨앗 심어두기

수업 실연과 수업 나눔은 바로 이어서 진행된다. 수업 실연에서 적절한 씨앗을 심어두면 곧바로 이어지는 수업 나눔에서 유용하게 활용할 수 있다. 씨앗이라니 무슨 말인가? 이 문제는 다음 장에서 다룬다.

수업 실연과 수업 나눔의 관계

2024학년도를 기준으로 경기도 2차 시험에서 수업 실연과 수업 나눔은 각각 30점이다. 수업 실연만큼이나 수업 나눔을 중요하게 생각한다는 뜻이다. 처음엔 이걸 어떻게 하나 싶어서 어이가 없겠지만, 연습하면 는다. 타고난 순발력이 있거나 아주 똑똑해야만 수업 나눔을 잘하는 건 아니다. 뒤에서 방법을 더 자세히 설명하겠다.

한편, 수업 나눔은 수업 실연에서의 실수를 만회할 기회도 된다. 실수한 부분을 성찰하고 그것을 개선하겠다는 의지를 보이면 좋은 평가를 받을 수 있기 때문이다.

064

**수업 나눔, 대비하려면
어떤 씨앗을 심어야 하나요?**

↳ 수업 나눔을 잘하려면 수업 실연에서 뭘 해야 할까?
↳ 수업에 씨앗을 심으라니, 그게 무슨 말이지?

수업 나눔에서 뭘 물어볼지는 알 수 없다. 하지만 뭘 물어보더라도
대처할 수 있도록 준비하면 된다. 그게 바로 '씨앗'이다. 수업 실연
을 하면서 미리 심어두면 수업 나눔에서 꽃이 핀다.

≫ 씨앗이 왜 필요하지?

수업 실연에서 활동을 마무리하면서 이렇게 덧붙인다고 생각해
보자.

> 오늘 모둠 활동 결과물은 '국어 공부방'에 올려주세요. 다른 모둠의
> 결과물을 비교해 볼 수 있으니 재미있겠죠? 댓글로 피드백을 주고받
> 아도 좋겠네요.

이렇게 말해두면 수업 나눔 때 에듀테크, 동료 평가, 포트폴리오
평가, 과정 중심 평가, 성장 중심 평가, 학생 간 상호작용 등 수많은

주제에 대해 할 말이 생긴다. 이런 씨앗이 여러 개 있으면 어떤 질문이 들어와도 이 씨앗들을 활용해서 당황하지 않고 답변할 수 있다. 특색 있는 학습 활동, 모둠의 도우미 역할, 짝 토론, 수업에서 꼭 지켜야 할 규칙, 에듀테크 활용 등 씨앗이 될 수 있는 건 다양하다.

» 씨앗을 어떻게 준비할까?

첫째, 뿌리가 깊어야 한다. 철학을 담아야 한다는 뜻이다. 씨앗으로 제시하는 활동은 수업에 꼭 필요한 것이어야 하고, 학생들의 성장에도 도움이 되어야 한다. 경기도교육청에서 강조하는 지향성을 담으면 더 좋다. 교사가 갑자기 큰 소리로 구호를 외치는 건 깊이가 얕다. 그런 활동으로는 복잡한 질문에 대처하기 어렵다.

둘째, 나만의 꽃을 피워야 한다. 남을 어설프게 따라 하면 안 된다. 내가 잘 알고, 자신 있게 대답할 수 있는 것을 씨앗으로 심어야 한다. 기껏 씨앗을 심었는데 수업 나눔에서 그걸 잘 설명하지 못하면 오히려 독이 된다. 씨앗을 심는 활동이 중요한 게 아니라 싹을 틔우고 꽃을 피우는 게 중요하다.

셋째, 화려하거나 입이 떡 벌어질 정도로 거창한 활동이 아니라도 된다. 간단하게는 교실의 책상 배치를 'ㄷ' 형태로 배치하기만 해도 학생 중심 수업이나 상호작용 촉진 등 다양한 얘기를 도출할 수 있다.

넷째, 기출 문제를 활용하자. 교육청에서는 공식적으로 수업 나눔 기출 문제를 제공하지 않는다. 하지만 수험생들의 후기에서 단서를 찾는 건 어렵지 않다. 최근 기출 문제를 꼼꼼하게 분석해 보면 일관되게 강조하는 '지향'을 발견하게 된다. 그걸 담을 수 있는 씨앗을 준비하자.

» 실전에서 씨앗 활용 사례

수업 나눔을 위한 씨앗으로 '낱말 통장'을 활용한 사례가 있다. 학습 활동에 등장하는 단어의 뜻을 모르는 학생을 상정하고, 그 학생에게 단어의 뜻을 찾아 자신만의 '낱말 통장'에 정리하도록 지도한 것이다. 모르는 단어를 주도적으로 찾아서 공부했으니 성장 중심 수업이다. 이 과정을 수행 평가에 반영한다면 과정 중심 평가와도 연결된다. 한 학기가 지나면 낱말 통장에 적어놓은 단어가 쌓이니 요즘 화두로 떠오른 문해력에 대한 해법도 될 수 있다. 각자 자신이 모르는 단어를 정리하는 활동이라는 점에서 개인 맞춤형 교육도 될 수 있다. 또한 기초학력 미달 문제와도 관련이 있다.

주객전도는 망하는 지름길

수업 나눔을 너무 의식하다 보면 수업에 자꾸만 기교를 넣으려고 한다. 그건 꼬리가 몸통을 흔드는 격이다. 과한 욕심으로 무리하게 씨앗을 뿌리면 수업의 흐름이 흐트러질뿐더러 학습 목표 달성과도 멀어지게 된다. 그렇게 해서는 좋은 점수를 받을 수 없다. 근본적인 질문을 붙들어야 한다. 이걸 왜 하지? 수업에 대한 철학과 진정성을 보여줘야 한다.

065

**수업 나눔,
어떤 방식으로 답변해야 하나요?**

↳ 수업 나눔도 면접처럼 내 생각을 말하면 되는 거 아닌가?

↳ 10분 동안 3문제면 한 문제에 3분! 답변 구성이 만만찮은데…….

수업 나눔도 평가의 과정이라는 점을 잊어서는 안 된다. 주어진 질문을 중심으로 수업을 성찰하고, 그것이 평가관들에게 잘 전달될 수 있도록 논리적으로 생각을 펼쳐야 한다. 수업 나눔의 틀을 익혀서 활용하면 좋다.

» 수업 나눔 답변을 위한 틀

서론	①	주제와 관련하여 교육계의 최근 흐름 짚기
본론	②	문제에서 요구하는 내용을 그대로 언급하기
	③	문제에서 요구하는 내용을 내 수업에서 찾아서 설명하기
	④	잘한 점 자랑하기
	⑤	아쉬운 점 성찰하기 + 문제에서 추가로 요구하는 내용 답변하기
결론	⑥	주제의 의미와 가치를 다시 강조한 뒤, 포부를 밝히며 마무리하기

①에서 문제의 핵심어를 도출하고, 그 의미를 강조한다. 특히 경기도교육청의 지향을 담으면 좋은 인상을 줄 수 있다.

②에서는 문제를 거의 그대로 되풀이한다. 내가 그 문제에 대해서 답하고 있음을 평가관에게 분명히 인식시키려는 의도다.

③은 ②에 대한 답변이다. 만약 내 수업에서 그 요소를 찾을 수 없다면 그걸 어떻게 반영할 수 있을지 가능성이라도 찾아서 답해야 한다.

④와 ⑤에서는 각각 잘한 점과 아쉬운 점을 분석한다. '첫째, 둘째……'처럼 항목으로 정리해서 말하면 평가관들에게 잘 전달된다.

⑥에서는 서론에서 밝힌 주제의 의미를 다시 언급하고, 그것을 위해서 어떻게 노력할 것인지 포부를 밝히며 마무리한다.

예시 질문

에듀테크 활용 측면에서 이 수업의 좋았던 점, 아쉬웠던 점을 두 가지씩 얘기하고, 다음에 다시 수업하게 된다면 어떻게 할 것인지 설명하시오.

예시 답변

① 요즘 에듀테크를 교육 현장에 활용하려는 움직임이 활발합니다. 특히 경기도교육청에서는 '1인 1기기' 정책을 펼치며 에듀테크 활용을 적극적으로 지원하고 있습니다.

② 저도 에듀테크에 관심이 많아서 제 수업에 적극적으로 활용할 생각입니다. 우선, 제 수업에서 에듀테크를 활용한 부분을 말씀드리겠

습니다.

③ 저는 개인용 태블릿을 활용하여 모둠 활동의 결과물을 학급 온라인 게시판에 게시하도록 지도하였습니다.

④ 에듀테크 활용 측면에서 이 수업의 잘된 점 두 가지는 다음과 같습니다. 첫째, 학생들 간의 적극적인 상호작용이 일어났습니다. 활동 중에 태블릿을 활용하여 '질의응답 게시판'에 고민이나 궁금한 점을 올리도록 했습니다. 여기에 교사나 다른 학생들이 답변을 제공하는 과정에서 유찬이와 재민이는 ……. 학생들은 수업의 주체로서 적극적이고 능동적으로 배움을 얻을 수 있습니다. 이는 경기도교육청에서 가치 있다고 여기는 배움 중심 수업과도 맞닿아 있다고 생각합니다. 둘째, 활동 후에는 모둠 활동의 결과물을 온라인 게시판에 올리도록 했습니다. 그리고 다른 모둠의 결과물을 보면서 댓글로 피드백을 남기도록 했습니다. 이 활동은 학생이 중심이 되는 상호 평가의 측면에서 유의미합니다. 이것이 누적되면 포트폴리오 평가도 가능할 것입니다.

⑤ 하지만 아쉬운 점도 있었습니다. 특히 ……이 아쉬웠고, ……도 부족했습니다. 이 수업을 다음에 다시 해본다면 정보 교과와 융합하여 ……를 시도해 보고 싶습니다.

⑥ 이처럼 교사는 에듀테크를 수업에 적극적으로 활용하여 학생의 배움과 성장을 아낌없이 조력해야 합니다. 경기도교육청의 미래 교사로서 에듀테크 활용 역량을 높이기 위해 …… 하겠습니다. 이상입니다.

이 6단계 틀을 모든 문제에 그대로 적용할 수는 없다. 문제에서 요구하는 내용만 답변하기에도 시간이 빠듯한데, 굳이 물어보지도 않은 걸 나열하느라 시간을 초과하면 안 되기 때문이다. 문제에 맞게 틀을 변형해서 답변해야 한다.

담화 표지 활용하기

구술 언어는 문자 언어와 달리 말할 때나 들을 때 길을 놓치기 쉽다. 자칫 횡설수설하게 될 수도 있다. 그렇기에 서론, 본론, 결론이라는 흐름 안에서 답변을 정리해야 한다. 더불어 평가관들이 내 답변에서 채점 요소를 정확하게 확인할 수 있도록 담화 표지를 활용해야 한다. 평가관들이 힘들여 찾도록 해서는 안 되고 편안하게 찾을 수 있도록 친절하게 제공해야 한다. 담화 표지에 대해서는 뒤에서 다시 다룬다.

066

**자기 성장 소개서,
무엇이고 어떤 방향으로 써야 하나요?**

> ↳ 경기도교육청에서는 왜 이런 걸 요구하는 거지?
> ↳ 내가 성장한 과정을 담아내기만 하면 되는 걸까?

경기도교육청 2차 시험에서는 요구하는 게 참 많다. 그 중 하나가 '자기 성장 소개서'(이하 '자성소')다. 이름만 봐서는 참 막연하다. 정말 내가 성장하면서 겪은 경험을 솔직하게 소개하면 되는 걸까?

» 질문에 답하시오!

우리는 이미 자성소와 비슷한 걸 써본 경험이 있다. 대학 입시 또는 기간제 교사 지원 과정에서 작성했던 자기소개서다. 몇 개의 질문이 있고, 그에 맞춰서 자기를 소개해야 한다. 자성소도 마찬가지다. 질문이 있다. 2020학년도까지는 4문제에 각각 600자 이내로 서술해야 했는데, 그 뒤로 한 문제(1,000자 이내)로 줄었다.

[2024학년도] 경기교육청은 역량 중심 맞춤형 교육을 통해 학생의 역량을 키워가는 정책을 추진하고 있습니다. 이를 위해 필요한 교사

의 역량은 무엇이고, 역량 강화를 위해 어떤 준비를 하고 있는지 제시해 보세요. (1,000자 이내)

[2023학년도] 미래사회 변화에 따른 적합한 교사의 핵심 역량을 제시하고, 그러한 역량을 기르기 위한 구체적인 계획을 서술하시오. (1,000자 이내)

» 과거의 성장? 미래의 성장?

문제를 보면 고개를 갸웃거리게 된다. 내 성장 과정을 묻는 문제가 아니기 때문이다. 어쩌면 경기도교육청에서는 '과거'의 성장 과정이 아니라 경기도교육청 교사로서 '미래'의 성장 가능성을 알고 싶은 게 아닐까?

그러다 보니 주제도 일정한 방향이 있다. 역량 중심 교육, 학생 중심 교육 등 경기도교육청에서 중요하게 여기는 걸 묻는다. 정답도 어느 정도 정해져 있다. 그러니 문제에서 다루고 있는 이론이나 정책이 현장에서 어떻게 실현되고 있는지부터 면밀하게 살펴야 한다. 그러면 교사로서 내가 어떤 역할을 하면 좋을지 길이 보인다. 그걸 내 경험과 엮어서 쓰면 된다. '이제까지 이렇게 해왔는데, 그걸 바탕으로 앞으로 이렇게 하겠습니다.' 그게 핵심이다.

추가 질문의 가능성

코로나19가 창궐하면서 집단 토의와 함께 자성소도 폐지되었다가, 자성소는 2023학년도부터 부활했다. 아직은 자성소에 대한 배점도 없고, 면접 평가 항목에 자성소를 기반으로 추가 질문을 한다고 명시하지도 않았다. 그런데 2024학년도 유의 사항에 이런 내용이 있다.

> 자기 성장 소개서에 기술된 사항에 대한 사실 확인은
> 면접 평가 시 이뤄집니다.

면접에서 이것을 기반으로 추가 질문을 할 가능성을 열어둔 셈이다. 그러니 내가 작성한 내용을 충실히 숙지하고, 그걸 바탕으로 즉답형 문제를 몇 개 만들어 연습해 보는 게 안전하다.

4부

공립 면접,
준비된 교사

067

**면접 질문,
어떤 식으로 구성되나요?**

↳ 면접은 인상이 시원시원하고 말 잘하는 사람이 붙는 거 아니야?
↳ 1차 시험 문제는 전국이 똑같은데, 면접 문제도 그래?

잘 모르는 사람들은 공립 임용 면접을 인상 평가라고 여긴다. 취미는 뭔지, 지원 동기가 뭔지, 이렇게 시시콜콜한 대화를 주고받으며 면접관들이 주관적으로 평가한다고 오해하기도 한다.

》 면접 문제 구성

선발 시험에서 가장 중요한 원칙은 객관성과 공정성이다. '객관성'이란 누가 평가하더라도 같은 결과가 나오는 걸 의미한다. 그렇기에 면접에서 지원자마다 다른 걸 물을 수 없다. 질문에서 요구하는 정답도 어느 정도 정해져 있다. 채점 기준도 명확하다. 지역마다 조금 차이가 있지만 면접 질문은 대체로 '구상형'과 '즉답형'으로 구성된다.

》 준비할 시간을 주지만 호락호락하지 않은 구상형

구상형은 자료나 제시문 등을 읽고 분석하여 답변하는 방식이다.

문제를 받고 나서 곧바로 답변하는 게 아니라 15분 내외로 답변 내용을 구상할 시간을 준다. 이때 종이에 간단히 필기할 수 있다. 대체로 모범 답안이 정해져 있는 경우가 많으므로 문제의 의도를 잘 파악해서 답변을 내놓아야 한다. 꽤 복잡하고 난도가 높은 문제들이 주로 출제된다.

» 모든 수험생의 난제, 즉답형

구상실에서 답변 구상을 마치면 면접실로 이동한다. 이때 면접실 책상 위에는 즉답형 문제지가 놓여 있다. 구상형 문제에 대한 답변을 마치고 나면 즉답형 문제지를 뒤집어 본다. 짧은 시간 안에 답변 내용을 떠올린 다음 체계적으로 다듬어야 한다. 종이와 펜 없이 머릿속으로만.

그래서 즉답형 문제는 대부분 한두 줄 정도의 간단한 문제가 출제된다. 수험생의 교직관이나 경험을 녹여서 답변할 수 있는 문제가 자주 출제된다. 즉답형 문제에 답변하고 나면 추가 질문을 받는다. 귀로만 듣고 멋지게 답변하기란 쉬운 일이 아니다. 하지만 나만 이 문제를 받은 게 아니라는 걸 생각하고 여유를 가지고 대처하면 된다.

» 시도마다 다른 면접

시도마다 면접 내용과 구성이 다르다. 자신이 지원한 지역의 면접 형태를 잘 확인해야 한다. 그것에 따라서 전략이 달라질 수도 있다. 다음 표는 2024학년도 임용 시험 기준이다.

지역	문항 수	구상	면접
평가원	구상형 3문항, 즉답형 1문항	10분	10분
서울	구상형 2문항, 즉답형 1문항, 추가 2문항	15분	15분
경기	구상형 3문항, 즉답형 2문항	15분	15분
세종	5문항 내외(구상형, 즉답형)	15분	15분
대구	평가원 4문항 + 자체 출제 3문항	25분	25분
강원	평가원 4문항	15분	15분

매년 달라지는 전형

임용 2차 시험은 해마다 크고 작은 변화가 있다. 예를 들어, '수업 나눔'은 오로지 경기도 지역에서만 시행하는 전형이었다. 그런데 2022학년도 임용 시험에서 충북 지역에 '수업 성찰'이라는 게 생겼다. 수업 실연을 마치고 주어진 질문에 따라서 자기 수업을 성찰하는 방식이다. 경기도교육청의 수업 나눔과 비슷하다. 그러다가 그다음 해에 수업 성찰이 돌연 사라졌다. 한편, 경기도교육청은 코로나19 이후에 몇 가지 전형을 생략한 채 2차 시험을 진행하다가 2023학년도 임용 시험부터 '자기 성장 소개서'가 부활했다. 지원하는 지역의 공고를 꼼꼼히 확인해야 한다.

068

**면접 준비,
어떤 방향으로 출발해야 하나요?**

> ↳ 면접 준비, 어디서부터 어떻게 하면 될까?
> ↳ 한 달이라는 짧은 시간 동안 연습한다고 면접 실력이 늘까?

면접을 유독 어려워하는 수험생이 많다. 2차 시험이 끝난 직후에는 임용 커뮤니티에 푸념이 쏟아진다. 자기 답변이 마음에 들지 않는다는 하소연이다. 최종 합격 발표 이후에는 합격 수기가 올라온다. 그 답변을 보면 입이 떡 벌어진다. 도대체 뭐가 다른 걸까?

» 그 지역 교사로서의 마음가짐

'그 지역'에 지원했으니 그에 맞는 간절함을 보여줘야 한다. 삶의 터전이 그 지역이라는 물리적 조건뿐 아니라 교육청에서 추구하는 교육의 방향과 내 교직관이 일치한다면 금상첨화다.

교육청의 시책, 교육청에서 발간하는 잡지, 교육감의 신년사 등을 찬찬히 읽어보자. 일관된 방향이 있을 테다. 교육청의 관점을 내면화하고 내가 거기에 준비된 교사임을 보여야 한다. 예를 들어서 경기도교육청에서는 학생은 능동적인 존재이고 교사는 조력자 역할을 해야 한다고 강조한다. 그래서 배움 중심 수업이나 성장 중심 평가를 지향한다. 이런 단어를 답변에 적극적으로 녹여내야 한다.

이것이 임용 합격을 위한 수단에 그쳐서는 안 된다. 교육청의 교육 방향은 오랜 숙의를 거쳐서 나온 것이다. 비교육적이고 부도덕한 방향을 설정하는 교육청은 없다. 그러니 그걸 내 교직 생활의 나침반으로 삼아서 나쁠 게 없다.

» 교사다움, 치열한 고민의 증거

교사를 뽑는 시험이니 '교사다움'을 보여야 한다. 면접 책을 외워서 피상적으로 답변해서는 안 된다. 내가 정말 현장 교사라고 생각하고 답변해야 한다. 그렇게 하면 답변에 '현실성'이 듬뿍 묻어난다. '아, 이 지원자가 이런 것까지 고민했구나! 이 사람이라면 이 정책을 현장에서 잘 실현할 수 있겠네.'라는 인상을 심어줘야 한다.

그렇게 하려면 평소에 '교사다움'을 치열하게 고민해야 한다. 우리 사회에서 일어나고 있는 현상, 학교 현장의 여러 문제에 대해서 '교사다운 태도'로 접근하려는 마음이 생활화되어야 한다. 학부 때부터 교사를 꿈꾸는 동기들과 함께 이런 이야기를 나누면 좋다.

» 구체적인 답변, 합격의 결정타

답변은 구체적이라야 한다. 답변 내용을 교육 현장에서 실현하는 모습이 생생하게 그려져야 한다. "학생들과 자주 상담하겠습니다." 라고 두루뭉술하게 답변하지 말고 "점심시간마다 학생들과 교정을 걸으며 상담하겠습니다. 요즘 힘든 일은 없는지, 고민은 무엇인지, 도란도란 이야기하며 적극적으로 소통하겠습니다."라고 답하는 것이 좋다.

한 걸음 더 나아가 "벼는 농부의 발소리를 듣고 자란다고 합니다."라는 말까지 인용하면 더 좋다. 평소 교육에 대해 깊이 고민하는 수험생이라면 저런 말을 들을 때도 흘려듣지 않는다. 그게 가르치고 배우는 일에 어떻게 연결되는지 생각하고, 그걸 활용하려고 노력한다. 그런 태도는 구체적인 면접 답변으로 드러난다.

모든 일에는 순서가 있다

앞에서 말한 세 가지 항목은 차례가 있다. 먼저 '시도교육청이 지향하는 가치와 정책'을 이해하고 내재화해야 한다. 그렇게 하면 같은 교육 현상을 보더라도 그것을 시도교육청의 관점대로 해석하는 힘이 생긴다. 그런 '교사다움'을 바탕으로 현장을 떠올리며 어떻게 대처할지 '구체적으로 궁리'해야 한다. 면접은 이렇게 세 단계를 내면화하는 방향으로 준비해야 한다.

069

**면접 내용,
어떻게 풍성하게 하나요?**

↳ 최종 합격하고 못 하고는 도대체 어디에서 갈리는 걸까?
↳ 면접에서 할 말이 별로 없는데, 어떻게 풍성하게 만드는 걸까?

면접 준비를 막 시작할 때는 한숨만 나온다. 내용이 풍성하게 떠오르지 않아서 두어 마디 내뱉고 나면 말할 게 떠오르지 않는다. 답변 시간을 채우는 게 까마득하게 느껴진다. 어떻게 하면 답변 내용을 풍성하게 준비할 수 있을까?

» 교사 개인 차원에서

교육의 수준은 교사의 수준을 넘어설 수 없다고 한다. 수업하고, 학생과 관계를 맺고, 학급을 경영하고, 교육 정책을 실현하는 주체는 결국 교사다. 따라서 '교사로서의 나'를 고민하는 게 먼저다.

교사에게 교직관은 매우 중요하다. 교사가 펼치는 모든 활동의 기초가 되기 때문이다. 교사로서 정체성을 형성하는 일은 다른 무엇보다 우선이 되어야 한다.

• 나는 어떤 교사가 되고 싶은가? 왜 그렇게 생각하는가?

- 어떤 교사가 좋은 교사인가?
- 교육관 형성의 계기가 되었던 경험은 무엇인가?
- 나는 학생들의 삶에 어떤 도움을 줄 수 있는가?

이런 원론적인 고민이 실제 답변에 도움이 될까? 갈피가 잡히지 않는다면 기출 문제를 보자.

> **[2017년도 경기]** 교사가 되고 싶은 제자를 어떻게 지도할 것인지 자기 경험과 연계하여 말하시오.
>
> **[2022년도 세종]** 다음과 같이 말하는 학생에게 담임교사로서의 상담 내용을 말하시오.
>
> > 저도 열심히 했는데 옆에 있는 친구가 너무 잘해서 등급이 안 나오는 게 너무 짜증이 나요.

생각보다 질문이 실제적이고 구체적이다. 그러니 고민을 다방면으로 많이, 깊게 해본 수험생이 합격에 한 발 더 다가갈 가능성이 크다.

» 학교 현장 차원에서

교직관을 고민했다면 그걸 바탕으로 학교 현장에서 어떻게 활약할지 생각할 차례다. 학교에서는 상상 이상으로 다양한 상황이 벌어진다. 학생끼리의 갈등을 중재해야 하고, 학부모와의 관계도 신경 써야 하며, 동료 교사와 협력하여 문제를 해결해야 한다. 그러면서도 학생들에게 의미 있는 배움을 제공하기 위해 부단히 노력해야 한다. 교실에서 벌어지는 다양한 상황에 대처하는 법을 다루는 책도 있으니 참고하면 도움이 된다.

» 교육 정책 차원에서

교육부나 교육청에서 연재하고 있는 잡지를 꼭 읽어보자. 그런 자료를 통해 교육정책이 실제 현장에서 어떻게 구현되고 있는지 다양한 사례를 접할 수 있다. 그걸 보면서 나라면 어떻게 할지 궁리해 보자. 교육부의《행복한 교육》, 서울특별시교육청의《지금 서울교육》,《서울교육》등이 대표적이다. 계간 또는 월간이라 교육의 흐름과 시의성 있는 주제들을 잘 반영하고 있다.

그와 더불어 꼭 봐야 할 자료가 해당 지역 교육감의 '신년사'다. 이는 그해의 주요 정책, 관심사를 가장 집약해 놓은 것으로 각 교육청이 펼치는 정책의 근간이 된다. 최근 2~3년 신년사를 비교하면서 흐름을 이해하는 게 좋다.

혼자 준비하기 버겁다면

면접만큼은 독학보다는 공부 모임을 권한다. 그 이유는 다음과 같다.

① 서로의 고민을 주고받으며 내 생각도 그만큼 깊어진다.
② 서로의 풍성한 정보를 공유하면서 내 답변의 폭이 넓어진다.
③ 서로의 멋진 표현을 참고해서 내 답변의 수준도 높아진다.

앞에서도 얘기했지만, 이런 장점을 최대한 살리려면 면접 공부 모임은 다른 교과와 함께 하는 게 유리하다.

070 교육 시책, 그 많은 내용을 달달 외워야 하나요?

↳ 나만의 독창적인 답변이 더 좋은 거 아니야? 시책을 봐야 해?
↳ 도저히 머리에 안 들어와. 이걸 다 외워야 하는 걸까?

시책은 교육청의 정책 모음집이다. 수험생의 공부를 위해 만든 자료가 아니다. 그래서 읽기에 썩 편하지 않다. 게다가 내용은 왜 이렇게 많은지…… 시책을 보고 있으면 돌덩이처럼 마음이 무겁다.

》 벽돌 없이 집을 지어?

관점을 바꿔보자. 집을 지으려면 벽돌이 있어야 한다. 시책은 벽돌과 같다. 물론 딱딱하고 무겁지만 그게 있어야 튼튼한 집을 지을 수 있다. 시책은 교육청이 추구하는 가치, 실제로 추진하고 있는 정책 등을 담고 있다. 따라서 이런 내용을 알아두면 면접 답변에 잘 활용할 수 있다.

그렇다고 해서 시책에 있는 모든 내용을 외우지는 않아도 된다. 면접은 1차 시험처럼 지식만으로 승부가 갈리지는 않기 때문이다. 핵심적인 정책, 대표적인 사례 한두 가지만 기억하고 있어도 충분하다. 암기한 내용을 어떻게 활용하느냐, 그게 훨씬 더 중요하다.

» 벽돌은 벽돌일 뿐, 쌓아야 집이 되지

벽돌을 많이 준비했다고 멋진 집이 저절로 완성되는 건 아니다. 재료가 아니라 그것을 어떻게 활용하느냐? 그게 핵심이다. 그런 맥락에서 시책을 단순히 암기하는 것만으로는 부족하다. 반드시 자신만의 방안을 구체적으로 궁리해야 한다.

어떻게 보면 면접 연습은 '양'이 아니라 '질'이 관건이다. 시책을 많이 외우고 여러 문제로 건성건성 연습하는 것보다는 한두 문제라도 깊이 고민해 보는 게 낫다는 뜻이다. 이렇게 고민의 깊이가 더해지면 정확하게 알지 못하는 시책에 관한 문제가 나오더라도 내가 알고 있는 지식을 활용해서 답변하는 융통성을 발휘할 수 있다.

말하고 싶은 것과 듣고 싶은 것 구분하기

시책을 암기하면 할수록 욕심이 난다. 얼마나 힘들게 암기한 내용인데, 어떻게든 면접 답변에 녹여내고 싶다. 열심히 준비했다는 걸 보여주고 싶기도 하다. 그렇지만 암기한 내용을 욱여넣느라 답변의 체계가 흔들려서는 곤란하다. 내가 '말하고 싶은 것'이 아니라 상대가 '듣고 싶은 것'을 답변해야 한다.

문제의 핵심을 정확하게 파악하고 거기에 꼭 필요한 내용만 깔끔하게 답하면 된다. 물어보지도 않은 내용을 장황하게 설명하다가는 답변이 산으로 갈 수 있다. 집을 지으라고 했더니 벽돌만 산처럼 쌓아놓는 셈이다.

↳ 그 짧은 시간에 제대로 구상해서 답변할 수 있는 사람이 있을까?

↳ 연습할 때 늘 시간이 부족한데 실전에서 어쩌지?

구상형 문제는 답변 내용을 미리 종이에 적으며 체계적으로 조직할 수 있다. 그 대신 문제가 그만큼 까다롭다. 답변 내용을 짜내는 것부터가 쉽지 않다.

≫ 구상형 면접의 어려움

구상형 면접에서는 분석할 내용이 많은 표나 그래프가 자주 등장한다. 구상 시간이 있기에 답변 내용도 그만큼 풍부해야 한다. 구상 시간이 보통 15분인데, 대체로 세 문항이 출제되니 하나에 5분씩이다. 문제를 읽고, 분석하고, 답변의 방향을 설계하고, 답변의 내용과 순시를 다듬어야 하니 5분은 절대로 너녁하지 않다.

실제로 연습 과정에서 많은 수험생이 시간 부족을 호소한다. 특히 마지막 문제를 제대로 구상하지 못했는데 종이 치는 경우가 허다하다. 그 짧은 시간에 어떻게 잘 구상할 수 있을까?

» 약도 그리듯이

발표 수업에서 거의 모든 국어 교사가 강조하는 게 있다. 쓴 글을 보고 읽으면 안 된다는 것이다. 말하기에 익숙하지 않은 학생들은 써서 읽는 걸 편하게 생각한다. 그렇지만 그렇게 해서는 제대로 전달되지 않는다. 준언어적 표현이나 비언어적 표현을 활용할 수도 없다.

그 원칙은 구상형 면접에도 적용된다. 문장으로 쓰면 안 된다. 시간이 부족할 뿐만 아니라 그렇게 써서 보고 읽으면 결코 좋은 인상을 줄 수 없기 때문이다. 변수가 많고 유동적인 구술 상황에서 즉각적으로 대처하기도 어렵다. 한번 말이 꼬이기 시작하면 머리가 하얘진다. 등줄기에서 식은땀이 흘러내린다.

면접에서 구상지는 약도와 같은 역할이다. 가야 할 목적지를 분명히 하고, 거기에 이르는 가장 빠르고 쉬운 길을 또렷하게 표시해야 한다. 그러니 구상지는 최대한 간결해야 한다. 핵심 내용을 개조식으로 적고, 화살표 등의 기호를 적극 활용해야 한다. 평소 연습에서 답변 내용을 약도처럼 간결하게 정리하고, 그 약도를 보면서 최종 목적지를 향해 뚜벅뚜벅 걸어가는 연습을 해야 한다.

» 연습에서는 구상 시간을 줄여서

운동선수는 실전보다 훈련을 더 고되고 혹독하게 한다. 실전에서는 연습한 실력이 전부 발휘되지 않기 때문이다. 연습에서 120%를 해야 실전에서 실력을 100% 발휘할 수 있다.

면접도 마찬가지다. 실전에서는 긴장도 되고, 처음 보는 문제에 당황하기도 해서 연습했던 것보다 고전할 수밖에 없다. 어떤 수험생은 문제를 받고 3분 정도 멍하니 아무 생각이 떠오르지 않았다고 한다. 그런 상황에도 대비해야 한다. 구상 시간으로 15분이 주어진다면 그보다 1~2분 정도 단축해서 연습하자. 느긋하면 안 된다. 빠르게 떠올리고 빠르게 적는 연습을 해야 한다.

이동하는 시간의 가치

구상 시간이 끝나면 종료령이 울린다. 그러면 수험생들은 구상실에서 나와 면접실로 이동한다. 지역이나 고사장에 따라 다를 수 있지만 구상실에서 나와 면접실로 들어가기까지 1~3분 정도의 시간이 소요된다. 이 시간은 너무 소중하다. 허투루 쓰지 말고, 구상한 내용을 되새기거나 미처 구상하지 못한 문제를 머릿속으로 정리하자.

연습할 때부터 강의실 두 개를 빌려서 구상실과 면접실을 분리해서 연습하는 수험생도 있다. 이런 사소한 경험이 실전에서 큰 도움이 된다.

072

즉답형, 순발력이 부족한데 어떻게 하죠?

↳ 즉답형 면접은 순발력이 좋은 사람이 유리한 거 아니야?
↳ 순발력이라는 게 연습한다고 나아질 수 있을까?

즉답형 문제는 그 자리에서 잠시 생각하고 곧바로 답변해야 한다. 그래서 수험생들은 즉답형 문제를 연습하면서 순발력 부족을 원망하기도 한다. 짧은 준비 기간에 순발력을 쑥쑥 키울 수는 없다. 하지만 부족한 순발력을 대신할 방법은 있다.

» 순발력을 넘어 '자툭나'로

즉답형 면접에서는 고민할 수 있는 시간이 매우 짧다. 오래도록 고민해도 적절한 답변을 내놓기 힘든데, 생각할 시간도 없이 바로 답변해야 한다니 어려움은 배가된다.

　방법이 있다. 시험장에 들어가기 전에 머리를 가득 채우는 거다. 내 교육철학은 무엇이고, 학급 경영은 어떻게 할 것인지, 학생 상담이나 학부모와의 소통은 어떻게 할 것인지, 교과 교사로서 어떤 가치관을 지니고 있는지, 교육청의 시책과 면접 책의 내용 지식까지. '자'다가도 '툭' 치면 답변이 줄줄 '나'올 수 있는 경지가 되어야 한다. '자툭나'가 된다면 순발력을 걱정할 필요가 없다.

» 담화 표지로 답변의 방향 알려주기

머리에 내용을 가득 입력해서 '자툭나'의 경지가 되었다면, 그것을 잘 출력해야 한다. 이때는 담화 표지를 활용하면 좋다. 자동차를 운전할 때 깜빡이를 켠다. 깜빡이는 내가 어디로 갈지 다른 운전자에게 알려주어 교통의 흐름을 원활하게 하는 역할을 한다. 구술 상황에서는 담화 표지가 그런 역할이다.

면접은 구술로 진행하는 까닭에 화자와 청자가 내용의 흐름을 놓치기 쉽다. 화자는 까딱하면 삼천포로 빠질 수 있고, 청자는 집중에 실패하기도 한다. 구상형 면접에서는 답변 내용을 미리 조직할 수 있지만, 즉답형 면접에서는 그럴 수가 없어서 더욱 위험하다. 그렇기에 담화 표지를 더 적극적으로 활용해야 한다.

'먼저, 다음으로, 나아가, 이처럼……' 이런 담화 표지를 잘 활용하면 청자에게 답변의 방향을 알려줄 수 있고, 화자 스스로 흐름을 잃지 않고 앞으로 나아갈 수 있다. 또 여러 내용을 열거할 때는 '첫째, 둘째, 셋째……' 순서를 붙이는 것도 좋다.

» 담화 표지를 '나만의 틀'로 활용하기

이런 담화 표지도 즉흥적으로 사용하면 혼란스러울 수 있다. 담화 표지를 '나만의 틀'로 만들고, 그걸 꾸준히 연습해서 익히면 체계적으로 답변하는 데 도움이 된다. 틀을 만든다고 끝이 아니다. 부단히 연습해서 익혀야 한다.

- 서론에서는 '오늘날…', '○○교육청은…'으로 말문을 열겠어.

- 본론에서는 답변의 핵심을 두괄식으로 말하겠어.

- 본론에서 여러 가지를 열거할 때 '…에 대해 세 가지를 말씀드리겠습니다. 첫째… 둘째… 셋째…'처럼 정리해서 답변하겠어.

- 결론에서는 '이처럼…'으로 내용을 요약·정리하겠어.

- 마지막에는 질문에서 제시한 주제를 녹여서 '…한 교사로 거듭나기 위해 노력하겠습니다!'라고 각오를 밝히겠어.

잠깐 생각하고 말하기

충분히 생각하지 않고 일단 말부터 내뱉으면 안 된다. 그러면 말하는 도중에 생각이 막혀서 "어… 음…" 이렇게 머뭇거리게 된다. 말할 내용을 떠올리려고 허공을 멍하게 쳐다보기도 하고, 나도 모르게 손을 만지작거리기도 한다. 문장의 주어와 서술어가 따로 놀아서 중구난방이 될 수도 있다. 이런 상황이 두세 번 반복되면 치명적이다.

질문을 읽고 잠깐 멈춰서 생각하는 시간을 두렵게 여기는 수험생이 있다. 하지만 그 시간은 생각보다 길지 않다. 잠깐 생각하고 답변한다면 오히려 '신중한 사람'이라는 인상을 줄 수도 있다. 다만 "잠시 생각할 시간을 주시겠습니까?" 이런 말은 하지 않는 게 좋다. 그걸 말할 시간에 차라리 침묵하며 조금 더 생각하는 게 낫다.

073

자기 경험을 녹여서 말하는 게 좋다던데 어떻게 하는 건가요?

↳ 말할 만한 경험이 딱히 없는데 지어서라도 말해야 할까?
↳ 현장 경험이 없는데 경험을 녹여 답변하는 건 포기해야 할까?

경험을 녹여서 답변하는 방식은 많이 알려진 요령이다. 조건에 없다면 경험을 필수로 넣어야 하는 건 아니다. 하지만 경험과 엮어서 답변했을 때의 장점이 분명히 있다.

» 경험해 봐야 알 수 있는 것들

직접 경험하지 않으면 알기 어려운 것들이 있다. 내가 다양한 경험을 했고, 그것을 교육과 연결해서 답변할 수 있다면 다음과 같은 점에서 유리하다.

첫째, 구체적으로 답변할 수 있다. 어떤 일을 경험하면 절차나 방법뿐만 아니라 장단점, 고충 등을 속속들이 알게 된다. 이를 활용해 답변을 풍성하게 할 수 있다.

둘째, 답변에 진정성을 담을 수 있다. 공부한 걸 외워서 말하는 게 아니라 경험을 통해 느끼고 성장한 점을 이야기하면 진심이 전달된다. 진정성은 설득력을 높인다.

셋째, 경험자로서의 능숙함을 보여줄 수 있다. 이미 해봤기에 현장에서도 잘할 수 있다는 자신감과 열정을 드러낼 수 있다.

» 경험을 담은 답변 예시

경험이 꼭 교사로서의 현장 경험일 필요는 없다. 대학생 때 했던 교생 실습, 교육 봉사뿐 아니라 교육과 거리가 있어 보이는 동아리 활동, 학생회 활동도 좋다. 중고등학생 때 학생으로서 경험했던 일도 괜찮다. 아래는 경험을 담은 면접 답변의 예시다. 교육 회복 방안을 묻는 문제였다.

교육 회복의 핵심은 '학생이 자기 삶의 주인이 되는 것'이라고 생각합니다. 저는 사제동행 프로그램의 하나로 텃밭 가꾸기를 해보겠습니다. 이 활동을 통해 학생들의 사회성을 함양하고, 심리적·정서적 안정감을 줄 수 있으며, 유능감까지 형성할 수 있기 때문입니다.

교육 실습을 나갔던 학교에는 건물 뒤편에 작은 텃밭이 있었습니다. 방과후에 담임 반 아이들과 텃밭을 가꾸며 많이 가까워졌습니다. 그 과정에서 아이들의 사회성이 향상되는 걸 느꼈습니다. 텃밭을 가꾸는 일에 몰입하면서 심리적·정서적으로 안정된다는 느낌도 받았습니다. 정성을 다해 돌본 작물이 잘 자라는 걸 보면서 커다란 보람과 성취감도 함께 느꼈고, 그건 유능감으로 이어졌습니다.

그 과정을 함께하며 아이들뿐만 아니라 제 마음도 회복되는 걸 느꼈습니다. 짧은 기간이었지만 제게는 잊지 못할 경험이었습니다. 그 경험을 살려서 사제동행 프로그램으로 텃밭을 가꾸며 아이들의 마음을 초록빛으로 회복하는 데에 힘쓰겠습니다.

　여기서는 교생 실습의 경험을 '교육 회복 방안'에 엮었다. 하지만 이 경험은 생태 전환 교육, 인성 교육, 학교 폭력 예방, 학급 운영, 동아리 운영 등 다양한 주제에 두루 활용할 수 있다. 내 삶에서 의미 있는 경험을 정리해 두고, 그걸 여러 주제에 엮는 연습을 하면 실전에서 유용하게 쓸 수 있다.

경험에 취하지 말자!

경험과 연결해서 답변할 수 있는 질문이 나왔다고 신이 나서 그 경험만 구구절절 말하면 안 된다. 경험은 답변의 근거일 뿐, 그 경험을 통해서 말하고자 하는 핵심을 놓치면 안 된다. 간혹 미리 준비하지 않았던 새로운 경험이 실전에서 번뜩 떠오를 때도 있다. 자칫 횡설수설할 위험이 있으므로 신중하게 판단해서 최대한 간결하게 활용해야 한다.

074

**서론, 본론, 결론을 갖춰서
3단 구성으로 말해야 하나요?**

↳ 서론, 본론, 결론을 갖춰서 답변하라는 이유가 뭘까?
↳ 3단 구성으로 답변하면 항상 시간이 부족한데 어쩌지?

면접을 처음 준비할 때는 서론, 본론, 결론을 갖춰서 깔끔하게 답변하려니 여러모로 힘들다. 구상 시간도 더 오래 걸리고 답변 시간도 부족하다. 왜 골치 아프게 3단 구성으로 답변하라는 걸까? 이건 항상 따라야 하는 절대적인 원칙일까?

》 3단 구성의 장점

먼저 화자는 답변 내용을 쉽게 정리할 수 있다. 틀이 없으면 내용이 중구난방으로 마구 뒤섞인다. 그런 상태로 답변한다면 우왕좌왕 헤맬 수밖에 없다. 틀이 있으면 답변의 흐름을 잡기가 쉽고 통일성과 일관성을 갖춰서 답변할 수 있다.

청자가 듣기에도 훨씬 편하다. 서론, 본론, 결론의 3단 구성은 너무나 익숙한 틀이라서 답변의 흐름을 예측할 수 있기 때문이다. 수험생의 답변이 어디로 튈지 몰라서 평가관이 거기에 집중하다 보면 정작 핵심 요소를 놓칠 수 있고, 그렇게 되면 좋은 점수를 받을 수 없다. 평가관들이 편하게 들을 수 있도록 배려하는 건 수험생의 몫이다.

서론에서 주제의 의의를 확인하고, 본론에서 요구하는 답을 명확히 내놓고, 결론으로 답변 내용을 요약하며 마무리한다면 깔끔한 답변이 된다.

≫ 뭣이 중헌디?

임용 2차 시험에서 가장 중요한 요소를 딱 하나만 꼽으라고 한다면 '조건'이다. 조건에서 하라는 걸 충실히 하기만 해도 합격에 성큼 다가선다. 여기서 문제는 '시간'이다. 채점 기준에도 없는 걸 욕심 부리다가 시간이 부족해서 조건을 놓치는 일이 있어서는 절대로 안 된다.

그런데 연습할 때 시간을 초과하는 일이 잦다면 서론과 결론에 너무 힘을 주고 있는 게 아닌지 점검해 보아야 한다. 서론과 결론은 한두 문장으로 아주 짧아도 된다. 핵심은 본론에 있기 때문이다. 무엇이 중요한지를 잘 생각하고 나머지는 과감하게 줄이자.

≫ 3단 구성 말고 다른 틀은?

모든 질문에 똑같은 방식으로 답변하면 지루한 느낌을 준다. 3단 구성뿐 아니라 다양한 방식을 익히면 문제에 따라 다채롭게 활용할 수 있다.

- 문제의 원인을 개인, 학교, 사회 차원으로 나눠서 분석

- 문제 해결 방안을 단기적, 중기적, 장기적 측면으로 제시
- 먼저 핵심을 답변하고 내 경험을 덧붙여 뒷받침

틀이 몸에 익으면

틀을 배우는 이유는 '자동화'와 관련이 있다. 처음에 틀을 익힐 때는 시간이 걸린다. 너무 소모적인 게 아닌지 고개를 갸웃거리게 된다. 하지만 그게 몸에 익으면 그때부터는 따로 애를 쓰지 않아도 술술 나온다. 답변 내용을 훨씬 편하고도 체계적으로 구상할 수 있다.

↳ 나는 말을 자주 더듬는데 어쩌지?
↳ 어떻게 하면 청산유수로 말을 잘할 수 있을까?

면접을 준비하다 보면 스스로가 싫어질 때가 있다. 나는 왜 이렇게 말솜씨가 없을까? 말을 자꾸 더듬고 거슬리는 간투사도 튀어나온다. 시선도 어딘가 불안해 보이는 데다가 문장의 주술 관계도 자꾸 어긋난다. 이를 어쩌면 좋을까?

》 편안한 마음

면접을 연습하면서 말을 더듬는 수험생도 늘 그런 건 아니다. 친구들과 수다를 떨 때는 청산유수로 말을 쏟아낸다. 말솜씨가 없다고 느끼는 건 '면접'이라는 특수성 때문이다. 중요한 시험이니 긴장하지 않을 수 없고, 평소에 청산유수처럼 쏟아내던 말솜씨를 제대로 발휘하지 못하는 것이다.

수영에서 '힘 빼기 3년'이라는 말이 있다. 처음 수영을 배우는 사람은 긴장해서 몸에 힘이 잔뜩 들어가고, 그러면 몸이 굳어서 수영을 제대로 할 수 없다. 긴장이 풀리고 몸에서 힘이 빠지기까지 3년 정도는 꾸준히 수영해야 한다.

면접관 앞에서 긴장되는 건 어쩌면 당연하다. 3년 수영한다는 마음으로 꾸준히 연습해야 긴장이 풀린다. 이때 앞에 누군가를 평가관처럼 앉혀놓고 눈을 맞추며 연습하면 좋다. 도와줄 사람이 없으면 곰 인형이라도.

» 비언어, 준언어부터 다듬기

다음으로 비언어적·준언어적 요소를 다듬자. 이때는 내 면접 모습을 촬영한 영상을 보는 게 도움이 많이 된다. 시선, 표정, 자세, 손동작, 말의 빠르기, 목소리의 크기, 맺고 끊음 등을 두루 살펴서 거슬리는 부분을 고치자. 처음 연습할 때 내 모습을 보면 정말 한숨이 나온다. 평소에 내게 그런 습관이 있는지 몰라서 못 고쳤던 것이지, 내 눈으로 똑똑히 보고 나면 안 고칠 수가 없다.

» 답변 내용은 핵심부터 두괄식으로

면접에서는 무조건 두괄식이 유리하다. 그 이유는 다음과 같다.

첫째, 화자의 처지를 생각해 보자. 긴장은 되고 말솜씨는 부족하니 답변이 어디로 흘러갈지 모른다. 문장을 하나하나 쌓아 올리다가 마지막에 핵심을 '짜잔' 하고 멋지게 말하겠다는 작전은 실패하기 십상이다. 문제에서 요구하는 답변을 먼저 내놓고, 그 뒤에 그것을 뒷받침하는 내용을 보태면 훨씬 홀가분하다.

둘째, 청자로서도 그게 편하다. 평가관들은 수험생이 이 문제의 답을 알고 있는지 촉각을 곤두세우게 된다. 두괄식으로 답을 먼저 제시해 주면 그 뒤에 이어지는 보충 설명은 훨씬 편한 마음으로 들을 수 있다.

셋째, 가장 중요한 '시간' 때문이다. 미괄식으로 답변하겠다고 계획을 세웠는데, 앞부분 설명이 계획보다 길어질 수 있다. 그러면 시간 초과로 정작 중요한 핵심을 말하지 못하게 된다.

꽃보다 단문

글을 잘 쓰는 사람은 문장을 길게 쓰는 힘이 있다. 긴 강처럼 유려하게 흘러가는 문장은 얼마나 아름다운지 모른다. 하지만 글쓰기에 서툰 사람이 길게 쓰면 어떻게 될까? 주어 서술어가 따로 놀고, 무슨 말을 하려는지 종잡을 수가 없다. 그래서 학생들에게 글쓰기를 가르칠 때도 늘 강조한다. 문장은 짧게!

말도 마찬가지다. 말하기를 정말 잘하는 사람은 긴 문장으로 말해도 된다. 그게 아니라면 짧은 문장으로 말해야 한다. 한 문장에 하나의 메시지만 담아야 한다. 두괄식과 단문, 이 두 가지에 청산유수를 이기는 힘이 있다.

> ↳ 이 시간을 어떻게 버티면 좋을까?
> ↳ 이렇게 많이 울어본 건 처음이야. 피 말린다는 말이 이런 걸까?

1차 시험과 2차 시험, 정신적으로 뭐가 더 힘들까? 많은 수험생이 2차 시험에서 더 큰 압박을 경험한다. 2~3주에 불과한 짧은 준비 기간으로 인한 촉박함, 이 문턱만 넘으면 합격에 다다를 수 있다는 간절함, 혼자 조용히 문제만 풀면 되는 1차에 비해서 누군가를 앞에 두고 해야 한다는 부담감……. 불안함과 막막함에 울고 싶을 때도 있다.

» 때로는 달콤한 당근으로

2차 시험을 앞두고 불안하고 막막한 마음은 누구라도 똑같다. 나만 그런 게 아니다. 다른 수험생들도 모두 이런 시간을 견디고 있다는 것, 이 시간만 잘 버티면 합격의 문이 열린다는 것을 생각하면 조금은 위안이 된다.

다윗 왕이 어느 날 반지 세공사를 불러서 명령했다. "날 위한 반지를 만들되, 거기에 내가 큰 전쟁에서 이겨 환호할 때도 교만하지 않게 하며, 내가 큰 절망에 빠져 낙심할 때도 좌절하지 않고 스스로 새로운 용기와 희망을 얻을 수 있는 글귀를 새겨 넣어라!"

반지 세공사는 아름다운 반지를 만들었으나 거기에 새겨 넣을 글귀가 떠오르지 않았다. 며칠을 고민하다가 현명하기로 소문난 솔로몬 왕자를 찾아가 도움을 청한다. 솔로몬 왕자는 이렇게 말한다.

"이 또한 지나가리라!"

» 때로는 따끔한 채찍으로

좀 심하게 얘기를 해보자. 힘들고 막막하다고? 지금은 힘들고 막막하다는 생각조차 사치다. 수영 선수들도 막바지에 이르면 호흡까지 멈추고 전력으로 질주한다. 호흡하는 시간조차 아깝기 때문이다. 지금이 바로 그런 순간이다. 힘들고 막막해서 울고 싶어도, 지금은 참았다가 시험 끝나고 실컷 울자.

» 호랑이 굴에 들어가기

호랑이 굴에 관련된 속담이 둘이다.

호랑이를 잡으려면 호랑이 굴에 들어가야 한다.
호랑이 굴에 잡혀가도 정신만 차리면 산다.

시험이 그렇다. 호랑이 굴처럼 어둡고 무섭다. 앞이 보이지도 않는다. 그래도 그 굴로 스스로 걸어 들어가야 한다. 그리고 그 안에서도 정신을 바짝 차리면 살 수 있다.

정신을 차리는 방법은 간단하다. 지금 해야 할 일을 찾아서 작은 것부터 하나씩 하는 거다. 먼저 전년도 최종 합격자의 수기를 찾아서 무얼 어떻게 준비할지 방향을 잡자. 그리고 서둘러 공부 모임을 만들어 함께 힘을 합쳐 차근차근 준비하자.

면접관 앞에서 불안을 떨치는 방법

첫째, 불안과 싸우려 하지 마라. 면접관들 앞에서 긴장되는 건 당연하다. 누구나 그렇다. 불안과 싸우려고 하지도 말고, 극복하려고 하지도 말고, 당연하다고 받아들이자. 마음이 한결 편해진다.

둘째, 시선을 안배하자. 수업 실연에서도 그렇지만 면접에서도 평가관들을 골고루 바라보는 건 몹시 중요하다. 불안해서 평가관들을 어떻게 보냐고 반문하겠지만, 반대다. 내 눈빛이 흔들리면 마음도 흔들린다. 연습할 때부터 모의 평가관들과 눈을 맞추려고 노력하자.

셋째, 말을 천천히 하자. 사람은 긴장하면 말이 빨라지고, 그러다 보면 실수하고, 그 실수를 만회하려고 허둥대다가 더 엉망진창이 된다. 연습할 때 의식적으로 천천히 또박또박 말하려고 노력해야 한다.

↳ 나는 정장이 없는데, 꼭 사야 할까?
↳ 나는 정장보다는 원피스가 어울리는데, 그거 입으면 안 될까?

'TPO'는 시간(time), 장소(place), 상황(occasion)에 따라 적절한 옷을 입으라는 말이다. 여기서 고민이 있다. '상황'을 어떻게 볼 것이냐이다. '평가' 상황에 무게를 두고 정장을 갖춰 입으려는 수험생이 많다. 비싼 정장을 새로 맞추기도 한다. 꼭 그래야 할까?

» 저렇게 입고 수업한다고?

평가관들은 대부분 '수업' 상황을 염두에 둔다고 한다. 실제로 임용 2차 시험에 채점관으로 다녀오신 수석 교사로부터 이런 얘기를 들었다.

> "왜 그렇게 불편한 복장으로 수업하는지 모르겠어요. '정말 저런 복장으로 수업할 건가?' 이런 생각이 들죠. 수업하기에 적당한 복장이면 좋겠어요."

'수업' 실연에서 수업하기에 불편한 옷을 입는다면 그건 '상황'에 맞지 않는 복장이다. 평가관들에게 좋은 인상을 줄 수 없다. 그렇다고 찢어진 청바지나 면바지도 곤란하다. 교사들은 교단에 설 때 단정하게 입으려고 노력한다. 그게 학생에 대한 예의이기 때문이다. 편한 복장이 좋다고 해서 그 선을 넘어서는 안 된다.

색상도 그렇다. 흔히 검은색이나 어두운 계열의 옷이 무난하다고 권한다. 하지만 그렇게 입으면 오히려 위축되어 보이는 사람도 있다. 사람마다 잘 어울리는 색이 있고 그렇지 않은 색이 있다. 그에 맞춰 입으면 된다.

단정한 것만큼이나 몸에 잘 맞고 편한지도 고려해야 할 요소다. 옷을 새로 샀다면 꼭 미리 입고 연습해 보자. 팔이 잘 올라가지 않아서 판서에 방해되지 않은지, 구두 때문에 발이 아파서 순회가 어렵지는 않은지 점검해 보자. 걸을 때마다 '또각또각' 소리가 나는 구두를 볼 때 평가관들이 이렇게 생각하지 않을까? '저러고 수업한다고?'

» 장신구나 머리 모양은?

몸에 지니고 있어야 마음이 편한 물건이 있다면 착용해도 괜찮다. 의미 있는 반지나 소중한 사람이 선물해 준 목걸이가 마음의 안정을 주기도 한다. 수업 상황에 어울리지 않을 정도로 과하지만 않으면 된다.

머리 모양도 수업 상황에 적합하면 된다. 앞머리가 자꾸 흘러내려서 방해된다면 깔끔하게 넘기자. 평소처럼 앞머리를 내리는 게 마음이 편하다면 그것 또한 괜찮다. 단정하고 수업 진행에 불편하지 않다면 머리 모양이 문제가 되지는 않는다.

늘 생각해야 할 것은 '수업' 상황이라는 점이다. 너무 튀어서 학생들의 집중을 깨뜨릴 수 있는 장신구, 머리 모양, 화장은 적절치 않다. 수업 실연 전에 미용실에서 '관리'를 받는 수험생도 있는데 평가관들이 보기에 부담스러울 수 있다. 그 시간에 수업 실연을 한 번 더 연습하는 게 현명하다.

» '적당히'가 어렵다면

중고등학생들이 교복을 편하게 생각하는 이유는 뭘 입을지 고민하지 않아도 되기 때문이다. 내게 어울리면서도 튀지 않는 복장을 선택하기가 생각처럼 쉽지 않다. 그럴 때는 정장이 무난하다. 고민을 덜어주기 때문이다. 반드시 정장을 입어야 하는 것도 아니지만, 정장을 입어서 안 될 이유도 없다. 복장은 그런 것이다. 거듭 강조하지만, 중요한 건 수업이다.

면접에서는

수업 실연에서는 수업하기 편하면서도 단정한 복장이 좋다. 면접에서라면 조금 더 예의를 갖춘 복장이 어울린다. 상황에 따라 적합한 복장이 달라지기 때문이다. 그러나 이때도 너무 지나칠 필요는 없다. '모델'이 아니라 '교사'를 선발한다는 걸 잊으면 안 된다.

5부

사립 자소서, 나는 누구인가?

**내게 맞는 학교는
어떻게 찾을 수 있나요?**

ㄴ 조건 따지지 말고 합격 가능성이 높은 학교에 지원해야겠지?
ㄴ 정보가 별로 없는데 이상한 학교에 걸리면 어떡하지?

사립학교에 지원한다는 건 평생 근무할 직장을 선택한다는 의미다. 단순히 임용 합격 가능성을 높이기 위해 카드를 하나 늘리는 차원의 문제가 아니다.

》 사립학교에 지원하는 마음가짐

나와 잘 맞는 학교일지 고민하지 않고 합격 가능성이 높아 보이는 학교에 지원하는 건 좋은 '합격' 전략일 수는 있지만 좋은 '인생' 전략은 아니다. 어떻게든 합격부터 하자는 생각으로 사립학교에 덜컥 채용되었다가 그 학교와 맞지 않아서 다른 길을 고민하는 교사도 많다. 따라서 '애정을 가지고 다닐 수 있는 학교'를 골라서 지원해야 한다.

》 나와 잘 맞는 학교인지는 어떻게 파악할까?

학교에 대한 정보는 어디서 얻을 수 있을까? 노력하지 않아도 겉으로 보이는 정보들이 있다. 중학교인지 고등학교인지, 여학교인지 남학교인지 공학인지, 종교 재단인지 대학 재단인지 기업 재단인지, 또는 그 밖에 독특한 특징이 있는 학교인지……. 그동안의 교육 경험과 자신의 성향을 고려하여 이러한 범주부터 정리해 보면 선택할 수 있는 학교의 폭이 많이 좁아진다.

그 뒤에는 열심히 발품을 팔아야 한다. 지인, 학교 홈페이지, 학교 알리미, 신문 기사, 교사 커뮤니티 등을 적극적으로 활용해서 정보를 모으면 그 학교의 분위기, 그 학교가 중시하는 교육관 등을 대략 파악할 수 있다. 내가 꿈꾸는 교육을 마음껏 펼칠 수 있는 학교인지를 기준으로 두고 학교의 여러 정보를 살펴보기를 추천한다.

» 잘 맞는 학교를 만날까? 만들까?

최선을 다해서 잘 맞는 학교를 찾아보려고 하지만, 사실 직접 부딪혀 보기 전에는 그 학교에서 일어나고 있는 일을 속속들이 다 알 수 없다. 누군가는 최고의 학교라고 하지만 나에게는 최악일 수도 있고, 반대일 수도 있다. 당장은 괜찮다가 나중에 힘들어질 수도 있다. 미래를 알 수 있는 사람은 없다. 또한 모든 영역에서 완벽한 학교도 없다. 공립이라면 이 학교에서 마음에 들지 않았던 부분을 다음 학교에서 충족할 수도 있겠지만, 학교를 이동하지 않는 사립에서는 그럴 수도 없다.

어쩌면 최고의 학교는 만나는 것이 아니라 내가 만들어가는 것일 수도 있다. 이것도 이상하고, 저것도 문제고…… 이렇게 불만을 품기 시작하면 끝이 없다. 점점 더 안 좋은 점이 보인다. 불만은 불만을 먹고 자란다. 신중하게 선택하되, 일단 선택했으면 그 안에서 최선을 다하려는 마음가짐이 필요하다.

미리 겁먹지 말자

사립학교에 대한 소문이 많다. 주로 보수적인 문화에 관한 것이다. 하지만 직접 겪어보지도 않고 '사립'이라는 이유만으로 미리 겁낼 필요는 없다. 잘 맞는 사립학교를 만나서 자신이 꿈꾸던 교육 활동을 펼치고 있는 교사들이 더 많기 때문이다.

사립학교의 장점 중 하나는 구성원들이 '우리 학교'라는 소속감과 애정을 바탕으로 학교와 학생의 발전을 위해 진심으로 노력한다는 것이다. 그런 선배 교사들로부터 교사로서, 인간으로서 배울 점이 참 많다. 사립학교이기 때문에 이런 분들과 헤어지지 않고 오래도록 함께할 수 있다.

079 나이, 성별, 학벌의 불리함을 어떻게 극복할 수 있나요?

> ↳ 내가 남자라서, 또는 여자라서 불리하지 않을까?
> ↳ 나이 때문에 안 되지 않을까? 이 정도 학벌로 가능할까?

사립학교에 지원할 때는 제출해야 할 서류가 많다. 지원자의 신상 정보도 당연히 노출되고, 그것이 채용에 영향을 미치는 것도 사실이다. 그렇기에 지원자들은 자신의 조건을 살펴보며 걱정이 깊어지곤 한다.

» 사립은 보통 이런 사람을 선호하잖아?

자기가 가진 조건이 불리해 보이고, 다른 지원자들의 조건이 유리해 보이는 건 인지상정이다. 게다가 이런 불안을 더 강화하는 소식만 들린다.

'역시' 젊은 사람을 뽑았다더라.
'역시' 경력이 많은 사람을 뽑았다더라.
이번에도 '역시' 학벌 좋은 사람을 뽑았다더라.
남교사 선호한다더니 '역시' 남교사 뽑았다더라.

» 절대적으로 우세한 조건?

채용은 종합예술이다. 한 가지 기준만 보고 선발하지 않는다는 뜻이다. 지원자로서도 사립학교는 평생직장이라 내게 맞는 학교를 신중하게 찾아야 하지만, 평생 같이 근무할 교사를 선택해야 하는 사립학교도 마찬가지다. 교사는 그 학교가 싫으면 사표라도 쓸 수 있지만, 학교에서는 교사가 마음에 들지 않는다고 마음대로 자를 수도 없다. 그러니 신중할 수밖에 없다.

사립학교는 그 학교의 현재 상황에 가장 적합한 교사를 채용하고 싶어 한다. 그 기준이 학교마다 시기마다 달라지는 건 당연하다. 같은 학교라도 3년 전에 필요로 했던 교사와 올해 필요한 교사가 다를 수 있다.

필기시험 점수는 당연히 높을수록 유리하다. 그러나 성별, 나이, 학벌 등에 대해서는 절대적인 우위가 없다. 설령 모든 조건을 정량화할 수 있다고 쳐도, 2차 전형 당일에 보여주는 수업과 면접 실력으로, 혹은 전체적인 분위기나 인상에 의해서도 결과가 달라질 수 있다.

어느 학교에서 젊은 사람을 뽑았다는 소식이 들린다고 해서 나이 하나만 놓고 '역시'라고 생각할 일이 아니다. 다른 지원자들과의 비교 우위, 그 학교의 현재 상황 등 고려할 변수가 너무 많기 때문이다.

» 지금 할 수 있는 걸 하자

바꿀 수 없는 타고난 조건이나 지나온 삶의 흔적 때문에 괴로워할 필요가 없다. 괴로워한들 바꿀 수도 없다. 지금 할 수 있는 일은 자신의 상황이나 교직관에 잘 어울리는 학교를 찾아서 자기를 멋지게 소개하는 글을 쓰고, 수업과 면접을 철저하게 준비하는 것이다. 결과적으로 어떤 학교에 떨어진다고 해도 본인이 걱정했던 그 조건 때문이 아닐 수도 있다. '나는 안 돼!'라고 미리 주눅 든 채 다른 준비를 소홀히 해서 그렇게 됐을 가능성이 더 크다.

　어떤 조건이 유리할지 불리할지 아무도 장담할 수 없다. 심지어 인사권을 가지고 있는 학교의 관리자들조차도 지원자들을 실제로 만나보기 전까지는 누구를 뽑게 될지 모른다. 그러니 사립학교에 지원하겠다고 결심한 이상, 스스로 자기 조건을 섣불리 예단하고 포기하지는 말아야 한다.

불안도, 자만도, 과유불급

내 실력을 자만해서 준비를 소홀히 해서도 안 되겠지만, 조건이 불리하다고 지나치게 걱정해서 내 장점마저 제대로 살리지 못해서도 안 된다. 오래도록 꿈꾸던 교사가 되느냐 마느냐의 갈림길에서, 아무리 마음을 다독여도 불안을 완전히 잠재울 수는 없다. 하지만 그런 마음에 지지 말고, 장점으로 단점을 눌러버리겠다는 각오로 도전하자.

080 지원 동기, 어떻게 써야 나를 잘 드러낼 수 있을까요?

↳ 지원 동기에서 간절한 마음을 어떻게 잘 드러낼 수 있을까?

↳ 적당히 괜찮아 보이는 학교라서 지원한 건데 솔직하게 써도 될까?

'동기(動機)'는 '어떤 일이나 행동을 일으키게 하는 계기'라는 뜻이다. 어떤 계기로 내 마음이 '움직여서[動]' 이 학교에 지원하게 되었는가? 그게 바로 지원 동기다. 지원 동기를 잘 쓰면 심사하는 분들의 마음을 '움직이는 계기[動機]'가 될 수 있다.

» 왜 교사인가? 어떤 교사인가?

우선 왜 교사가 되고 싶은지, 어떤 교사가 되고 싶은지를 충분히 설명해야 한다. 당연한 말이지만 '그 학교의 교사'가 되고 싶은 마음 이전에 '교사'가 되고 싶은 마음이 먼저였을 것이다. 교사라는 꿈을 가지게 된 계기, 그 꿈이 더욱 견고해진 과정, 교사로서 나의 능력, 교사로서 앞으로의 목표 등을 드러내야 한다. 그런 본질적인 꿈과 목표를 이야기하며 교사가 되고 싶은 간절함을 구체적으로 보여주어야 한다.

» 왜 이 학교인가?

다음으로 수많은 학교 중에 '왜 하필 이 학교인가?'를 설명해야 한다. 교사로서의 꿈을 펼치는 데 이 학교가 어떤 점에서 적합하다고 판단했는지 보여주라는 말이다.

이걸 제대로 보여주려면 먼저 그 학교에 대해 제대로 알아야 한다. 학교 홈페이지, 학교 알리미, 교육계획서, 인터넷에 떠도는 사소한 소문, 지인을 통해 얻은 정보, 신문 기사 등 되도록 많은 정보를 조사해서 그 가운데 자신의 교직관과 엮을 수 있는 고리를 찾아야 한다. 특히 그 학교의 핵심 교육관, 특색과 강점, 최근에 주력하고 있는 사업을 찾아서 활용하면 좋은 인상을 줄 수 있다.

이때 주의할 점은 칭찬만 늘어놓으면 안 된다는 것이다. 그 학교가 좋아서 지원하는 게 아니라 나랑 잘 맞아서 지원한다고 말해야한다. 내 교직관과 긴밀하게, 구체적으로 연결해야 한다.

㉮ ○○학교 학생들이 공부를 열심히 한다고 들어서 지원했습니다.

㉯ 공부를 열심히 하는 ○○학교 학생들과 함께 제가 이런 걸 할 수 있겠다고 판단해서 지원했습니다.

㉮는 모든 지원자가 할 수 있는 말이다. 하지만 ㉯는 '수많은 지원자 가운데 왜 당신을 뽑아야 하나요?'에 대한 답이 될 수 있다.

» 사소한 연결고리의 힘

본인이 자라온 지역의 학교라는 점, 모교라는 점, 교육 봉사를 했던 학교라는 점, 지인이 졸업했거나 근무했던 학교라는 점, 같은 재단의 다른 학교를 졸업했다는 점 등 사소해 보여도 자신과 이 학교 사이에 연결고리가 있다면 적극 활용하자. 그 효과는 다음과 같다.

첫째, 이 학교가 자신의 교육관을 펼치기에 적합한 학교라고 주장할 때, 어떻게 이 학교에 대해서 잘 알게 되었는지 이유를 보여줄 수 있다. 둘째, 이 학교에 대해서 남들보다 더 큰 애정을 품고 있었다는 걸 증명할 수도 있다. 사립학교는 학교에 대한 애정을 무척 중요하게 여긴다. 평소에 이 학교를 잘 알고 있었고, 그런 관심과 애정을 바탕으로 최선을 다하겠다고 말하면 진정성이 느껴진다.

이런 연결고리가 있으면 활용하라는 얘기지, 없다고 해서 떨어진다는 의미는 아니다. 실제로 그런 게 하나도 없지만 최종 합격한 사례도 많다. 연결고리든 뭐든 동원할 수 있는 자원을 최대한 적극적으로 활용하겠다는 마음이 중요하다.

지피지기(知彼知己)

나를 알고 적을 알면 백 번 싸워도 위태로움에 처하지 않는다고 했다. 지원 동기는 '지피(知彼)'와 '지기(知己)'로 구성된다. 내가 왜 교사가 되고 싶은가? 어떤 교사가 되고자 하는가? 이건 나를 아는 것이다. 왜 하필 그 학교인가? 이건 적(?)을 아는 것이다. 내가 나 스스로에 대해서, 그리고 내가 근무할 학교에 대해서 이만큼 잘 알고 있다는 걸 보여주는 게 지원 동기의 알맹이다.

081

교육 경력, 중학교에만 있었는데
고등학교에 지원해도 될까요?

↳ 고등학교에서는 고등학교 근무 경력이 있는 사람을 뽑겠지?
↳ 중학교든 고등학교든 내가 열심히 근무했으면 되는 거 아닌가?

이왕이면 다홍치마라고, 모든 영역에서 점수가 완벽하게 똑같다면 중학교 또는 고등학교 근무 경력이 합격에 영향을 미칠 수도 있을 것이다. 하지만 다른 부분에서 이미 차이가 나는 점수를 뒤집을 만큼 결정적인 요소는 아니다. 실제로 중학교 경력만 있는데 고등학교에 합격하거나 그 반대 사례도 아주 많다.

» 교육의 본질에 집중하자

어떤 학교급에서든 '교육'의 본질이 달라지지는 않는다. 중학생이든 고등학생이든 흔들리며 성장해 가는 청소년이라는 점에서는 똑같다. 그러니 어떤 학교급에서든 교사로서의 신념을 지키며 올바른 방향으로 학생을 지도해야 한다는 점에서는 차이가 없다.

어쩌면 면접에서 중학교 또는 고등학교 경력이 없는데 잘할 수 있겠냐는 질문을 받을 수 있으니, 그에 대한 답변을 미리 준비하면 좋다. 대답은 다음과 같이 3단계로 구성하면 좋다.

① 저는 이런 교육관을 갖고 학생을 지도했습니다.

② 이전에는 ○○중학교에 근무했습니다. 그 아이들은 이러저러한
특징을 갖고 있었기에, 그에 맞춰서 이러저러하게 지도했습니다.

③ (제가 지원한) □□고등학교 아이들은 이러저러하다고 알고 있습
니다. 그에 맞춰서 이러저러하게 지도할 계획입니다.

①과 ②는 내가 이미 실천한 과거이고, ③은 미래의 일이다. ③과
같이 □□고등학교에서 열심히 하겠다는 주장에 대한 근거로 이전
에 ○○중학교에서 열심히 했던 경험을 활용하는 방식이다. ○○중
학교가 중학교라서 그에 맞춰 최선을 다해서 교육했던 교사라면, 고
등학교에서도 그에 맞춰 최선을 다하리라는 믿음이 생긴다.

» 중요한 건 실력과 성품

학교 관점에서 생각해 보자. 지원자의 이전 학교 경력은 몇 년에 불
과하다. 그런데 그 교사를 채용하면 그보다 훨씬 더 긴 기간을 동료
로 함께 지내야 한다. 그 교사가 이제까지 어떤 학교에 근무했느냐
도 중요하지만, 우리 학교에서 어떤 교사로 성장할지를 훨씬 더 궁
금해하지 않을까? 관건은 실력과 성품이다.

심지어 환경은 얼마든지 바뀔 수 있다. 단성 학교에서 양성 학교
로의 변화를 시도하고 있는 사립학교도 많고, 같은 사립학교 재단
안에서 중학교와 고등학교 간에 이동할 수도 있다. 그러니 그동안
의 경력에 너무 얽매이지 말고 마음에 드는 학교에 용감하게 지원
해 보자.

» 귀여운 중학생 vs 의젓한 고등학생

중학교 또는 고등학교 경력 유무로 합격·불합격을 미리 점치고 겁먹을 필요는 없지만, 어느 학교급에 지원할지는 충분히 고민해야 한다. 중학생과 고등학생은 여러 면에서 차이가 있기 때문이다.

중학생은 거칠고 서툴러서 가르쳐야 할 게 많고 그 과정에서 교사가 감정 소모를 많이 한다. 하지만 그만큼 순수한 사랑을 주고, 교사의 지도를 쏙쏙 흡수하고 빠르게 성장하기 때문에 가르치는 재미가 있다. 아기 같던 학생들이 의젓하게 성장하는 모습을 보면 그렇게 대견할 수가 없다.

고등학생은 의젓해서 손이 덜 가지만, 그만큼 변화의 여지가 적다. 이미 성인과 유사한 자아를 가지고 있어서 교사의 지도에 따라 획획 변하지 않는다. 그래서 가르치는 재미는 덜하지만, 대신 지도하는 데 노력은 덜 든다. 일방적으로 교사가 학생을 지도하는 게 아니라, 수업과 학급을 함께 꾸려나가는 동료 의식을 느낄 수도 있다.

다른 영역에서는?

여기에서 밝힌 원리는 다른 영역에도 비슷하게 적용된다. 여학교 경력만 있는데 남학교에 지원하거나, 인문계 고등학교에 근무하다 특성화 고등학교에 도전할 수도 있다. 또는 연고가 전혀 없는 지역 학교의 문을 두드릴 수도 있다. 이전에 경험해 보지 못한 환경이라 막막할 수는 있지만 그게 당락을 판가름하는 결정적인 결함은 아니다.

082

교육 경력, 전혀 없다면
자기소개서를 무슨 내용으로 채울까요?

↳ 경력이 없는데, 교육 경험을 통해 얻은 깨달음을 어떻게 적지?
↳ 애초에 경력이 없는 것 자체가 문제 아닐까? 포기할까?

누구나 '처음'은 있다. 지금 사립학교에 근무하는 그 많은 교사도 처음에는 예외 없이 '0'에서부터 시작했다. 교육 경력이 없다면 조금 불리할 수는 있지만, 그렇다고 극복 방법이 없는 건 아니다.

» 교육 경력을 요구하는 질문들

자기소개서에 그동안의 교육 경험을 통해 배우고 느낀 점을 쓰라는 항목이 많다. 예를 들어 이런 질문들이다.

- 자신의 교육관을 쓰고, 이를 구현하기 위해 노력한 점을 쓰시오.
- 담임/교과 교사로서의 지도 경험 또는 지도 계획을 쓰시오.
- 가장 보람 있었던 교육 경험을 쓰시오.

교육 경력이 전혀 없는 지원자는 여기서 불안함을 느낀다. 경력이 없어서 합격하지 못할 거라며 지레 겁을 먹기도 한다. 이 난관을 어떻게 극복할 수 있을까?

» 다양한 인생 경험 활용하기

교육 경험이 꼭 교사로서 학교에 근무한 경력만을 의미하지는 않는다. 대학에서 했던 교육 봉사, 교육실습, 수업 경진대회, 대학생 멘토, 과외…… 이런 다양한 활동이 모두 교육 경험이다. 중요한 것은 교육 경험의 형태가 아니라 내용이다. 어떤 경험이건 그것을 통해 자신의 교직관을 보여주고, 교사로서의 적성과 능력을 갖추고 있음을 알리는 것이 핵심이다.

심지어 교육과 직결된 경험이 아니어도 좋다. 교육과 동떨어진 경험을 이야기하며 그것을 교육과 연결 지으면 오히려 교사라는 꿈에 대한 절실함을 강조하는 효과가 있다. 어떤 활동을 하든 좋은 교사가 되기 위해 늘 고민하고 있었다는 증거이기 때문이다.

아래 예시를 보자. 교육 경력은 전혀 없었지만 인생에서 유의미했던 경험을 활용해서 교사로서의 마음가짐을 밝혔다.

제 특기는 기획력과 실행력입니다. 동아리나 학생회 등 제가 거쳐온 집단에서 다양한 활동을 기획하고 진행하는 것이 늘 즐거웠습니다. 그러한 경험을 통해 스스로가 성장함을 느꼈습니다. (중략)

대학 때는 학과 내의 연극 동아리에서 활동했습니다. 직접 무대에 서는 것보다 전체 무대를 기획하고, 배우와 스태프들이 각자의 역할에서 마음껏 즐길 수 있는 환경을 만들어주는 일에 더 큰 매력을 느꼈습니다. 2학년 때는 동아리 부장을 맡아서 무대를 기획하고 연출

했습니다. 극본, 연기, 무대 장치, 조명, 음향, 소품, 홍보 등 신경 써야 할 일이 많았고, 예상치 못한 문제들도 계속 생겼습니다. 그러나 여러 차례의 검토와 확인을 거쳐 무대를 정교하게 설계한 결과, 역대 최다 관객이라는 성과를 얻었고 관객들에게 좋은 평을 들었습니다.

이 경험을 통해 기획력과 실행력은 연출가가 갖춰야 할 두 날개임을 깨달았습니다. 무대의 모든 상황을 면밀하게 계산해서 시간적·공간적 움직임을 설계하려면 기획력이 필요하고, 기획한 것을 배우와 스태프들이 잘 구현할 수 있도록 이끌려면 실행력이 요구됩니다.

저는 수업이나 학급 운영도 비슷하다고 생각합니다. 교사인 제가 치밀하게 기획하고 학생들과 함께 활발하게 실행해 나감으로써 우리 학생들이 주연 배우가 되는 멋진 작품을 완성하고 싶습니다.

즐거워서 열심히 했을 뿐인데

대학 생활의 다양한 경험은 훗날 어떤 방식으로든 도움이 된다. 연극 동아리가 임용 과정에서 도움이 될 줄을 어찌 알았겠는가? 그때는 그게 재미있어서 열심히 했을 뿐이다. '무엇을' 하느냐가 아니라 그걸 '어떻게' 하느냐가 중요하다. 열심히 노력했다면, 나중에 그 활동에서 교육적 의미를 찾아내는 일은 그리 어렵지 않다.

다른 경험도 마찬가지다. 얄팍하게 이해득실을 따지지 말고 어떤 활동이든 마음을 담아서 열심히 하자. 언젠가는 돌아온다. 그런 경험이 모두 '좋은 사람'이 되기 위한 과정이고, '좋은 사람'이 합격에 한 걸음 더 가깝기 때문이다. 사립학교에서는 그런 교사를 원한다.

083

**교직관,
어떻게 정립해야 할까요?**

↳ 교직관이라고 하면 너무 거창하고 어려운데, 그걸 어떻게 찾지?
↳ 교직관? 그런 건 교사 10년쯤 해야 생기는 거 아니야?

교직관, 다른 말로 교육철학이다. 이건 교직 생활에서 나침반과 같다. 망망대해를 향해 출항하는 배의 선장이 "나침반? 너무 거창하고 어려운 얘기하지 마세요. 일단 10년쯤 바다를 헤매다가 그다음에 좋은 나침반 하나 구해보죠."라고 말한다면 여러분은 그 배를 타겠는가?

» 미리, 언제나 고민하기

교직관을 정립하는 일은 만만치 않다. 어느 날 갑자기 하늘에서 툭 떨어지는 게 아니다. 길고 깊은 고민의 결과로 얻은 깨달음을 압축해야 진정성 있는 교직관이 된다. 그렇게 하려면 교사가 되기로 결심한 그 순간부터 교직관을 고민하기 시작해서, 교사라는 꿈을 향해 달리는 동안 늘 궁리해야 한다. 교사가 되었다고 탐색을 멈추면 안 된다. 끊임없이 성찰하면서 방향을 새로 설정해야 한다. 교직관은 교직 생활의 나침반이기 때문이다.

》 진정성 있고 개별화된 교직관

멋진 명언 가운데 적절해 보이는 걸 교직관으로 선택하는 건 추천하지 않는다. 자신만의 고민과 경험이 녹아 있지 않아서 진정성이 없기 때문이다. 다른 사람의 입에서 나온 명언을 내 교직관인 '척' 내세우지 말고, 내 삶의 밑바닥까지 내려가서 나만이 할 수 있는 개별화된 생각을 길어 올려야 한다. 어떻게 하면 좋을까?

먼저 학창 시절의 경험에서 정식교사와 반면교사를 떠올려 보자.

- 어떤 선생님이 좋았나? 왜 좋았나? 그분의 교직관은 무엇이었나?
- 어떤 선생님이 싫었나? 왜 싫었나? 어떻게 개선해야 한다고 느꼈나?

더 나아가 내 성격으로 보아 학생들의 어떤 부분을 특히 잘 도와줄 수 있을지, 교육에 관한 책에서 읽은 내용 가운데 가슴에 남은 건 무엇인지…… 국어교육과에 진학한 순간부터, 혹은 국어 교사라는 꿈을 가지게 된 학창 시절부터 미리 이걸 고민하면 좋다.

제 목표는 끊임없이 상상하고 공부하는 교사가 되는 것입니다. 학생들이 어떤 마음일지, 학생들에게 무엇이 필요할지, 학생들이 자라서 만나게 될 미래 사회는 어떤 모습일지, 그러한 사회에 대비하려면 어떤 능력을 길러주어야 할지 끊임없이 상상하고 고민하겠습니다. 상상만 하고 이를 뒷받침하는 공부를 하지 않으면 앞으로 나아갈 힘을 얻을 수 없고, 공부만 하고 학생들의 삶에 필요한 게 무엇인지 진정으로 고민하지 않으면 옳은 길을 찾을 수가 없습니다. '상상'과 '공부' 이 둘의 균형을 통해 옳은 방향을 찾아 힘차게 나아가는 교사가 되겠습니다.

교직관을 쓰기 전에 먼저 '교사가 되면 이거 하나는 정말 자신 있다.'라고 내세울 수 있는 게 무엇인지 궁리해 본다. 교직관에는 교사의 응축된 삶이 담겨야 한다.

합격 너머에는 뭐가 있을까?

임용 시험을 준비하는 수험생에게 지상 과제는 '합격'이다. 그렇다면 합격하기만 하면 행복한 삶이 보장될까? 그렇지 않다. '합격'을 궁극적인 목표로 설정해서는 안 된다. 합격 너머를 생각해서 '좋은 교사'를 목표로 삼아야 한다.

교직관은 단순히 임용의 과정을 통과하기 위해 자기소개서에 그럴싸하게 적는 용도로 그쳐서는 안 된다. 앞으로 망망대해와도 같은 교직 생활에서 항해하는 데 길잡이로 삼을 나침반을 마련한다는 마음으로 내 삶을 걸고 진지하게 고민해야 한다.

교직은 생각보다 힘들다. 그만두고 싶을 만큼 고통스러운 순간도 있다. 그걸 견디게 하는 힘이 바로 '교직관'이다. 이게 있어야 교사가 행복하고, 그런 교사를 만난 학생과 학부모도 행복할 수 있다.

084

장점, 자랑 아닌 듯 어떻게
자연스럽게 드러낼 수 있을까요?

↳ 내 장점이 뭐지? 어떤 부분을 강조해야 하지?
↳ 장점을 내 입으로 말하기 머쓱한데 어떻게 써야 할까?

세상의 모든 자기소개서를 한 문장으로 요약하면 '제가 이렇게 훌륭하니 저를 뽑아주세요!'가 아닐까? 기본적으로 자기소개서는 자기 자랑이다. 그런데 어떻게 하면 그걸 낯간지럽지 않게 자연스럽게 쓰느냐가 문제다.

» 무얼 쓸까?

학교에서 일할 때 어떤 장점이 유리할까? 먼저 학교에서의 역할을 생각해 보자. 크게 두 가지다. 하나는 교사고, 다른 하나는 동료이다. 교사로서 학생들을 돌보고 가르칠 때 도움이 될 장점, 또 동료로서 공동체에 잘 어우러지는 데에 보탬이 될 장점을 골라서 써야 한다.

저는 '마음 감수성'이 뛰어납니다. 그래서 상대의 마음이 지금 어떤 상태인지 섬세하게 알아차립니다. 특히 여학생들의 마음을 잘 헤아리는 편입니다. 저도 여고생이었던 적이 있습니다. 그때 제게 고민을 털어놓는 친구들이 많았고, 저와 얘기하고 나면 마음이 편해진다는 얘기를 자주 들었습니다. 이런 경험은 교사로서 학생들을 이해하고 학생들과 관계를 맺는 데 도움이 되리라 생각합니다.

이는 동료 선생님들을 대할 때도 마찬가지입니다. 제 모습을 꼿꼿하게 유지하기보다는, 상대에 맞춰서 편안한 관계를 형성하겠습니다. 제게는 그런 과정이 힘들지 않습니다. 다양한 성향의 사람들과 어울리는 것이 제게는 오히려 삶의 원동력이 되기 때문입니다.

위의 예시는 여자고등학교에 지원할 때 제출한 자기소개서의 일부다. 친화력이 좋고 주변 사람들과 잘 어울린다는 장점을 여자고등학교의 특성에 맞게 썼다. 이처럼 같은 장점을 쓰더라도 '학교 맞춤형 장점'으로 각색하면 훨씬 자연스러워 보인다. 그런데 장점을 서너 가지 쓴다고 할 때, 모든 장점을 강박적으로 학교와 연결하면 역효과가 날 수 있다. 한두 개 정도는 이런 방식으로 제시하면 좋다.

» 어떻게 쓸까?

자기소개서의 목적은 상대방을 설득하는 것이다. 주장만 내세워서는 설득할 수 없다. 그 주장을 뒷받침할 근거를 제시해야 한다. 그렇지 않으면 '떼쓰기'가 된다.

가장 좋은 방법은 내 주장을 입증할 구체적인 일화를 제시하는 것이다. 소설의 서술 방식에 '말하기'와 '보여주기'가 있다. "저는 맡은 일에 최선을 다합니다."라고 말로만 하지 말고, 실제로 어떤 일이 있었는지 생생하게 보여줘야 한다.

　이렇게 하면 내 입으로 내 장점을 말해야 하는 민망함이 어느 정도 줄어들어서 좋다. 장점을 쓰다 보면 자기 자랑을 늘어놓는 것 같아서 낯간지러울 때가 있는데, 이렇게 객관적인 일화를 보여주기 방식으로 제시하면 그런 겸연쩍음이 줄어든다.

　또는 누군가 내게 했던 말을 인용하는 방법도 좋은 전략이다. 내가 직접 한 말이 아니니 쑥스러움은 줄어들고, 더구나 다른 사람이 나를 그렇게 평가한 것이니 신빙성이 높아지는 효과도 있다. 앞의 예시에서도 그 방법을 활용했다.

당당하게 자랑해도 돼!

자기소개서를 읽을 사람들은 내 가족이나 친구가 아니다. 내가 말하지 않으면 그들은 내가 어떤 사람인지를 알 수가 없다. 겸손도 좋지만 이런 자리에서만큼은 당당하게 내 장점을 드러내도 괜찮다. '왜 당신을 뽑아야 하는지 직접 말해보라.'라고 판을 깔아준 자리니 떳떳하게 자랑해도 허물이 되지 않는다는 뜻이다. 지나치게 우쭐대는 모습도 보기 싫지만, 주눅이 든 것처럼 지나치게 자신을 낮추는 모습도 좋아 보이지는 않는다.

085 단점, 사실 그대로 써야 하나요?

↳ 단점을 왜 묻는 걸까?
↳ 내 단점을 정말 솔직하게 말해도 될까?

누구나 단점을 숨기고 싶어 한다. 더구나 합격을 목표로 작성하는 자기소개서에서는 더더욱 그렇다. 쓰라는데 안 쓸 수도 없고, 있는 그대로 쓰자니 내가 너무 한심해 보이고…… 진퇴양난이다.

》 단점을 묻는 이유

학교에서 지원자의 단점을 묻는 이유가 뭘까? 이런 걸 확인하고 싶어서가 아닐까?

- 지원자가 자기 객관화를 통해 자신을 잘 파악하고 있는가?
- 지원자의 단점이 교사로서, 동료로서 치명적이지는 않은가?
- 지원자가 단점을 보완하려는 성찰적인 태도를 지니고 있는가?

》 단점이 없는 사람? 단점을 극복한 사람!

단점이 없는 완전무결한 사람은 없다. 자신의 단점을 알고 있느냐 모르고 있느냐, 그 차이일 뿐이다. 자기 단점을 알고 있는 사람은 그걸 발판 삼아서 더 높이 성장할 수 있다. 그런데 자기 단점을 깨닫지 못한 사람은 그걸 고칠 수도 없어서 주변 사람들을 힘들게 만든다.

학교에서도 단점이 없는 완벽한 사람을 원하지는 않는다. 자신의 단점을 잘 알고 있고 그것을 극복하기 위해 노력하는 사람을 찾는다. 아래 예시에서도 단점을 장점으로 승화하려고 노력하고 있음을 드러냈다.

저는 책임감이 강하고 어떤 일에서든 최상의 결과를 내고자 노력합니다. 이런 성격 덕분에 대학에서 줄곧 장학금을 받았고, 학생회든 연극 동아리든 제가 속한 집단에서 늘 인정받을 수 있었습니다. 반면 이런 성격 때문에 '좋은 결과'에 대한 압박감을 느끼기도 하고, 타인의 평가에도 영향을 크게 받는 편입니다. 또한 시작하면 완벽하게 해내야 한다는 부담감에 새로운 시도를 두려워하기도 합니다. 거듭된 성공의 경험은 '나는 실패하면 안 된다.'라는 족쇄가 되어 저 자신을 옥죄곤 합니다.

성취가 낮은 학생들에게는 '사소한 성공의 경험'을 쌓을 수 있게 해주는 게 좋다고 합니다. 저는 요즘 '사소한 실패의 경험'을 쌓으려고 도전하고 있습니다. 완벽한 결과를 만들어야 한다는 부담감을 버리고 용감하게 다양한 일들에 도전하고, 그러면서 실패도 하고……. 그런 도전과 실패의 경험이 저를 더 단단한 사람으로 만들어주리라 믿습니다.

» 좋은 사람으로 보일 수 있는 확실한 방법

아무리 극복 의지를 밝힌다고 해도 그 단점이 교사로서, 동료로서 치명적이라면 학교로서는 고개를 갸웃거리게 된다. 이기적인 성격, 타인의 말에 귀를 기울이지 않는 똥고집, 무책임과 불성실 등이다.

그렇다면 합격을 위해서는 이런 단점을 잘 숨기면 될까? 그게 쉽지 않다. 평생을 그렇게 살아온 사람이라면 자기소개서뿐만 아니라 면접 과정에서도 그게 은연중에 드러날 가능성이 있기 때문이다.

좋은 사람으로 보이고 싶은가? 정말 확실한 방법이 있다. 좋은 사람이 되는 것이다. 타고난 성격을 완전히 뜯어고칠 수는 없겠지만, 적어도 교사가 되겠다고 꿈꾸기 시작한 그 순간부터는 더 좋은 사람이 되기 위해 노력해야 한다.

<이옥설(理屋說)>에서

사람의 몸도 집을 고치는 일과 비슷하다. 잘못이 있는데도 그걸 깨닫지 못하여 고치지 못하면 곧 그 잘못이 자신에게 미치게 되니, 이는 마치 집의 기둥이 썩어서 다시는 못 쓰게 되는 것과 같다. 하지만 잘못을 알고 고치기를 꺼리지 않으면 다시 좋은 사람이 될 수 있으니, 저 집의 재목처럼 말끔하게 다시 쓸 수 있는 것이다.

086

양식, 자유롭게 쓰라는데
어떻게 구성할까요?

> ↳ 자유 양식이 더 어렵고 막막하네.
> ↳ 그래도 일반적인 양식을 따르는 게 좋지 않을까?

자기소개서가 자유 양식인 학교들이 종종 있다. 얼핏 생각할 때는 원하는 내용만 쓸 수 있으니 더 편할 것 같다. 그러나 수많은 항목 중에 무엇을 골라서 글을 구성해야 할지 고민하다 보면 이 또한 쉬운 일이 아님을 느낀다. 어떤 내용을 어떤 순서로 구성하면 좋을까?

» 법고창신(法古創新)

정조 때 북학파 연암 박지원이 글쓰기의 핵심으로 내세운 말이 '법고창신'이다. 공자는 '옛것을 익혀서 새것을 깨닫자(온고지신, 溫故知新).'라고 했는데, 연암은 거기서 한 걸음 더 나아가 '옛것을 본받아 새것을 창조해 내자.'라고 말했다.

자기소개서 양식이 따로 없다면 평범한 틀을 따르는 게 무난하다. 성장 과정, 성격의 장단점, 대학 생활, 교직관, 앞으로의 교육 계획 등 자신을 드러내는 데 필요한 일반적인 항목들을 충실히 작성하는 전략도 나쁘지 않다.

문제는 거기에 담기는 내용이다. 짧은 글 한 편에 자신을 충분히 담아내고, 더 나아가 왜 나를 뽑아야 하는지 증명해야 한다. 남들이 다 하는 평범한 얘기를 늘어놓아서는 승산이 없다. 나만이 할 수 있는 이야기, 나만의 장점을 돋보이게 드러낼 수 있는 내용으로 채워야 한다.

결론이다. 자기소개서 양식은 독자들에게 익숙한 옛것을 따르되, 그 틀 안에 참신하고 독창적인 내용을 가득 담자. 학교는 생각보다 보수적인 곳이다. 획기적인 양식의 자기소개서를 부담스럽게 여길 수도 있다.

» 첫인상의 힘

그렇다고 옛 양식을 그대로 답습하라는 뜻은 아니다. 자유 양식인 만큼 지원자의 역량에 따라 자기소개서 구성을 달리할 수 있다. 내용뿐만 아니라 목차 구성에서부터 자신의 역량을 보여줄 수 있다는 뜻이다. 이때 꼭 생각해야 할 원칙이 있다.

사회심리학자 솔로몬 애쉬(Solomon Asch)는 심리학 실험을 통해 '초두효과(Primacy Effect)'를 밝혀냈다. 처음 접한 정보가 나중에 접한 정보보다 기억에 더 큰 영향을 미치는 현상이다. 심지어 뇌에 먼저 입력된 정보에 의해 나중에 입력된 정보가 왜곡되기도 한다. 첫인상의 힘이 그만큼 강력하다.

그렇다면 자기소개서에 어떤 걸 먼저 제시해야 할까? 나를 가장 돋보이게 만들 항목을 먼저 내놓아야 한다. 거기서 받은 '강렬한 인상'이 뒤에 제시하는 나머지 항목에까지 영향을 미치기 때문이다.

» 자기소개서는 곧 죽어도 두괄식

첫인상의 힘은 하나의 항목 안에서도 고스란히 작용한다. 두괄식이 진리다. 각각의 항목에서는 강렬한 첫 문장으로 깊은 인상을 남기고, 그 뒤에 뒷받침 문장을 펼쳐서 보완해야 한다. 인사 담당자들의 이야기를 들어보면, 자기소개서에 대한 평가는 처음 한두 문장에서 거의 결정된다고 한다. 첫 문장을 흐릿하게 시작하면 다음 문장이 눈에 들어오지 않는다.

신춘문예 당선 비법

첫째, 첫 문장을 짧게 쓰라. 1970년대 신춘문예 당선작의 첫 문장은 22~39자인데, 최근 당선작은 7~16자가 주류를 이룬다. 단문이 독자에게 강렬한 인상을 심어준다.
둘째, 전칭 구조를 활용하리. 서두를 인상적으로 묘사한 뒤 결론 부분에서 이를 다시 강조하는 방식으로 무게중심을 양쪽 끝에 두라.
셋째, 전문성을 내세워라. 최근 당선작에는 전문직업인이 자주 등장한다. 개인의 전문성과 독자성이 매력의 원천이다.
　　　　　　　　　 － 문학평론가 오창은,《문학사상》 2006년 4월호, 재구성

087

감동을 주는 자기소개서, 핵심 비법이 무엇인가요?

↳ 자기소개서가 무미건조한 것 같은데 괜찮을까?
↳ 이 자기소개서를 읽는 사람에게 감동을 줄 수 있을까?

아리스토텔레스가 내세운 설득 전략 세 가지는 '에토스, 로고스, 파토스'다. 자기소개서에서 내가 얼마나 훌륭한 사람인지(에토스) 근거를 들어가며 조곤조곤 주장했다면(로고스) 마지막으로 남은 건 감성(파토스)을 건드려서 쐐기를 박는 일이다.

》 감동은 나로부터

자기소개서는 교사라는 꿈을 품고 달려온 삶의 과정을 압축적으로 정리한 글이다. 거짓 없이 진실한 나의 모습을 정성껏 꾹꾹 눌러 담은 자기소개서를 읽으면 스스로 감동하게 된다. 읽는 사람에게 감동을 주려면 쓰는 사람이 먼저 감동할 수 있어야 한다.

　내가 쓴 자기소개서를 읽고도 감동하지 못한다면 이유를 찾아야 한다. 진심이 아닌 부분이 있나? 하고 싶은 말을 충분히 풀어내지 못한 건 아닌가? 장황하게 펼치지 않았나? 앞뒤 맥락이 생략되어 논리적으로 엉성하지 않나? 남들도 할 수 있는 평범한 얘기만 쓰고 독자성이 빠지지는 않았나?

》 진심의 힘

자기소개서에 쓴 내용은 진심이어야 하고 '나만의 이야기'라야
한다. 진심이 담기지 않은 말이나 일반적이고 추상적인 말을 늘어
놓는 것으로는 감동을 줄 수 없다.

앞에서 자기소개서에 지원 동기, 교육 경험, 교직관, 장단점 등을
녹여내는 방법을 얘기했다. 그걸 관통하는 핵심은 자신을 성찰하고
어떤 교사가 되고 싶은지 방향을 설정하는 것이다. 그래야 진심을
담은 나만의 이야기를 끄집어낼 수 있다.

》 감정 한 숟가락

자기소개서도 공식적인 문서이니 감정을 배제하고 냉정하게 쓰는
게 좋다. 하지만 마지막에 가서는 '감성적 설득 전략'을 한 숟가락
정도 살짝 첨가해도 나쁘지 않다.

예를 들어 교사를 꿈꾸게 된 계기, 학창 시절 나에게 긍정적인 영
향을 준 선생님, 기억에 남는 학생, 교사가 된 미래의 나의 모습, 첫
수업 때 학생들에게 하고 싶은 말, 늘 마음에 담고 살아가는 좌우명
등을 진심을 담아 이야기하는 것이다.

핵심은 간절함이다. 지원자의 간절함이 심사관들에게 전달된다
면 자기소개서의 설득력이 높아진다. 하지만 과해서는 안 된다. 낯
선 사람이 갑자기 훅 들어오면 누구나 멈칫 물러서게 된다. 심사관
들이 놀라서 흠칫 뒷걸음칠 정도면 곤란하다.

» 마지막 한마디

대입 면접에서 "마지막으로 한 말씀 드리고 싶습니다."라고 당차게 말하는 학생들이 있다. 특별한 사정이 없다면 면접관들은 미소를 띠며 시간을 준다. 이때 참신한 비유나 적절한 유머를 활용해서 자신의 열정을 강조할 수 있다.

자기소개서에서도 '마지막 한마디' 느낌으로 덧붙일 수 있다. 소소하고 담백한 것이라도 좋다. 자기소개서의 전체 내용을 집약하고, 좋은 인상을 남길 수 있는 적절한 문구를 고민해 보자.

맛있는 요리를 완성하는 세 가지

먼저 재료가 신선해야 한다. 요리사의 요리 솜씨도 중요하다. 맛있는 양념이 더해진다면 더 좋다. 이걸 자기소개서에 적용해 보자. 지원자의 경험(에토스)은 요리 재료다. 그걸 논리적으로 세련되게 구성(로고스)하는 건 요리사의 솜씨라 할 수 있다. 감칠맛을 더하는 양념은 감성(파토스) 요소다. 적절한 양념은 요리를 돋보이게 하지만, 지나치면 오히려 요리를 망친다.

합격!

6부

사립 수업 실연,
수업에 대한
진정성

088 사립 수업 실연, 공립과 어떤 점이 다른가요?

↳ 사실 공립 임용에만 초점을 맞춰서, 사립은 잘 모르겠어.

↳ 사립이든 공립이든 거기서 거기 아닐까?

수험생들은 대부분 공립 임용에 무게를 두고 공부한다. 그러다가 덜컥 사립으로 길을 틀어야 하면 몹시 당황한다. 공립 2차 시험에 대해서는 어느 정도 정보가 있는데, 사립 2차 전형은 학교마다 제각각이다. 공립과 사립, 수업 실연에서 어떤 점이 다를까?

≫ 배수에 따른 전략 차이

선발 배수에 따라서 전략을 달리해야 한다. 아래의 두 가지 경우를 생각해 보자.

㉮ 10명 가운데 9명이 붙고 1명만 떨어짐.

㉯ 10명 가운데 1명만 붙고 9명이 떨어짐.

㉮에서는 한 명만 떨어진다. 누가 떨어질까? 튀는 사람 한 명만 떨어진다. ㉯에서는 한 명만 붙는다. 누가 붙을까? 튀는 사람 한 명

만 붙는다. 그러니 ㉮에서는 튀면 안 되고, ㉯에서는 튀어야 산다. 전략이 다르다.

공립 임용에서는 1차 시험을 통해 최종 선발 인원의 1.5배를 뽑는다. 그러면 최종에서 세 명 가운데 두 명이 붙고 한 명만 떨어진다. ㉮에 가깝다. 그러니 튀면 안 된다. 주어진 조건을 잘 지켜서 안전하게 수업을 구상해야 한다. 하라는 걸 안 하면 떨어지는 시험이다.

사립 임용에서는 1차 시험으로 보통 5배수를 선발한다. 다섯 명 가운데 한 명만 붙는다는 얘기다. ㉯에 가깝다. 남들 하는 것처럼 해서는 안 된다. 하라는 것만 해서는 떨어지는 시험이다. 나만의 특별한 비법이 있어야 한다. 이 비법에 대해서는 뒤에서 설명한다.

》 평가 기준에 따른 전략 차이

공립 수업 실연은 다수의 면접관이 다수의 지원자를 채점한다. 대부분 지역에서는 지원자가 여러 고사장으로 나뉘어 들어간다. 그런 상황이니 '평가의 객관성'이 몹시 중요하다. 누가 어느 고사장에 들어가느냐에 따라서 유불리가 달라지면 안 되기 때문이다. 따라서 촘촘한 채점 기준표에 따라 세부적으로 점수를 매긴다. 문제에서 제시한 조건을 지키는 게 몹시 중요하다.

그런데 사립학교는 사정이 다르다. 지원자가 많지 않아서 지원자에 따라서 고사장이나 평가관이 달라지는 일은 거의 없다. 같은 평가관이 모든 지원자를 볼 수 있으니 평가관의 '안목'이 중요하게 작용한다. 물론 사립에도 채점 기준표가 있기는 하다. 하지만 그걸 엄격하게 적용해서 점수를 매기기보다는 '아! 수업 잘하는구나!'라는 느낌이 들면 좋은 점수를 주는 일이 많다.

그러니 사립에서는 공립에서처럼 순회 지도, 상호작용 등에 너무 집착하지 않아도 된다. 사립에서는 그렇게 틀에 박힌 수업 방식에 오히려 거부감을 느끼기도 한다. 실제 수업이 아니라 연극처럼 보이기 때문이다.

» 수업 단계에 따른 전략 차이

공립 수업 실연에서는 주어진 시간 안에 문제의 조건에서 제시한 수업 단계를 모두 펼쳐야 한다. 시간 안에 마무리하지 못하면 크게 감점을 당한다. 그게 평가 기준에 있기 때문이다.

사립에서는 그렇지 않다. 중요한 부분을 충분히, 천천히 설명하는 게 좋다. 학습 활동 1, 2, 3번에 대해 수업하라고 했는데 2번까지만 하고 시간이 다 되더라도 크게 문제가 되지는 않는다. 오히려 짧은 시간에 '도입-전개-정리'를 무리하게 몰아넣으면 수업을 '건성건성' 한다는 느낌이 들어 반감을 사기도 한다.

속력보다 방향

이 책의 머리말에서 어리석은 젊은이 얘기를 했다. 열심히 걷는 것보다는 방향을 잡는 일이 먼저다. 공립과 사립에서의 수업 실연은 방향이 다르다. 먼저 그것부터 생각해야 한다. 열심히 하는 건 그다음이다.

089

사립 수업 실연, 혼자 준비할까요?
공부 모임에 참여할까요?

↳ 공립은 보통 여럿이서 함께 준비하던데, 사립도 그래야 할까?
↳ 사립은 학교마다 유형이 다른데, 같이 하는 게 의미가 있을까?

사립 1차 전형에 합격했다. 기뻐할 틈도 없이 바로 수업 실연을 준비해야 한다. 무엇부터 해야 할까? 공립 2차 전형을 준비하는 수험생들처럼 공부 모임부터 꾸려야 할까?

» 수업 실연, 같이 준비하는 이유는?

우선 수업 실연 모임을 꾸리는 목적을 생각해 보아야 한다.

- 경험이 없거나 적어서 능숙한 동료의 도움을 받기 위해서
- 힘을 합쳐 많은 양의 자료를 모으고 제작하기 위해서
- 수업에 대한 피드백을 주고받으며 수업 능력을 기르기 위해서
- 집단지성으로 출제될 문제를 예측하고 전략을 세우기 위해서
- 서로에게 의지하며 불안한 마음을 함께 달래기 위해서

이런 목적과 더불어 자신의 상황을 종합적으로 고려하여 공부 모

임 참여 여부를 결정해야 한다. 아래의 두 지원자는 같은 해에 같은 학교에 동시에 합격했다. 그런데 선택은 달랐다.

» 기간제 교사 근무 경력이 3년째인 ㉮ 지원자

㉮ 지원자는 사립학교에서 3년째 기간제 교사로 일하고 있다. 수업 경험이 적지 않고, 기간제 교사 선발에 몇 차례 지원하면서 수업 실연과 면접도 많이 경험했다. 사립학교에서만 근무했기에 사립학교가 원하는 인재상도 어느 정도 알고 있었다. 또한 사립학교는 학교마다 수업 실연 유형이 천차만별이고 공개된 기출 문제도 없기에 공부 모임에서 특정한 틀로 연습하는 것이 무의미하다고 판단했다. 그리고 출근하며 수업 실연을 준비해야 하므로 공부 모임에 소모하는 시간과 노력을 아끼고 싶었다. 그래서 공부 모임에 참여하지 않고 혼자 준비했다.

» 교육 경력이 전혀 없었던 ㉯ 지원자

㉯ 지원자는 교직 경험이 전혀 없었다. 실제 수업 경험은 물론, 수업 실연과 면접도 경험해 보지 못했다. 게다가 그동안 공립 임용 위주로 준비해 왔기에 사립학교의 분위기를 잘 몰랐다. 그래서 사립학교에서 근무해 본 적이 있고, 사립 2차 전형에 응시한 경험이 있는 누군가의 도움을 받고 싶었다. 또한 일을 하고 있지도 않아서 공부 모임에 충분한 시간과 힘을 쏟을 수도 있었다. 그래서 공부 모임에 참여했다.

㉮ 지원자와 ㉯ 지원자는 서로 다른 길을 선택했지만 동시에 합격했다. 누구에게나 적용되는 정답은 없다. 내 상황은 내가 가장 잘 안다. 그에 알맞게 선택하고 그 선택을 믿자.

하지만 필요에 따라서는 재빠른 전략 수정도 필요하다. 공부 모임을 하다가 도움이 안 된다고 느낄 수도 있고, 또는 어느 정도 기본기를 닦았다는 자신감이 생길 수도 있다. 그럴 때는 재빨리 판단하자. 반대의 상황도 마찬가지다. 예로 들었던 ㉮ 지원자도 혼자 준비를 시작했지만, 중간에 비대면으로 가볍게 진행하는 공부 모임에 참여하여 자료를 얻어서 활용했다. 내 판단을 믿고 뚝심 있게 나아가되 중간 점검과 보완도 필요하다.

사립학교 2차 전형 vs 기간제 교사 채용

기간제 교사 채용의 수업 실연과 면접이 사립학교 2차 전형과 비슷할까? 학교마다 다르겠지만 후기를 들어보면 대체로 그렇다. 기간제 교사 면접과 수업 실연을 준비할 때 미래에 있을 2차 시험에 대한 연습이라고 생각하고 철저히 준비하면 좋다. 나의 교직관을 고민하고, 좋은 수업에 대해 궁리하고, 자신만의 필승 전략을 만들고, 돌발 상황에 대처하는 돌파구를 미리 마련해 두자. 기간제 교사든 정교사든 공립이든 사립이든 '좋은 교사'를 뽑는다는 점에서 본질은 다르지 않다.

090 교과 영역, 특히 출제 빈도가 높은 영역이 있나요?

↳ 수업 실연에는 아무래도 문학이 출제될 가능성이 높겠지?

↳ 설마 독서나 작문 단원이 나오지는 않겠지?

기간제 교사 채용 과정에서 수업 실연 주제는 대부분 문학이다. 그러다 보니 사립 2차 전형도 비슷하지 않을까 생각하기 쉽다. 과연 그럴까?

» 학교가 중시하는 수업 파악하기

사립학교는 교사 채용에 있어서 무척 현실적인 선택을 한다. 지금 당장 현장에 투입되어 그럴듯하게 수업할 수 있는 교사를 선택한다는 의미다. 지원자가 어느 학교로 발령받을지 알 수 없는 공립과 달리, 사립에서는 그 학교에 지금 바로 필요한 교사를 선발해야 하기 때문이다.

그러니 그 학교에 '어떤 교사'가 필요한지 파악하는 일은 사립학교 임용을 대비하는 첫 단추이다. 아주 쉬운 예를 들어서, 중학교인지 고등학교인지에 따라서 채용을 원하는 교사상이 달라질 가능성이 크다.

» 어디로 튈지 모르는 사립

해당 학교의 지향점을 분석해서 준비했다고 해도 어떤 영역에서 어떤 유형의 문제가 출제될지 장담할 수는 없다. 사립학교는 럭비공과 같아서 어디로 튈지 알 수 없기 때문이다.

공립 임용은 대규모 인원이 체계적인 조직 안에서 출제하기에 해마다 큰 변동이 없다. 하지만 사립학교에서는 그 학교의 몇몇 교사가 머리를 맞대고 출제하기 때문에 출제위원 구성에 따라서도 변동 폭이 무척 크다. 학교에서 중요하게 생각하는 영역을 중심으로 공부하되, 그 외의 영역도 두루 훑어보고 준비해야 한다.

» 수업 실연인데 교과서를 안 줘?

사립학교 수업 실연에서는 일반적으로 교과서를 제공하는 것이 기본이다. 본문일 수도 있고 학습 활동일 수도 있다. 공립 수업 실연과 비슷한 방식으로 교과서를 재구성해서 특정한 조건에서 수업하라고 제시하는 학교도 있다. 그렇기에 지원하려는 학교에서 어떤 교과서를 쓰는지 알아보는 건 매우 훌륭한 전략이다.

그런데 모든 학교가 그렇지는 않다. 심지어 수능 문항을 줄 수도 있다. 지원자로서는 무척 당황스럽겠지만, 대학 입시를 중요하게 생각하는 사립 고등학교라면 굉장히 현실적인 선택일 수 있다. 이래서 그 학교의 성향에 맞춰 준비하는 게 중요하다.

» 애정, 열정, 진심 보여주기

지원자로서는 어떤 영역에서 수업 실연 문제가 출제될지를 예측하는 것이 중요하다고 생각한다. 해당 영역의 지식을 완벽하게 숙지한 상태로 유창한 수업을 선보이고 싶기 때문이다. 그러나 평가관의 관점은 조금 다를 수 있다. 학교 현장에서 아무런 준비도 없이 수업하는 교사는 없다. 해당 내용을 공부하고, 자료를 만들고, 활동을 계획한다. 평가관들도 이걸 알고 있다. 따라서 준비 없이 즉흥적으로 하는 수업이 완벽하기를 기대하지는 않을 것이다.

'국어'에 대한 애정, 수업에 대한 열정, 학생을 대하는 진심, 이런 건 쉽사리 바뀌지 않는다. 따라서 수업 실연에 이러한 부분을 녹여내는 게 더 중요하다. 자신 없는 영역이 출제됐다고 포기하지 말자. '잘 모르지만, 지금은 조금 부족하지만, 그런 상황 속에서도 포기하지 않고 정말 최선을 다하는구나!' 그런 마음이 느껴지면 된다. 중요한 건 태도다.

사립학교 수업 실연의 두 갈래

이 장에서는 '현장 제시형 문제'를 중심으로 설명했다. 학교에 따라서는 일주일 정도 준비 시간을 주고 '사전 제시형 문제'로 수업 실연을 평가하기도 한다. 준비할 시간이 충분하다는 점에서 쉽게 느껴지지만, 그건 다른 지원자에게도 같은 조건이다. 이때는 세세한 수업 기법도 중요하지만, 수업의 철학이 확고해야 한다. 내가 어떤 수업을 구현하고 싶은지, 그걸 통해 학생들을 어떻게 성장시키고 싶은지, 그걸 분명히 정하고 수업을 설계해야 한다.

091

**교과 내용, 너무 방대한데
짧은 기간에 어떻게 공부하나요?**

> ↳ 수업 실연을 위해 교과 내용을 전부 다 다시 공부해야 하나?
> ↳ 1차와는 공부 방법이 다를 것 같은데, 어떻게 공부해야 하지?

말만 유창하게 잘한다고 해서 수업을 잘하는 게 아니다. 수업 실연에서도 1차 시험에서 공부했던 교과 지식을 잘 숙지하고 있어야 한다. 그렇다면 1차 시험을 위해 공부했던 모든 영역을 복습하면 될까?

≫ 수험생에서 교사로 변신할 시간

1차 시험을 위해 오랜 기간 공부해 왔는데, 수업 실연을 위해 교과 내용을 다시 공부해야 하나 싶을 수도 있다. 하지만 지식을 머리에 넣는 것과 이 지식을 활용하여 수업을 기획하는 것은 확연히 다르다. 한 줄로 설명이 될 지식도 학생들에게는 한 시간에 걸쳐 체계적으로 전달하고, 직접 경험하도록 해서 체화시켜야 할 때도 있기 때문이다.

1차 시험에서는 내가 얼마나 잘 알고 있냐를 보여줘야 한다면, 2차 시험에서는 내가 얼마나 잘 가르칠 수 있는지 보여줄 차례다.

지금까지 수험생이던 마음가짐을 이제는 교사로 바꾸어야 한다. 그동안 세부적인 부분까지 꼼꼼하게 외우느라 소모하던 시간과 노력을, 이제는 '이 내용을 어떻게 효과적으로 가르칠까?'를 고민하는 데 써야 한다.

》 선택과 집중

1차 합격자 발표 이후부터 수업 실연 날까지 대체로 열흘 정도의 여유가 있다. 그 짧은 기간 동안 수업 실연과 면접을 함께 준비해야 하는데, 모든 영역의 내용을 꼼꼼하게 암기하고 모든 영역에 대한 수업 지도안을 짜는 것은 불가능하다. 이러한 상황에서 다음과 같은 방법으로 공부하는 것을 추천한다.

- 출제 가능성이 높은 영역과 자신이 없는 영역을 집중적으로 공부하기
- 세부적인 지식까지 다 암기하려 하지 말고, 전체 영역을 훑으며 체계 잡기
- 개론서보다는 교과서와 같은 실제적인 교육 자료를 통해 공부하기
- 틀을 만들어서 어떤 문제가 나와도 대처할 수 있도록 대비하기

》 교과 공부보다 더 중요한 것은

사실 이 시기에 교과 공부에 시간을 너무 많이 투자하는 것은 무의미하다. 그 시간에 수업 틀을 만들어서 실제 수업처럼 연습하고, 면접 준비를 더 하는 게 현명하다. 뭐가 출제될지도 모를뿐더러 지식

만 안다고 해서 수업을 잘하는 것도 아니기 때문이다.

　나의 교직관을 녹여내고 나만의 효과적인 전략을 넣어서 수업의 기본 틀을 만들어두면 아주 효율적이다. 그래야 시험장에서 당황스러운 상황을 만나도 순발력 있게 대처할 수 있다. '수업의 기본 틀'은 중요한 문제라서 뒤에서 따로 다룬다.

어차피 공부하는 김에

수업 실연에 필요한 지식과 1차 시험에 필요한 지식은 본질적으로 다르지 않다. 수험생들은 1차 시험을 위해 오랜 기간 공부한다. 어차피 공부하는 김에 수업 실연 대비도 함께하는 것은 어떨까?

1차 시험에 대비해 공부할 때부터 지금 보고 있는 이 내용을 어떻게 가르칠지 고민해 보자. 개론서와 기출 문제를 공부한 후에 해당 내용을 다룬 교과서와 지도서를 참고하고, 나라면 이 부분을 수업으로 어떻게 구현할지 상상해 보는 것이다. 실제로 수업하는 것처럼 중얼거려 보거나 판서처럼 구조화해서 정리해 보는 것도 좋다.

이는 나중에 있을 수업 실연 준비에 도움이 될 뿐만 아니라, 지금 당장 지루한 공부에 조금이나마 재미를 느끼게도 해준다.

092

수업의 기본 틀, 어떻게 만들까요?

↳ 어떤 수업에서나 써먹을 수 있는 도깨비방망이가 있을까?
↳ 다른 사람의 수업 틀을 그대로 활용하면 되지 않을까?

전래동화에는 도깨비방망이라는 매력적인 물건이 등장한다. 금이 나오라면 금이 나오고 은이 나오라면 은이 나오고, 휘두르는 대로 뚝딱 나온다. 수업에도 그런 게 있다면 얼마나 좋을까? 수업 실연 주제가 뭐든 '뚝딱' 하고 멋진 수업을 구상할 수 있을 텐데.

» 수업의 정수

다음은 공립 수업 실연의 기출 문제 분석에 활용했던 틀이다.

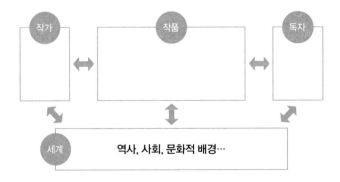

어떤 문학 작품이라도 이 틀을 벗어나는 건 없다. 문학 수업의 정수인 셈이다. 그렇기에 수업 실연 과제로 문학 작품이 제시된다면 이 틀을 이용해서 작품을 분석하고 수업을 설계할 수 있다. 문학 수업의 도깨비방망이라 할 수 있다.

이는 문학의 본질과도 맞닿는다. 이런 틀을 활용해서 문학의 본질을 꿰뚫는 안내부터 시작하는 수업과 무턱대고 작품을 첫 줄부터 해석해 나가는 수업은 그 깊이가 다를 수밖에 없다. '왜 가르치고 왜 배우는가?'에 대한 철학이 있느냐 없느냐? 그 차이이기 때문이다.

》 수업의 기본 틀, 어떻게 만들까?

첫째, 영역마다 정수를 뽑아서 만들어야 한다. 국어 교과는 이에 속한 각 영역이 서로 다른 학문으로 인식될 정도로 독자성이 강하다. 문학 수업의 기본 틀을 문법이나 작문에 적용하기는 힘들다. 그러니 각 영역의 정수가 무엇인지를 고민해서 그걸 도깨비방망이로 활용해야 한다.

둘째, 단순하고 논리적으로 만들어야 한다. 가르치는 교사는 물론 배우는 학생들도 쉽게 기억할 수 있어야 한다. 기억하지 않으면 활용할 수 없기 때문이다.

셋째, 미리 만들어야 한다. 2차 수업 실연이 임박해서는 늦다. 1차 시험을 준비하면서 고민하면 좋고, 학부 강의를 들을 때부터 탐색하면 더 좋다.

넷째, 수업의 기본 틀을 만들었으면 그걸 몸에 익혀야 한다. 그 틀로 지도안을 서너 개 이상 만들어보면서 완전히 내 것으로 만들어야

써먹을 수 있다. 그 과정에서 틀에서 부족한 점을 발견하고 보완할
수도 있다.

왜 다른 영역의 기본 틀은 안 주지?

이 글에서는 문학 영역의 기본 틀만 제시했다. 다른 영역의 기본 틀은 각자
만들어보라는 뜻이다. 너도나도 획일적인 틀로 수업을 구상하면 천편일률
로 흐를 위험이 있기 때문이다.

093 교과 내용, 전혀 모르는 게 주어지면 어떻게 대응해야 하나요?

↳ 처음 보는 문학 작품이 나오면 어떡하지?

↳ 주어진 문제를 못 풀면 어떡하지?

처음 보는 문학 작품, 어려운 독서 지문, 기억나지 않는 문법 지식……. 수업 실연 주제로 이런 게 주어진다면 어떨까? 생각만 해도 아찔하다. 어떻게 하면 이 위기에서 벗어날 수 있을까?

» 본질을 다루는 수업

이럴 때 모르는 내용을 억지로 가르치려고 하면 점점 더 깊은 수렁으로 빠질 수 있다. 일단 발을 빼자. 약간 벗어나서 '본질'을 다루는 수업을 구상해 보면 어떨까?

본질이란 '교사는 이걸 왜 가르치고, 학생은 이걸 왜 배울까?'라는 질문에 대한 답이다. 예를 들어, 문학에 대해서 평소에 그런 고민을 깊이 했다면 모르는 시인의 모르는 작품이 나오더라도 얘기를 풀어나갈 수 있다. 문학의 본질이 무엇인지, 인간의 삶에서 문학이 어떤 의미인지, 그래서 이 수업이 왜 중요한지, 이런 얘기로부터 수업을 풀어가는 것이다. 그러면 시 전체를 완벽하게 해석하지 못해도,

시의 일부만 가지고도 어느 정도 수업을 구상할 수 있다.

공립에서라면 이런 '꼼수'가 통하지 않겠지만 사립이라면 얘기가 다르다. 앞서 말했듯이, 사립학교 2차 수업 실연에서는 평가 기준표의 '조건'보다는 평가관의 '안목'이 더 크게 작용하기 때문이다.

≫ 준비는 미리

시험에 대한 압박감에 치여서 잊기 쉽지만, 사실 임용 공부의 본질이 이것이지 않은가? 시험에 나오기 때문에 공부하는 게 아니라 미래에 이걸 학생들에게 가르쳐야 하기에 공부하는 것이다.

2차 시험을 준비하는 짧은 기간에 이러한 본질적 물음을 붙들고 있기는 힘들다. 1차 시험을 공부하면서부터 미리 고민하면 좋다. 이는 2차 시험을 위한 전략일 뿐만 아니라 1차 공부를 더 깊게 하는 방법이기도 하다. 앞서 얘기했듯이, 학부에서 수업을 들으면서부터 이런 생각을 한다면 더할 나위 없이 좋다.

≫ 다짜고짜 작품 분석부터 하지 않기

평가 상황에서는 긴장할 수밖에 없다. 더구나 모르는 작품을 만나면 마음은 더 조급해진다. 그럴수록 한숨 돌려야 한다. 사립학교에서 수업 실연 평가에 열 번 넘게 참여한 선배 교사는 이렇게 말했다.

"'수업하라니까 그냥 하는구나!'라는 느낌을 받을 때가 많아요. 그런 수업을 보면 가슴이 답답하죠. 수업 준비할 시간이 촉박한 건 알겠어요. 하지만 수업 제재를 받으면 허겁지겁 작품 분석부터 하지 않았으면 좋겠어요. 이걸 왜 가르쳐야 하는지, 이걸 배워서 우리 아이들이 어떻게 성장했으면 좋겠는지, 먼저 그걸 생각하면 좋겠어요. 그걸 염두에 둔 수업과 그렇지 않은 수업은 확연히 차이가 나요. 수업 기술이 좀 부족해도, 그런 철학이 담긴 수업을 보고 나면 속이 후련하죠.

한번은 기간제 선생님을 뽑는데, 백석의 〈멧새 소리〉를 제재로 드렸어요. 지원자 한 분이 휴대폰을 꺼내서 실제로 멧새 소리를 들려주고 수업을 시작하더라고요. 정말 인상적이었어요. 그렇게 시작하면 작품 분석에서 좀 실수가 있어도 너그러워지죠. 그분은 교육 경력이 전혀 없었는데, 어디서 그런 여유가 나왔는지 모르겠어요.”

담대하게 맞서기

앞선 준비 과정을 마쳤다면 마지막으로 '나에게 어려운 건 다른 사람에게도 어렵다.'라는 담대함이 필요하다. 이건 어느 정도 사실이다. 1차 시험을 통과하고 2차 시험까지 도달한 지원자가 교과 공부를 대충 했을 리 없다. 그동안 열심히 공부해서 1차 시험에 합격한 내게 어렵다면, 다른 지원자들이라고 크게 다르지 않을 것이다. 모두가 똑같이 어려워하는 문제를 받았다면, 이제는 순발력과 자신감의 싸움이다. 순발력과 자신감은 철저하고 깊이 있는 준비에서 나온다.

**수업 방식,
강의식이 좋을까요? 활동식이 좋을까요?**

> ↳ 중학교면 활동식 수업, 고등학교면 강의식 수업으로 구성해야겠지?
> ↳ 강의식 수업은 낡은 방식이고, 활동식 수업이 좋은 거 아니야?

수업 실연에서 '강의식 수업'과 '활동식 수업' 가운데 뭘 선택해야 할까? 결론부터 말하자면 어느 한쪽을 선택할 문제는 아니다. 수업 실연의 주제와 상황에 따라서 적절히 섞어서 구성하는 게 좋다. 그렇게 본다면 위의 질문부터 바꿔야 한다. 강의식 수업과 활동식 수업이 아니라 '강의 중심 수업'과 '활동 중심 수업'이다.

» 활동 중심 수업의 장점

학교의 공개 수업을 생각해 보자. 누군가에게 내 수업을 보여주는 일은 무척 부담스럽다. 그럴 때 대부분의 교사는 활동 중심 수업을 선택한다. 교사가 혼자 짊어져야 할 시간이 줄어들고, 교사와 학생 또는 학생과 학생 사이의 활발한 상호작용을 보여줄 수 있기 때문이다. 다시 말해서 보여줄 게 많다. 더구나 학생들이 서로 협력하고 소통하면서 공동으로 문제를 해결하고 그 과정에서 배움을 내면화할 수 있다는 점에서 교육의 본질과도 맞닿아 있다.

» 강의 중심 수업의 장점

강의 중심 수업은 억울하다. 요즘 '강의식 수업'에 대한 비판이 매섭기 때문이다. 하지만 강의 중심 수업이 나쁘기만 한 것은 아니다. 세련되고 체계적으로 구성한 교사의 강의는 어려운 개념을 이해하기 쉽게 풀어서 학생들이 효율적으로 학습할 수 있도록 도와준다.

태권도를 배우러 갔는데 "자! 직접 부딪히면서 배워보세요."라면서 바로 대련부터 시키면 어떻게 될까? 맞고 다치면서 스스로 체득할 수는 있겠지만, 그러기에는 아픔과 상처가 너무 크다. 더구나 더디기까지 하다. 그래서 품새부터 가르친다. 태권도 품새는 수련생에게 '주입'해서 '암기'하도록 해야 한다.

» 둘 다 잘하는 교사

강의 중심 수업을 매끄럽게 잘 끌어가려면 교사의 '강의력'이 필요하다. 활동 중심 수업을 활발하면서도 의미 있게 진행하려면 교사의 '기획력'이 요구된다. 강의력과 기획력은 새의 두 날개와 같다. 한쪽 날개를 버린다면 온전히 날 수 없다. 수업 실연에서도 두 가지를 다 보여줘야 한다.

먼저 주어진 영역과 주제에 적합한 활동을 구상하자. 그리고 그 앞 또는 뒤에 교사의 강의를 연결해 보자. 앞에서도 밝혔듯이, 사립학교 수업 실연에서는 '도입-전개-정리'를 모두 균등하게 보여주지 않아도 된다. 활동의 의미와 방법을 체계적으로 설명(강의)하고 실제 활동으로 들어가는 단계, 또는 학생들이 활동했다고 전제하고 그걸 정리해서 더 큰 깨달음으로 확장(강의)하는 단계만 집중적으로 보여줘도 된다.

이때 강의든 활동이든 그것이 수업의 본질, 수업의 정수를 바탕으로 해야 한다는 건 두말하면 잔소리다. 둘 다 앞에서 강조했던 것들이다.

강의력은 어떻게 키울 수 있을까?

① 학습자를 정확하게 분석하자. 남학교와 여학교, 중학교와 고등학교, 또는 지역의 문화에 따라 교수자의 언어는 달라져야 한다.

② 도입 단계에서는 동기유발이 중요하다. 학습 주제와 관련한 사례, 노래, 작품 등을 활용해서 학생들의 흥미를 유발하자.

③ 전개 과정에서는 상호작용이 필수다. 학생들에게 질문을 던지고, 잠시 기다렸다가, 학생의 답변을 교사의 언어로 재구성하자.

④ 정리 단계에서는 확장해야 한다. 이번 수업이 어떤 의미인지, 학생의 삶이나 우리 사회 발전과 어떻게 연결되는지 밝히면 좋다.

⑤ 준언어적·비언어적 표현의 중요성은 말할 것도 없다. 수업 실연 상황에서 가장 많이 하는 실수는 말의 빠르기다. 긴장하기 때문이다.

⑥ 학생들과 눈을 맞추자. 수업 실연 상황에서는 평가관들을 골고루, 그리고 따뜻하게 쳐다보는 게 좋다. '따뜻함'을 잊지 말자.

⑦ 이런 건 수업 실연을 코앞에 두고 연습하려면 버겁다. 평소에도 마음에 담아두고 틈틈이 연습하자.

7부

사립 면접,
학교와
친해지려는 마음

095 학교 정보, 어디까지 깊이 조사해야 할까요?

ↆ 안 그래도 외울 게 많은데, 교화가 매화인 것까지 알아야 할까?
ↆ 설마 면접에서 이런 것까지 물어보진 않겠지?

교육 목표, 교훈, 교육계획서, 교육과정, 평가 계획, 학생 현황, 교직
원 현황, 특색 사업, 행사, 교목, 교화, 교표……. 학교 홈페이지에
게시되어 있는 정보는 끝이 없다. 이 모든 걸 달달 외워야 할까?

» 잘 알아야 친해진다

학교 정보를 파악하는 이유는 학교와 친해지기 위해서다. 그 정보
를 바탕으로 상대에게 맞춰가며 어우러져야 좋은 관계를 맺을 수
있다. 면접을 준비할 때도 마찬가지다. '나는 이 학교와 친해지고
싶은 사람이고, 합격한다면 이 학교와 평생을 함께할 좋은 친구가
될 거야!'라는 생각으로 정보를 모으는 게 좋다.

» 하지만 정보가 너무 많은걸?

학교에 대한 정보를 달달 암기하는 것은 효율적이지 않다. 새로운
사람과 친해질 때도 하루 만에 모든 정보를 파악하고 암기하지는

않는다. 매일 조금씩 대화를 나누며 천천히 서로에게 물들어 가는 것이 자연스럽다. 학교와 친해지는 과정도 마찬가지다.

이런 정보들은 조금씩 자주 들여다보는 게 좋다. 그 학교에서 최근에 어떤 사업을 진행하고 있다면, 그 정보를 면접 준비를 시작한 첫날에 접하는 것과 면접 준비가 한창일 때 다시 접하는 건 조금 다르다. 첫날에는 '그렇구나.'라고 넘어갔다면, 며칠 후 다시 보았을 때는 '이런 질문과 연결 지을 수 있겠다.' 하는 안목이 생긴다.

» 학교 구성원이 된 미래를 상상하기

이렇게 학교와 조금씩 친해지다 보면 학교에 대한 정보를 면접 답변에 직접적으로 반영하지 않아도 전체적인 분위기에서 그 학교에 어울리는 사람이라는 인상을 줄 수 있다. 그 학교에서 진행하고 있는 사업들을 지식처럼 암기한 사람과 이 사업을 이렇게 발전시켜 보고 싶다고 상상해 본 사람은 면접의 어느 부분에서건 차이가 드러나게 마련이다.

후회 없는 면접을 위하여

학교 정보를 다 외울 필요는 없지만, 가능하면 많이 외우려고 노력해 보자. 합격자 결정은 학교의 몫이기 때문에 면접이 끝난 후에 더 이상 내가 할 수 있는 일은 없다. 그러나 면접을 마치고 나오는 길에 느끼는 아쉬움은 나의 몫이다. 후회를 남기고 싶지 않다면 주어진 시간에 할 수 있는 모든 걸 하자.

096

준비하지 않은 질문에는
어떻게 대응해야 하나요?

↳ 예상 질문을 준비한다고 해서, 그 안에서만 질문이 나올까?
↳ 나는 순발력이 부족한데, 준비하지 않은 질문을 받으면 어떡하지?

어떤 당황스러운 질문에도 매끄럽게 답할 수 있을 정도로 순발력이
뛰어나다면 참 좋겠지만, 대부분은 그렇지 않다. 부족한 순발력을
보완하는 방법은 무엇일까?

» 첫째, 만반의 준비

예상 질문을 최대한 모아보자. 블로그, 유튜브, 인터넷 카페, 사립
지원자 채팅방 등에 다양한 예상 질문이 있다. 그 가운데 지원한 학
교에 적합하지 않은 질문들은 제외하고 서류 전형에서 제출한 자기
소개서, 이력서, 고등학교 생활기록부 등을 바탕으로 개인 맞춤 질
문을 추가하면 된다. 그리고 모든 질문에 하나씩 깊이 고민해 가며
답을 달아보자.

이렇게 준비하면 불안감을 줄일 수 있다. 누구나 큰 시험을 앞두
면 불안하다. 특히 면접에서 예상치 못한 질문을 받는 상황을 상상
하면 아찔하다. 그런데 예상 질문을 넉넉히 뽑아서 만반의 준비를

한다면 '이걸 벗어나는 질문이 나오기는 쉽지 않겠다!'라는 자신감이 생긴다.

≫ 둘째, 돌려 막기

아무리 많은 예상 질문을 준비해도 완벽할 수는 없다. 예상치 못한 질문을 몇 개씩은 꼭 받기 마련이다. 그러나 준비를 많이 해두면 당황스러운 질문을 받더라도 미리 준비해 둔 답변을 활용해서 즉석에서 좋은 대답을 만들 수 있다. 예를 들면 다음과 같다.

실제 질문	자신의 수업을 통해 학생들이 무엇을 얻기를 바라는가?
⋮	
준비한 질문	학생들에게 국어를 왜 배워야 하는지 어떻게 설명할 것인가?
준비한 답변	우리는 언어를 통해 사고하고 소통합니다. 사고력 향상과 소통 능력 향상을 위해 국어를 배워야 합니다.
⋮	
실제 답변	국어라는 과목의 본질은 깊이 있는 사고와 원활한 소통을 가능하게 하는 것입니다. 제 수업을 통해 학생들이 이러한 능력을 얻어 가면 좋겠습니다.

≫ 셋째, 멀티툴 준비하기

멀티툴은 칼, 가위, 드라이버, 핀셋 등을 한데 묶은 도구로, 상황에 따라 다양하게 활용할 수 있다. 면접에서도 이런 '멀티툴'을 준비하면 좋다. 인생을 되돌아보며 가장 강조하고 싶은 요소를 몇 가지 뽑고, 여러 질문에 대한 답변으로 다양하게 활용하는 것이다. 예를 들면 다음과 같다.

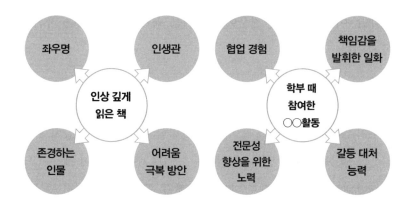

이렇게 준비하면 당황스러운 질문에 잘 대처하게 될 뿐 아니라, 답변의 수준도 높일 수 있다. 내가 가장 보여주고 싶은 강점을 녹여 낼 수 있기 때문이다.

사립 면접 예상 질문 100개

예상 질문 100개를 제시했다. 고등학교 맞춤형 질문이라는 점, 개인 신상에 관한 질문은 활용도가 떨어진다는 점 등을 고려하여 각자 상황에 맞게 바꿔야 한다.

• 교과 지도

1. 기초학력 부족 학생 지도 방안?
2. 학생 간 격차를 고려한 지도 방안?
3. 자신만의 특별한 수업 방법?
4. 교원학습공동체 활용 방안?
5. 수업에 흥미 없는 학생 대처 방안?

6. 2022 개정 국어과 교육과정?

7. 방과후 수업 활용 방안?

8. 독서 활동 지도 방안?

9. 에듀테크 활용 방안?

10. 평가에서 중시하는 것?

11. '해본/하고 싶은' 수행평가?

12. 학생들 문해력 향상 방안?

13. 개설 희망하는 국어과 선택과목?

14. 국어과의 특별 프로그램?

15. 교직 생활 중 기억에 남는 수업?

16. 교과 전문성 향상을 위한 노력 방안?

17. 학생 중심 수업 운영 방안?

• 진로, 진학 지도

18. 2028학년도 변화될 입시 제도?

19. 진학, 진로 지도 어떻게?

20. 희망 진로가 없는 학생 어떻게 지도?

21. 고교학점제 대비를 위해 필요한 준비?

22. 생활기록부 작성에서 중점 둘 것?

23. 평소 수업과 생활기록부 어떻게 연계?

24. 학생들에게 대학의 필요성을 설득할 방법?

• 상담

25. 학생 상담 시 중시하는 사항?

26. 정서 문제 겪는 학생 많은데 어떻게 대처?

27. 학부모 민원 어떻게 처리?

28. 학부모와 우호적 관계 맺는 방안?

29. 상담으로 학생이 변화된 경험?

• 생활지도, 학급 운영

30. 요즘 학생들 복장 지도 어떻게?

31. 학급 운영 시 중점?

32. 하고 싶은 학급 특색 활동?

33. 급훈으로 하고 싶은 것?

34. 담임으로서 본인의 장점?

35. 담임으로서 학생과 좋은 관계를 맺는 방안?

36. 학교 폭력 발생 시 대처 순서?

37. 휴대전화 걷는 것에 대해 어떻게 생각?

38. 학생인권조례에 관한 생각?

39. 학급에 교우 관계 어려워하는 학생이 있다면?

40. 학급 학생 간 갈등 발생 시 대처 방안?

41. 지나치게 가까이 다가오는 학생 어떻게 대응?

42. 국어과에서 할 수 있는 인성 교육?

• 구상형 질문

43. 공교육 정상화 방안?

44. 4차 산업혁명에 필요한 교사의 자질?

45. 학교, 학부모, 지역 간 협력 어떻게?

46. 우리나라 교육의 문제점, 해결 방안?

47. 미래사회에 예측되는 문제와 이에 대한 우리 학교의 준비?

48. 지문에 있는 '문제 상황'에 대한 교사의 대처 방안?

49. 지문에 나오는 '문제 학생'에게 추천하고 싶은 책?

• 지원한 학교 특성

50. 왜 우리 학교를 선택했는가?

51. 학교에 대한 첫인상?

52. 학교에 대해 알고 있는 것, 알고 싶은 것?

53. 학교 혹은 재단의 특색 사업 알고 있는 것?

54. 학교의 교훈, 설립 연도, 건학 이념?

55. 우리 학교 교육철학과 본인 교직관의 일치점?

56. 우리 학교의 발전 방안?

57. 사회적인 학생 수 감소 현상, 학교는 어떻게 대처?

58. 재단 내 중학교 또는 고등학교에 가는 것도 괜찮은가?

59. 공립 임용에 대한 미련이 남아 있는가?

60. 공립 1지망, 사립 2지망인데, 2지망에 오게 되어 아쉬운가?

61. 더 좋은 학교에 갈 기회가 생긴다면 가겠는가?

• 수업 실연

62. 방금 실연한 부분을 어떻게 출제하고 싶은가?

63. 방금 실연한 수업에서 잘한 점?

64. 방금 실연한 수업에서 아쉬운 점?

65. 수업에서 틀린 대답을 하는 학생을 어떻게 지도?

66. 이런 수업 방법을 사용했는데, 실제로 해본 적 있는지?

• 자기소개서, 고등학교 생활기록부

67. 대학원 진학 이유?

68. 대학원에서 배운 것?

69. 대학원에서 투고한 논문 내용?

70. 고등학교 때 ○○ 활동을 통해 배운 점?

71. 고등학교/대학교 ○○ 과목 성적이 왜 안 좋나?

72. 고등학교 1학년 때만 질병 결석이 ○일 있는데 무슨 일인가?

• 인성, 가치관, 교육관

73. 간단한 자기소개?

74. 지원 동기?

75. 교직관?

76. 첫 수업 때 학생들에게 하고 싶은 말?

77. 교사로서 중요한 덕목?

78. 교사로서 자신의 장점?

79. 성격상 단점?

80. 인생에서 힘들었던 일?

81. 인생에서 가장 보람 있었던 일?

82. 좌우명?

83. 최근에 읽은 책?

84. 취미?

85. 대학교 생활 중 특별한 활동?

86. 우리 학교에서 이루고 싶은 것?

87. 동료 교사와의 갈등 발생 시 대처 방안?

88. 어려운 업무를 맡게 되면?

89. 학교 방침과 개인적인 의견이 충돌하면 대처 방안?

90. 학교 일과 개인 일이 겹치면?

91. 교원단체에 관한 생각?

92. 교권과 학생 인권 충돌 문제?

93. 맡고 싶은 업무?

94. 맡았던 업무 경험? 배운 점?

95. 업무 외에 잘하는 것?

96. 운영하고 싶은 동아리?

97. 교직 생활 중 힘들었던 일?

98. 학창 시절 기억에 남는 선생님?

99. 왜 당신을 뽑아야 하는가?

100. 마지막으로 하고 싶은 말?

097

구상형 면접은 어떻게 준비해야 하나요?

↳ 구상형 면접이 있다는데, 공립처럼 준비하면 될까?

↳ 그래도 사립학교의 구상형 면접은 공립과는 다르지 않을까?

구상형 면접이 중요한 공립 임용과 달리 대부분의 사립학교에서는 지원자 개인에 관한 질문이 주를 이루는 편이다. 그런데 만약 지원한 학교의 면접에 구상형 문제가 있다고 하면 지원자들은 혼란스러워진다. 대체 사립에서는 어떤 구상형 질문을 줄까?

» 공립 임용과 비슷한 듯 다른

구상형 면접의 형식은 공립 임용과 크게 차이가 없다. 제시문을 보고 그 속의 문제 상황을 해결하는 방안을 답변하는 방식이 대부분이다.

다만 면접 내용에 있어서는 고려할 점이 있다. 공립 임용에서는 우리 사회가 궁극적으로 추구해야 할 거시적이고 이상적인 교육 목표에 대해서 주로 묻는다면, 사립학교에서는 실제적이고 미시적인 질문을 할 가능성이 높다는 것이다. 공립 임용 면접에서 국가의 미래 교육을 이끌어갈 교사를 뽑는다는 목표를 중시한다면, 사립학교 면접에서는 옆자리에서 함께 일할 동료를 뽑는다는 마음이 앞서기 때문이다.

≫ 미리 준비한 내용을 활용

구상형 면접을 진행하는 학교도 대부분 개인의 인성, 교육관, 전문성 등을 평가하는 면접을 함께 진행한다. 구상형 면접 대비에만 매달릴 수는 없다는 뜻이다. 앞서 말한 대로 100개 정도의 예상 질문과 답변을 준비해야 하는데, 이러한 상황에서 구상형 면접을 별도로 준비해야 한다고 생각하면 너무 부담스럽다.

가장 좋은 방법은 미리 준비한 100개의 '질문-답변'을 활용하는 것이다. 아래 예시에서 답변으로 활용한 요소는 모두 앞서 제시한 예상 질문 100개 안에 있는 것들이다. 구상형 면접이라고 해서 특별하게 따로 준비하지 말고, 면접이라는 큰 틀 안에서 함께 대비하는 게 좋다.

구상형 제시문의 내용 및 질문

㉮ 학생은 꿈이 없어서 모든 학교생활에 무기력하다.
㉯ 학생은 언행이 거칠어서 친구들과 갈등이 잦다.
㉰ 학생은 학업에 대한 열정이 높고 성적이 좋으나, 교사의 지도에 불응하는 경우가 많다.

1. 제시문 속 문제 상황에 대처하는 방안은?
2. ㉯ 학생에게 추천하고 싶은 책과 함께 해볼 독서 프로그램은?

미리 준비한 '질문-답변' 100개 가운데 활용할 수 있는 요소들

1번 질문에 대한 답변

1. 기초학력 부족 학생 지도

2. 학생 간 격차를 고려한 지도

5. 수업에 흥미 없는 학생 대처

20. 희망 진로가 없는 학생 지도

25. 학생 상담 시 중점

31. 학급 운영의 중점

2번 질문에 대한 답변

8. 독서 활동 지도 방안

42. 국어과에서 할 수 있는 인성 교육

83. 최근에 읽은 책

공립학교는 몰라주는 사립학교만의 고민

지원한 학교급에 따라 요즘 현장에서 가장 골치 아픈 문제가 무엇인지 파악하는 게 좋다. 고교학점제 도입, 입시 제도의 변화, 기초학력 보장, 문해력, 사회성, 학생의 문제 행동, 학부모의 민원 등이 있을 것이다. 이런 문제와 더불어 사립학교만의 고민이 있다. 학령 인구 감소에 따른 '학교 소멸' 문제다. 의외로 이 문제를 심각하게 우려하고 있는 학교가 많으니, 그에 대한 답변을 미리 준비해 보면 어떨까?

> ↳ 왜 공립이 1지망, 여기가 2지망이냐고 물으면 뭐라고 대답하지?
> ↳ 이 학교를 1지망으로 지원한 사람이 나보다 유리하겠지?

최근 대다수 사립학교가 1차 시험을 교육청에 위탁하면서 지원 형태도 다양해졌다. 공립에만 지원할 수도 있고, 사립에만 지원할 수도 있고, 공사립에 동시 지원할 수도 있다. 사립학교로서도 다양한 지원자를 받는다. 그 학교에만 단독으로 지원했을 수도 있고, 공립을 1지망으로 선택하고 그 학교를 2지망으로 선택했을 수도 있다. 학교에서 합격자를 정할 때 그 차이를 크게 고려할까?

≫ 그게 그렇게 중요해?

채용 방식은 사립학교가 직접 결정한다. '공사립 동시 지원제'를 선택한 이상, 2지망으로 지원한 교사도 뽑을 마음이 있다는 것이다. 지원자가 1지망으로 사립을 선택했든 공립을 선택했든 그 지원자들 가운데 가장 우수한 교사를 뽑겠다는 의도로 해석해야 한다.

사실 평가관들도 지원자들의 절박한 마음을 알고 있다. 교사라는 꿈을 이루기 위해 기회가 되는 대로 어디든 지원하려는 마음을 왜 모르겠는가? 맡은 일 잘하고 학생이나 동료들과도 잘 지내는 교사면 됐지, 그 학교가 몇 지망이었는지 그게 그리 중요할까?

» 그럼 어떻게 대답할까?

억지로 그럴듯한 대답을 지어내려고 하기보다는 교사가 되고 싶은 마음이 간절하여 합격 가능성을 높일 수 있는 방향으로 지원했다고 솔직하게 말하는 것도 괜찮다.

하지만 꼭 고려해야 할 요소가 있다. 여러 사립학교 가운데 '왜 하필 그 학교를 선택했는가?'에 대해서는 분명히 밝혀야 한다. 사립학교는 학교에 대한 애정이 있는 교사를 원한다. 따라서 그 학교에 대해 충분히 알아보고 지원했는지, 그리고 그 학교의 어떤 점을 높이 평가해서 선택했는지 무척 궁금해한다. 먼저 그 학교에 대한 정보를 찾아보고, 그 가운데 내 교직관과 맞는 부분을 엮어서 답변하면 좋은 인상을 줄 수 있다.

지역마다 다른 사립 위탁 방식

이 글에서는 서울특별시교육청의 '공립·사립 동시 지원제'와 '사립 복수 지원제'를 전제로 했다. 서울특별시교육청에서는 사립학교가 공립·사립 동시 지원제를 선택한 경우, 지원자의 1지망이 어딘가에 상관없이 1차 점수가 높은 순서대로 2차 전형 응시자를 선발한다. 하지만 어떤 지역에서는 그 사립학교만 선택한 지원자에게 우선권을 주고, 5배수가 채워지지 않았을 때 공립과 사립을 동시에 선택한 지원자에게 기회가 넘어간다. 지역마다 위탁 방식을 잘 고려하여 전략을 세워야 한다.

나의 부족한 점에 관해 물으면 어떻게 대응할까요?

↳ 이 과목 학점이 좋지 않은데 면접에서 질문하면 어떡하지?

↳ 고등학교 때 결석이 좀 있는데 면접에서 물어볼까?

면접에서 대답하기 곤란한 질문을 받을 때가 있다. 스스로 찜찜했던 부분을 콕 찍어서 물어보면 화들짝 놀라게 된다. 사실이 아니라고 발뺌할 수도 없다. 이런 질문에는 어떻게 대처해야 할까?

» 질문의 의도부터 파악하기

먼저 그러한 질문을 몇 가지 제시하면 다음과 같다.

• **고등학교 생활기록부 관련:** 출결, 특정 과목의 성적, 서술 내용에서 부정적인 평가 등

• **대학교 성적증명서 관련:** 특정 과목 또는 전체 학점, 특정 과목의 수강 여부 등

• **경력 관련:** 부족한 교육 경력, 학교 아닌 다른 분야의 경력 등

• **개인 성향:** 목소리 크기, 말투, 성격의 단점, 실패 경험 등

이런 질문을 받으면 우선 면접관의 의도를 파악해야 한다. 고등학교 출결에 대해 물었다면 성실성을 확인하고 싶어서일 것이고, 대학교 학점에 관해 물었다면 교과 전문성이 궁금해서일 것이고, 목소리가 작은 것을 문제 삼는다면 수업 장악력을 염려해서일 것이다.

» 명확한 이유가 있다면, 우려 해소하기

면접관이 고개를 끄덕일 만한 명확한 이유가 있다면 솔직하게 말하면 된다. 더불어 면접관의 의도를 알아차리고 의구심을 해소해 주면 된다. 고등학교 출결에 대해 "1학년 때 맹장염 수술로 5일 결석한 일이 있습니다. 하지만 그 이후로 건강하고 성실하게 학교에 잘 다녔습니다."라고 대답하는 식이다. 교사에게는 '성실성'과 '건강'이 굉장히 중요한데, 이에 대한 우려를 해소시키는 전략이다.

» 변명의 여지가 없다면, 빠져나가기

면접관이 수긍할 만한 명확한 이유가 없다면 정면으로 맞서지 말고 빠져나가는 게 좋다. 고등학교 때 수학 성적이 왜 낮냐고 묻는 면접관에게 솔직하게 "수학을 싫어해서 공부를 덜 했습니다."라고 대답할 수는 없다. "대신에 국어를 더 열심히 했고, 그 덕분에 국어 교사가 되기로 결심했습니다."라고 재치 있게 빠져나갈 수도 있다.

» 장점으로 둔갑시키기

그보다 더 좋은 방법이 있다. 나의 부족함을 장점으로 전환하는 것이다. 같은 질문에 이렇게 대답하면 어떨까?

수학 성적이 좋지 않아서 여러 가지 방법으로 노력해 보았지만 크게 나아지지 않았습니다. 그 경험을 통해 노력해도 성적이 잘 오르지 않는 아이들의 마음을 잘 이해하게 되었고, 교사가 된다면 공부를 잘하려고 애쓰는 학생들에게 길잡이가 되고 싶다는 목표를 세웠습니다.

부족한 점이 없는 사람은 없다. 인생에서 어려움을 겪지 않은 사람도 없다. 아무런 고난도 없이 평탄하게만 살아온 교사라면 학생들의 다양한 고민에 공감하기 어려울 것이다. 단점이 없는 교사가 아니라 그 단점을 통해 성장하는 교사가 아름다운 교사다.

사람은 책을 만들고 책은 사람을 만든다!

말도 그렇다. 내가 한 말이 도리어 내게 큰 영향을 미치기도 한다.

제가 겪은 어려움을 바탕으로 비슷한 어려움을 겪는 학생들을 공감하고 도와주겠습니다.

면접에서 이렇게 답했다고 치자. 교사가 되면 내가 했던 말에 알게 모르게 영향을 받는다. 내가 말한 것처럼 되려고 은연중에 노력한다. 그러니 면접을 '그저' 면접이라고 치부하면 안 된다. 내가 어떤 교사가 되고 싶은지, 그 지향을 담아서 답변해야 한다.

100 자신감 있는 태도가 좋을까요?
겸손한 태도가 좋을까요?

↳ 뭐든 할 수 있다는 자신감 있는 태도를 보여줘야 할까?
↳ 스스로 부족함을 잘 알고 있다는 겸손한 태도가 좋을까?

너무 자신감을 표현하면 거만해 보이지 않을까? 너무 겸손하게 말하면 무능해 보이지 않을까? 어느 정도가 적당한 선일까?

» 자신감, 매력적으로 보이는 비결

면접관들이 보기에는 지원자가 미숙하고 부족하다. 수업이든 면접이든, 수십 년의 교육 경력을 가진 면접관의 기준에 완벽할 수는 없기 때문이다. 게다가 면접관은 뽑는 처지고 지원자는 뽑아달라는 처지다. 처한 상황이 다르니 지원자는 위축될 수밖에 없다.

그러나 스스로 부족한 점을 계속 언급하며 "이렇게 부족한 사람이지만 뽑아주기만 한다면 몸을 갈아가며 열심히 하겠습니다."라는 태도는 곤란하다. 적당하면 겸손이지만 과하면 비굴해 보인다. 스스로에 대한 믿음에서 나오는 자신감, 신입다운 패기, 이런 게 지원자를 매력적으로 돋보이게 한다. 밝고 긍정적인 사람과 함께 일하고 싶은 마음은 인지상정이다.

» 겸손, 좋은 후배의 필수 조건

그렇다면 자신감을 최대한 많이 장착하면 좋을까? 그렇지만도 않다. 과한 자신감은 거부감이 들게 한다. 무엇이든 해낼 수 있는 사람은 없다. 그 학교에 처음 근무하는 새내기 교사라면 더욱 그렇다. 그런데도 지나치게 자신감을 피력하는 지원자는 자칫 독불장군으로 보일 수 있다. 능력이 너무나 뛰어나서 타인의 말은 듣지 않겠다는 후배는 참 곤란하다.

선배들의 문화를 배우고 가르침을 받으며 그 조직에 스며들어야 하고, 그러는 과정에서 능력을 키워가야 한다. 겸손하게 노력하는 후배가 되겠다는 태도 역시 꼭 필요하다. 어떤 조직이든 신선한 생기를 불어넣으면서도 자연스럽게 녹아드는 후배를 원한다.

» 그래서 어떻게 하는 게 좋을까?

하나의 답변에 자신감과 겸손을 적절히 조화시켜 보자.

질문: 고등학교에서는 평가가 까다로운데, 어떻게 할 생각인가요?

답변: 고등학교에서 기간제 교사로 3년 동안 근무하면서 평가로 문제가 생긴 적은 한 번도 없었습니다. 난이도 조절을 통해 변별도 훌륭하게 잘했습니다. 학생이나 학부모로부터 문제 제기도 없었습니다. 선배 선생님들과 활발하게 협의한 덕분이라고 생각합니다. 하지만 평가는 늘 조심해야 합니다. 자만하면 실수하기 쉽습니다. 돌다리도 두들겨 보고 건넌다는 심정으로, 선배 선생님들과 잘 상의해서 늘 신중하게 임하겠습니다.

앞에서는 자신감을 드러냈지만, 뒤에서는 겸손으로 마무리했다. 그러면서 학교의 동료 선생님들과 조화를 잘 이루겠다는 마음도 밝혔다. 물론 질문에 따라서 구체적인 답변은 달라질 수 있다. 겸손을 먼저 드러내고 자신감으로 강한 확신을 줄 수도 있다. 어쨌거나 자신감과 겸손, 어느 한쪽으로 치우치지 않는 중용의 태도를 잃지 말아야 한다.

면접에서 많이 웃는 게 좋을까?

긴장되는 면접 상황에서 미소를 짓는 건 쉽지 않다. 웃기는커녕 오히려 울고 싶은 심정이다. 그래도 미소는 중요하다. 긍정적인 성격과 자신감 있는 태도를 보여주는 표지이기 때문이다. 그렇다고 억지로 과한 웃음을 지으려고 하면 보는 사람이 불편하고 부담스럽다. 면접을 준비할 때부터 내용만 연습하지 말고 표정도 함께 연습해서 미리 자연스러운 미소를 만들자. 면접을 연습할 때는 거울을 친구 삼아야 한다.

101 마지막으로 하고 싶은 말로는 어떤 내용이 좋을까요?

↳ 마지막으로 하고 싶은 말이 가장 막막한데 뭘 말하지?

↳ 제발 뽑아달라고 해야 하나? 사실 이게 가장 하고 싶은 말인데…….

'마지막으로 하고 싶은 말'은 얼핏 보기에 자유롭고 편한 질문 같지만, 막상 준비하려고 하면 막막하다. 마지막으로 강렬한 인상을 남겨야 할 것 같은 부담이 느껴진다. 마지막 말을 어떻게 준비하면 좋을까?

》 마지막 한마디의 힘

사실 마지막 한마디를 할 때쯤이면 평가는 어느 정도 끝났다. 점수표에도 없는 형식적인 절차일 가능성이 크다. 그러니 인상 깊은 말을 만들어내려고 너무 애쓸 필요 없다. 하지만 "마지막으로 할 말 있으세요?"라고 묻는데 "없습니다."라고 단호하게 말한다면 어떤 느낌을 줄까?

또는 나를 포함해서 두 명의 지원자 가운데 한 명을 고민하는 상황이라면? 그럴 때는 이 마지막 한마디가 결정적인 영향을 미칠 수도 있다. 지원자로서는 지금이 어떤 상황인지 알 수 없으니, 주어진 질문에 최선을 다해서 답해야 한다.

» 멀티툴 알뜰하게 사용하기

앞에서 면접을 위한 멀티툴을 준비하라고 했다. 인생을 되돌아보며 가장 강조하고 싶은 경험을 몇 가지 뽑아서 여러 질문에 대한 답변으로 활용하라는 내용이었다. 준비한 멀티 툴 가운데 앞선 질문들에 활용하지 못한 게 있을 수 있다. 버리기 아까운 나의 핵심 무기를 마지막으로 하고 싶은 말에 알뜰하게 사용할 수 있다. 예를 들어 인상 깊게 읽은 책을 멀티툴로 준비해 두고 활용하지 못했다면, 그 책을 읽고 정립하게 된 나의 가치관을 설명하며 앞으로의 포부를 밝히는 식이다.

» 잔잔한 진심 보여주기

강렬한 한 방이 없어도 괜찮다. 잔잔한 진심만 건네도 충분하다. 학생에 대한 사랑, 이 학교에 대한 애정, 신입으로서의 열정과 각오 등 어떤 것이라도 좋다. 면접을 준비하는 과정에서 몇 번씩 되뇌던 생각들이 있을 것이다. 붙여만 주면 진짜 열심히 할 수 있는데, 나만큼 학생을 사랑하는 교사도 없을 텐데, 누구보다 수업 잘할 자신 있는데……. 그 마음을 그대로 전하면 된다.

» 면접에서 아쉬웠던 답변 보충하기

면접에서 답변하고 나서도 '아차!' 싶을 때가 있다. 그 질문을 받았을 때는 미처 생각하지 못했던 게 뒤에 다른 질문에 답변하는 과정에서 번뜩 떠오를 수도 있다. 그렇게 아쉬움이 남는다면 그 질문에 대해 답변을 보충할 수도 있다. 찜찜함이 많이 사라진다.

» 학교에 대한 인상 나누기

면접을 보러 학교에 오면서 받은 첫인상, 학교의 경치나 건물, 오는 길에 학생들을 만났다면 그에 대한 느낌, 면접 도중에 받은 배려에 대한 감사, 이 학교의 구성원이 되었을 때를 상상한 이야기도 좋다. 지원자가 학교에 잘 보이고 싶은 마음만큼 학교도 지원자들에게 잘 보이고 싶다. 마지막 말을 학교에 대한 좋은 인상으로 마치는 것도 면접관들의 마음을 열 수 있는 방법이다.

행동으로 전하는 마지막 말

자리에서 일어날 때 의자 넣기, 나가기 전에 인사하기…… 대단치 않은 행동 같지만, 면접관들은 이 모든 걸 유심히 관찰하고 있다. 이런 일상의 예의는 기본 가운데 기본이다. 지원자가 어떤 사람인지 장황한 말보다는 사소한 행동으로 드러나기도 한다.

**면접관들이
합격을 암시하는 신호를 줄까요?**

↳ 미래 지향적인 질문을 많이 받았는데, 합격이라는 뜻일까?
↳ 부족한 점만 콕콕 찍어 압박 면접을 당했는데, 불합격이겠지?

2차 전형이 끝나고 결과를 기다리는 동안 면접관들의 말과 행동을 곱씹게 된다. 이렇게 보면 합격 신호 같고, 저렇게 보면 불합격 암시 같다. 면접관들의 진짜 마음은 무엇일까?

» 미래 지향적 질문 = 합격?

수험생들 사이에 떠도는 이야기가 있다. 면접에서 미래 지향적인 질문을 많이 받으면 합격이라고. 어떤 태도로 일할 것인지, 이 학교에서 무엇을 이루고 싶은지 등을 물어보는 것이 앞으로 함께 일하자는 신호로 여겨지기도 한다. 정말 그럴까?

물론 그럴 개연성은 있다. 앞으로 함께하고 싶은 사람에게 미래에 관한 이야기를 많이 꺼내는 건 당연하기 때문이다. 하지만 면접은 일반적인 대화 상황이 아니다. 미래를 함께하고 싶은 마음이 없더라도 정해진 순서에 따라 질문하는 것일 수도 있다.

그러니 질문의 내용보다는 느낌이 더 중요하다. 앞선 질문과 관계

없는 별개의 질문일 경우, 모든 지원자에게 던지는 질문일 가능성이 크다. 반면에 다른 질문에 대한 답을 했는데, 그에 대해 추가 질문으로 미래 지향적인 걸 묻고 횟수도 잦다면 그건 나에게만 건네는 신호일 수 있다.

» 압박 면접 = 불합격?

압박 면접은 지원자의 약점을 캐묻거나 대답하기 곤란한 질문을 던지는 방식으로 이루어지는 면접을 말한다. 이런 질문을 여러 개 받으면 면접장을 나오는 길이 찜찜하다. 내가 그렇게 마음에 안 들었나 싶어서 의기소침해지기도 한다. 압박 면접은 내가 마음에 안 든다는 신호일까?

주변의 여러 사례를 보면 그렇지 않은 것 같다. 압박 면접을 하기로 한 학교와 그렇지 않은 학교의 차이일 뿐, 마음에 드는 지원자한테는 친절한 질문만 하고 마음에 들지 않는 지원자한테는 곤란한 질문만 던지는 학교는 없다. 나를 못마땅해하는 듯한 면접관들의 날카로운 질문 앞에서도 위축되지 말자. '이 학교는 이런 면접 방식을 선택했구나.' 정도로 생각하고 침착하게 준비한 말들을 하고 나오면 된다.

오히려 마음에 드는 지원자를 더 꼼꼼하게 평가해서 확신을 얻기 위해 집요하고 곤란한 질문을 던질 수도 있다. 사립학교에 근무하는 여러 선생님의 이야기를 들어보면, 혼나는 기분이 들 정도로 마음이 힘들어지는 면접을 통과하고 합격한 사례가 많다.

» **과거를 곱씹는 건 여기까지! 미래로 나아가기!**

대체적인 경향을 추측해 볼 수는 있겠지만, 면접관들의 마음을 완벽하게 파악할 수는 없다. 그분들이 무슨 마음으로 저런 표정을 짓고 저런 말을 하는지 어떻게 알겠는가. 이미 지나간 면접을 곱씹는 건 이쯤하고, 합격자 발표날까지 떨리는 시간을 어떻게 보낼지 고민해 보자.

일은 일일 뿐!

우리 모두 교사라는 꿈을 가지고 열심히 달려왔고, 달려가고 있다. 하지만 사실 직업은 인생 전체로 보면 수많은 구성 요소 가운데 하나일 뿐이다. 그 밖에도 건강, 인간관계, 취미 등 다양한 구성 요소가 있다. 직업 하나에 내 인생의 행복과 불행을 모조리 걸지는 말자. 올해 임용에 실패한다고 내 인생이 끝나는 건 아니다. 내년도 있고, 또 어쩌면 다른 길이 나를 기다릴 수도 있다. 그런 겸허한 마음으로 결과를 맞이하자.

103 어떤 마음으로 결과를 기다릴까요?

↳ 어렵게 2차까지 왔으니, 이번에는 꼭 합격해야 하는데…….
↳ 합격자 발표를 기다리는 이 시간이 너무 괴로워.

2차 시험을 준비하는 동안은 물론, 시험이 끝나고 결과를 기다리는 동안에도 불안하고 긴장된다. 너무나 간절한 합격이 눈앞에 아른거리는 상황에서 마음이 편하기는 쉽지 않다. 불안을 잠재우려면 어떻게 해야 할까?

» 우선, 할 수 있는 모든 걸 준비하자!

준비가 충분할수록 불안한 마음은 줄어든다. 내가 어떤 사람인지 제대로 드러나도록 자기소개서를 작성하고, 수업 실연에 어떤 문제가 나오든 대처할 수 있게 나만의 수업 필살기를 준비하고, 백 개가 넘는 면접 예상 질문을 뽑아서 연습하고, 말투와 표정과 자세까지 가다듬었다고 치자. 이렇게 스스로 할 수 있는 모든 준비를 끝냈다는 생각이 들면 어떤 상황에도 대처할 수 있겠다는 자신감이 생긴다. 그러니 불안한 마음을 잠재우는 최고의 약은 최선을 다해서 '준비'하는 것이다.

» 그 이후는 더 이상 내 책임이 아니다

임용 시험이 원래 그렇지만, 특히 사립 2차는 결과를 종잡을 수가 없다. 수치화가 가능한 학력, 경력, 학점 등에서 좋은 점수를 얻는다고 해도 합격을 보장할 수 없다. 수업 실연이나 면접처럼 객관적으로 정량화할 수 없는 영역이 많기 때문이다.

게다가 공립 2차에서는 수많은 1차 합격자 가운데 제법 많은 인원을 선발하기에 '나와의 싸움'에 가깝다면, 사립 2차에서는 지원자 다섯 명 가운데 한 명을 선발하기에 '상대적 평가'가 크게 작용한다. 내가 잘한다고 해서 그게 바로 합격으로 이어지는 건 아니라는 뜻이다.

그러니 어쩔 수 없는 부분에 대해서 너무 애태울 필요도 없고, 불합격했다고 상심할 필요도 없다. 최선을 다해 모든 준비를 했다면, 그 이후의 일은 내 손을 떠났다고 생각해야 한다. 진인사대천명(盡人事待天命)!

» 오늘 해야 할 일을 할 뿐

2차 전형이 끝났다. 합격자 발표날까지 무엇을 하며 시간을 보내면 좋을까? 지친 몸과 마음을 회복하는 게 우선이다. 그런 다음, 냉정한 마음으로 불합격 이후를 대비하자. 사립학교에서는 보통 5배수로 2차 전형을 치르니, 불합격할 가능성이 합격할 가능성의 4배다. 불합격 후에 올 정신적 충격을 조금이라도 완화하기 위해 미리 대비해야 한다. 내년에 공부만 할지, 기간제 교사로 일을 병행할지, 아예 다른 일을 찾을지 고민하고 그에 맞는 준비를 해두자. 이런 마음가짐이면 어떨까?

합격자 발표를 기다리며 여러 학교에 기간제 교사 지원서를 제출했어요. 그 가운데 한 학교에서, 서류 전형에 통과했으니 수업 실연과 면접을 준비해서 오라는 연락을 받았죠. 합격자 발표가 예정된 그날도 수업 실연 자료를 만들었어요. 어떤 결과를 마주해도 당황하지 않고, 미리 준비해 둔 일상을 살겠다는 마음으로 발표날을 맞이했죠. 만약 그때 합격하지 못했다면 준비한 대로 기간제 교사 2차 전형에 참여했을 것이고, 새로운 학교에서 예쁜 학생들과 든든한 동료 교사들을 만나 행복하게 살았겠죠. 물론 마음은 조금 쓰렸겠지만. 불합격 이후에도 인생은 이어지잖아요. 잘 살아내야죠.

내 삶의 행복을 만드는 비결

인생은 공식대로 흘러가지 않는다. 합격하면 행복하고 불합격하면 불행할 것 같지만, 꼭 그렇지도 않다. 사립학교 최종 전형에서 떨어져 속이 상했는데, 이듬해 그 학교가 온갖 비리로 언론에 오르내리는 걸 보면서 가슴을 쓸어내렸다는 교사도 있다. 고생 끝에 최종 합격하고도 그 학교의 교육관에 적응하지 못해서 책상 안쪽에 사표를 넣고 생활한다는 교사도 있다.

지금의 상황이 어떤 미래로 이어질지는 아무도 모른다. 합격하든 불합격하든, 그걸 내 인생의 행복으로 만드는 건 바로 나 자신이다. 긍정적인 마음으로 내 앞에 펼쳐진 길을 당당하게 걸어가자.

이 책에서 얘기한 대로만 공부하면 합격할까요?

이 책을 쓰겠다고 결심한 까닭은 수험 생활에서 느꼈던 외로움과 막막함 때문이었다. 이 순간에도 외롭고 막막한 길을 걷고 있을 수험생들의 손을 잡아주고 싶어 이 책을 썼다. 그러면서도 이게 수험생들에게 도움이 될지, 오히려 혼란스럽게 하지는 않을지, 걱정스러운 마음도 없지 않다.

정리를 겸해서, 이 책에서 가장 많이 강조했던 세 가지 말을 통해서 이 책을 어떻게 활용하면 좋을지 생각해 보고자 한다.

» 만병통치약은 없다

여우에게는 여우 입에 맞는 접시가 있고, 두루미에게는 두루미 입에 편한 호리병이 있다. 먼저 자기 입의 모양을 제대로 알고 그에 맞는 그릇을 선택해야 한다. 입에도 맞지 않는 그릇을 억지로 고집하면 안 된다.

이 책에서는 되도록 다양한 방법을 제시하고자 노력했다. 이 방법들은 저자 세 명이 머리를 맞대고 상의하고, 교육 경력이 풍부한 선배 교사들에게 자문받아 정리한 것이다. 하지만 누구에게나 적용되는 '정답'일 수는 없다. 각자 성향과 상황에 적합한 방법을 선택해야 한다.

» 일찍 시작할수록 좋다

임용 시험이 목전에 다가오면 시간에 쫓길 수밖에 없다. 그러니 시간을 나눠서 써야 한다. 나의 교직관을 세우고 국어교육의 방향을 고민하는 일은 시간이 많이 필요하다. 그러니 시험이 멀리 있을 때부터 해야 한다. 학부 때 시작하면 가장 좋다. 그러다 시험이 임박하면 머리에 지식을 채우는 일에 집중해야 한다. 앞 시기에 고민했던 철학과 방향이 뒤 시기 공부에도 도움이 되리라 믿는다.

하지만 일찍 시작하면 좋다는 것이지, 늦었으니 포기하라는 얘기는 아니다. 늦었다고 생각하는 때가 가장 이른 때라고 하지 않나? 절박함을 느끼는 그 순간, 그때부터 시작하면 된다.

» 꿈 너머 꿈을 꾸라

이 책에서는 "임용 이후를 생각하세요."라는 조언을 자주 한다. 임용에 합격하면 '불행 끝! 행복 시작!' 이럴까? 아니다. 임용에 합격해서 꿈에 그리던 교단에 서고 나서 '이 길이 나에게 맞나?' 뒤늦게 방황하기도 한다. 그렇게 된다면 이 외롭고 막막한 수험 생활을 견딜 의미가 없다.

임용 합격이라는 꿈만 생각했지, 그 이후에 어떤 교사가 되겠다는 소망이 없었기 때문이 아닐까? 등산할 때 힘들다고 고개를 숙이고 발끝만 쳐다보면 더 괴롭다. 가끔은 고개를 들고 멀리 봐야 한다. 그래야 길을 잃지 않는다. 그리고 아름다운 풍경을 보니 덜 지친다.

교과 지식 몇 개 암기하는 데 급급하지 말고, 이 지식이 교단에 섰을 때 어떤 의미가 있을지 생각해 보자. '꿈 너머 꿈'은 '꿈'을 이루는 데도 큰 힘이 된다.

이 책을 보는 예비 교사들이 덜 외롭고 덜 막막하게 수험 생활을 견디기를 바란다. 교단에 섰을 때 조금 더 행복한 교사가 되면 좋겠다. 그런 간절함을 담아 이 책을 바친다.

국어 임용 준비 길잡이

1판 1쇄 발행일 2024년 10월 21일

지은이 오민서 유다정 최어진

발행인 김학원
발행처 (주)휴머니스트출판그룹
출판등록 제313-2007-000007호(2007년 1월 5일)
주소 (03991) 서울시 마포구 동교로23길 76(연남동)
전화 02-335-4422 **팩스** 02-334-3427
저자·독자 서비스 humanist@humanistbooks.com
홈페이지 www.humanistbooks.com
유튜브 youtube.com/user/humanistma **포스트** post.naver.com/hmcv
페이스북 facebook.com/hmcv2001 **인스타그램** @humanist_insta

편집책임 문성환 **편집** 윤무재 **디자인** 장혜미
용지 화인페이퍼 **인쇄** 청아디앤피 **제본** 민성사

ⓒ 오민서 유다정 최어진, 2024

ISBN 979-11-7087-252-8 03370